博雅撷英

彭 刚 著

叙事的转向

当代西方史学理论的考察

（第二版）

图书在版编目(CIP)数据

叙事的转向:当代西方史学理论的考察/彭刚著.—2版.—北京:北京大学出版社,2017.7
(博雅撷英)
ISBN 978-7-301-28470-4

Ⅰ.①叙… Ⅱ.①彭… Ⅲ.①史学理论—研究—西方国家—20世纪 Ⅳ.①K095

中国版本图书馆CIP数据核字(2017)第149402号

书　　　名	叙事的转向：当代西方史学理论的考察（第二版） XUSHI DE ZHUANXIANG: DANGDAI XIFANG SHIXUE LILUN DE KAOCHA
著作责任者	彭　刚　著
责任编辑	陈　甜　李学宜
标准书号	ISBN 978-7-301-28470-4
出版发行	北京大学出版社
地　　　址	北京市海淀区成府路205号　100871
网　　　址	http://www.pup.cn　新浪微博:@北京大学出版社
电子信箱	pkuwsz@126.com
电　　　话	邮购部 62752015　发行部 62750672　编辑部 62752025
印　刷　者	北京中科印刷有限公司
经　销　者	新华书店 880毫米×1230毫米　A5　11印张　238千字 2009年9月第1版 2017年7月第2版　2022年1月第4次印刷
定　　　价	68.00元

未经许可,不得以任何方式复制或抄袭本书之部分或全部内容。
版权所有,侵权必究
举报电话:010-62752024　电子信箱: fd@pup.pku.edu.cn
图书如有印装质量问题,请与出版部联系,电话:010-62756370

序 一

何兆武

我们通常所说的"历史"一词,包含了两种含义:一是指过去曾经发生过的事件、思想和活动,二是指我们自己对它们的认识和理解。这里便有两种不同层次和不同内涵的对象。但是人们却往往习焉而不察,把这二者等同为一,混为一谈,由此便产生了许多理解上和思想上的混乱。

我们通常说的一部中国史如何如何,可以是指过去发生过或出现过的事件和思想都是些什么,但也可以是指某些文献或证据表明过去发生过或出现过什么事件和思想。这二者本来是两种性质不同的对象,却往往被人混为一谈而不加以区别。一部中国史,可以是指中国过去的历史发生过什么事实,但也可以是指有关中国历史的资料向我们表明了某种意义。虽然两者都被简单地称之为历史,但两者的内涵却不相同,各有其不同的诉求和祈向。一种是指事实上都发生了什么,一种是指人们是如何在理解或解说这些事件的。既然历史事件无法重演,我们就只能是在事后进行间接的推论。因此这些论断就都是事后的推导,而不是直接的断论。所谓意义,并不是史实直接给定的,而是读史者事后推论得出的。一种是当时发生了什么事实,一种是事后人们是怎样理解的。史实只是数据,历史学家的职业则是要把数据总结为一个公式。数据可以是给定的,但所总结出来的公式则是人为的。而我们既不可能直接参与历史事件,便只好是局限于转手所得之于史料的素材,再加以自己的思想制作。我们既然不可能直接参与历史事变,便只能根据历史学家是怎样表述的而再重新述说历史。过去人们在使用"历史"一词时,对于其间的区别往往习焉而不察,从而引致了思想和认识上的混乱。甚至于连孟子都有"尽信书不如无书"之嫌。

  我们所知道的历史事实总是有限的、片面的,所以总会有其主观上的局限性,所以不可能是真正"客观的"。大家即使一致认同的,也并不就等于客观。雨后的天空会出现彩虹,它是人所共见的,但彩虹是客观存在的吗?每个时代、每个群体、每个个人都会有其局限性或偏见,因此,传统史学家所谓的那种意义上的"客观如实",是根本就不存在的。但习惯势力却总是在引导人们倾向于认为被大多数人习惯上所认同的就是客观的事实,例如说秦始皇是暴君、曹操是奸雄之类。尽管人们不可能认识历史真相的全貌,但又相信人们终究是在日愈接近于所谓历史的真相。

  什么是所谓"历史的真实面貌"?我们应该如何界定"历史的真实面貌"这个概念?在历史学的领域,这个问题的提出和19世纪末叶自然科学观的大变革是同步的。17世纪牛顿的经典体系仿佛是一劳永逸地解决了物质世界运动的奥秘,以至于诗人蒲伯称赞他说:"上帝说,让牛顿出世吧,于是一切便都大白于天下。"19世纪的达尔文,似乎对于生物世界也同样地发现了它的大经大法。但是任何科学理论都不可能是最后的定案,人类的认识总是不断在进步的。历史学当然也不例外。人们的思想和认识总是不断在演进的,对于所谓"历史的真实"的看法也不例外。19世纪下半叶以来,随着各门学科的进步,历史学的领域也更深入地在考虑"什么是历史的真实"这个问题。过去长期被奉为圭臬的所谓"客观如实"(wie es eigentlich geewessen)的这一信条也就随之动摇了。历史学并不仅仅是史料学。史料是一堆砖瓦建材,但是要建筑历史学上的大厦,却有赖于乃至取决于历史学家所精心勾绘的那张蓝图。尤其是到了20世纪,随着传统的史学思想信念的倾塌,各种新观念和新理论竞相争奇斗妍,使人目不暇给。史学理论这个领域也就从过去那种附庸地位冉冉升起,蔚为一门显学。看来历史学作为一门独立的特殊学科,既要求有其严谨的纪律来规范,但同时又是充满了个性创造力的一门艺术。它要求个性的创造力并不亚于它之要求严谨的科学性。它既要求严格的纪律规范,又要求富有天才创造性的艺术想象力,亦即它既要求自然科学那种严谨的献身精神,又复要求有艺术家的那种灵心善感。

本书作者多年来潜心研究当代史学理论名家的各种学说。本书不但对当代西方史学名家如海登·怀特、安克斯密特、昆廷·斯金纳等人的理论有深入的探讨,而且同时能抒发己见,每每探骊得珠,为我国的史学理论、尤其是史学认识论做出了有价值的贡献。希望本书的出版能有助于我国史学界深入一步地进行一番理论上自我批判的洗礼。任何学科的进步都必定要伴随着不断的自我反省和自我批判,没有不断的自我批判,也就没有进步可言。

如果要问:历史学是科学吗?19世纪史学界代表人物伯里

(J. B. Bury)的答复是:"历史学是科学,不多也不少。"但是当代史学家的答复很可能是:"历史学是科学,但它不是传统意义上的科学;它比科学多了点什么(例如,它要求灵心善感),又少了点什么(例如,它不可能重复进行同一个实验)。"什么是历史?什么是历史学?我们对这个问题只有不断地进行反思和自我批判,才有可能对于所谓历史得到一番更为深切著明的理解。

2009年6月
于清华大学

序 二

刘家和

月初,友人彭刚君来,带来他的大著《叙事的转向》书稿,告以行将付梓,并嘱为之作序。初听之后,颇觉惶恐,内心自问:我的学力胜任吗?这倒不是故作谦辞,实在因为彭君在此方面本属科班出身,其译著与论文问世者已经不少,而且颇得学界好评,我自己也认为他已经是一位相当出色的青年专家;而我作为一个长期以具体史学为工作对象的学者,虽然对于史学理论一直深怀业余爱好(也许还可以说这种 hobby 也到了某种 crazy 的程度),但是充其量不过一介"下海票友"而已。要我给他的书写序,能写出什么模样来呢?总不能"佛头着粪"吧。于是建议彭君,宜请何兆武先生作序。何先生既为彭君之师,又为当今西方史学理论研究之巨擘,为彭君此书作序,其谁能谓不宜?彭君答称,已请序于何先生,并蒙俯允;并说在此书后记中已经提到将请何先生与不才作序,且戏言"大概脱不了'拉大旗作虎皮'的嫌疑"。听完此语,我不禁失笑说:"何先生为足下之本师,足下即成长于何先生学术之旗下,此大旗不拉已有,无须再拉;而我算得上什么大旗?人家不说我为你的书写序是附君骥尾,那已经够宽大为怀的了,何来足下所谓之嫌疑?"于是,彭君与我相视而笑。此时我心亦豁然有所悟,什么"大旗""虎皮""沾光"之类,一概无非"客气"(非今日通常所用的意思)之浮词,原无关于学术交往之实际,一笑置之,就可以了。鉴于彭君与我这些年来的学术交往,相互间的了解和友谊的确是相当不错的,为朋友的书写一篇序,不论好坏,也总是一种正常的学术交往、对话,对于读者多少是会有些好处的。于是我们商定,何先生作为老师的序作为序一,我作为朋友的序作为序二。这样开始准备写序了。

要为他的书写序,就不能不读其书。不过,正如彭君所言,他书中的多数内容不是成文以前就和我有所讨论,就是成文后首先让我先睹为快,随后还会有些交谈和讨论,所以看起来相当熟悉,颇有如见故人之感。这里就要谈一点彭君与我的学术交往。我对史学理论长期有浓烈之兴趣,抓到一点时间都会读一些这方面的著作或译作,而我自己限于时间之紧张以及精力之不足,读遍外国书之中文译本都来不及,读了一些感到译文有难解之处的书,想到各图书馆查找原文书也有力所不逮之感。在这种情况下,彭刚君的译文颇能承乃师何先生之风,让我读起来方便易解并且比较放心;有其他译著要对读原文者,他又会帮我找来原书或复印本。所以,他是我研读外国当代史学理论的一位益友。他给我带来了巨大的方便,我读后有想法自然也会和他交流。在交流中,他常给我带来许多新的信息以及他的看法,我会就此提出愚见,有时还会结合中国传统文史之学谈一些个人见解。我们之间年龄差异虽大,但是彼此皆能尽兴而谈,竟然常在讨论中得到一种互相推敲和印证的愉悦。这样我们之间就构成了学术上的忘年之交。这也说明,他之所以要我写序,不过是平时学术交流的一种继续而已。当然,这样的序,只能是朋友的序。

以上谈了在与我交往之中的彭君其人,现在该谈谈其书了。在准备写序中与彭君通话数次,就书中内容可分析、可扩展讨论之点也做了不少的交流,而且颇有相得益彰之处。原来准备把这些内容初步写进序文里。可是经过对目前不得不做的种种事情的安排,发现我暂时实在做不到这一点。所以下面只能对此书的内容重点就我所见及者做些简要的介绍。

在我看来,彭君此书乃是一部关于 20 世纪西方史学的理论与历史的专著,而其重点则在于史学理论发展之历史。不过,他的叙述方式不是按照时间顺序严格地依照编年式的编排,而是有重点地突出当代所谓后现代主义的史学理论,然后再把它们置于史学理论的历史进程中加以分析、论述的。后现代主义史学理论的最主要的特点是什么呢?彭君此书的书名已经切中鹄的地指认出来——叙事的转向。当然在叙事的转向(哲学中的语言学转向与史学中的叙事转向是一致的)中出现的流派并不止一家,他没有太多着墨于从理论上反对"总体史"而在实践上致力于一村、一镇的细化叙事的史学的论述,而是特别聚焦于史学叙事转向中的两位在理论上起到了领军作用的人物——海登·怀特和安克斯密特,同时也论及在思想史研究中深受维特根斯坦和奥斯汀等人语言哲学影响的昆廷·斯金纳。本书的开始三个部分就是对这三位学者所做的个案的论述。有了这三个主要的个案论述以后,接着就是第四部分,即从个案到以 19 世纪为缘起的 20 世纪西方史学理论的总体发展,自历史事实与解释的关系的角度把这一发展分为以下三个阶段:"粗略地说,在重构论(按,以兰克为代表)看来,事实的积累自会呈现出意义和模式,历史解释出自历史事实;在建构论(按,以克罗齐、柯林武德为代表)看来,事实并非解释所要围绕的'硬核',事实进入历史学家的视野和工作程序,本身就包含了解释的因素在其中,而解释的结构符合于事实的结构,乃是解释成功的标准;在解构论(按,即语言学的转向或叙事的转向,以海登·怀特、安克斯密特等人为代表)看来,事实没有独立于文本之外的实在性,解释主导和支配着事实,但解释和事实之间在没有截然分界线的同时,却又可以相互转换。"彭君在论述的同时,分析了其间的过渡的内在理路与历史意义,并且在必要的地方也给出了自己批评性的意见。既然已经讨论了历史的事实与解释的关系,在随后的第五部分中,他自然地把讨论聚焦到相对主义、叙事主义与历史学客观性问题。历史学的客观性,乃是专业历史学家最为关注的问题核心之点。人们通常以为,相对主义的史学理论已经对于历史的客观性提出了一定程度的质疑,而叙事主义的史学理论则完全否认历史的客观性。当然,不论是海登·怀特,还是安克斯密特,都没有否认个别历史事件的实在性。但是,海登·怀特认为,历史学家在做历史叙事时可以任意选用一种隐喻框架来先验地规划其叙事总体,如此一来,还能给历史的客观性保留多少余地呢?而安克斯密特又进一步区分了"历史表现"(或"叙事实体")和"历史描述"(或"历史陈述"),如果说"历史描述"还"指涉"(to refer to)实在,那么"历史表现"就只是"关于"(to be about)实在而已。这样,作为文本的历史与客观性的关系,就如同风筝断了线,结果就不知所终了。彭君对于这些理论都做出了比较有说服力的分析与批评。既看到后现代主义史学对我们有其拓展视野的作用,又能作出切实的批评,这对我们是很有启发作用的。我的这一段文字,就是对于彭君此书五部分的大体框架的介绍。是否准确,则有待于彭君及读者诸君的指教。

还有一点似乎值得一说,那就是,许多专业历史学家看到后现代主义的史学理论作品,就会觉得其内容很难理解。其间的障碍,固然有其概念与思路悬殊的原因,不过也有译介者所用语言未能尽合中国读者习惯的缘故。在我看来,彭君的译介与研究总体来说是清晰易解的。这也甚便于读者。

这篇序文,至此为止。尚祈彭君与读者诸君批评指教。

2009 年 6 月 25 日
于北京师范大学之寓庐愚厂

目　录

序　一（何兆武） 1
序　二（刘家和） 1

第一章　海登·怀特：叙事、虚构与历史 1
第二章　安克斯密特：从"叙事实体"到"历史经验" 49
第三章　昆廷·斯金纳：历史地理解思想 94
第四章　史料、事实与解释：20世纪西方史学理论视野下的考察 137
第五章　相对主义、叙事主义与历史学客观性问题 186
第六章　叙事主义：理论取向、问题意识和政治蕴含 224
第七章　对叙事主义史学理论的几点辨析 251
第八章　历史理性与历史感 263

附录一　后现代视野之下的沃尔什 281
附录二　当代西方史学理论中的安克斯密特 292
附录三　被漫画化的后现代史学 304

引用文献 316

索　引 325

后　记 333

第二版后记 337

第一章　海登·怀特:叙事、虚构与历史

一

20世纪之初,西方历史哲学的领域中发生了从思辨的历史哲学到分析的(或批判的)历史哲学的转型。按沃尔什广为人知的概括,前者指的是对客观历史过程的哲学反思,它所要探询的是客观历史过程的目标、意义、规律、动力等问题;后者则是对历史学的学科性质、尤其是历史认识和历史解释的特性进行理论的分析和探讨。① 我们也可以更加浅白地将二者之间的分野视为二者分别以"历史"和"史学"作为自己理论反思的对象。分析的历史哲学在20世纪60、70年代之前,由附庸而蔚为大国,成为历史哲学和史学理论研究的主流,在对历史解释的特性、历史研究的客观性等问题的探索等方面取得了长足的进展。

---

① 见沃尔什:《历史哲学导论》,何兆武、张文杰译,北京:北京大学出版社,2008年。参见何兆武:《从思辨的到分析的历史哲学》,载其《历史理性批判论集》,北京:清华大学出版社,2001年。

然而，在不同的学科领域，我们经常会看到这样的情形：某一种理论范式之下对该领域的理论探讨，往往会因为该范式所提供的核心问题在一定阶段内可被深入的程度、思考问题的角度和各种可能性被大量消耗之后而陷入僵局。这正是20世纪60、70年代，分析的历史哲学在经历了第二次世界大战以来的迅速发展之后所面临的局面。而此时历史哲学领域内再次发生了重大的理论转型，此种叙事的转向（narrative turn，又有人称之为修辞的转向[rhetoric turn]或语言学的转向[linguistic turn]）使得叙事主义的历史哲学浮出水面，取代分析的历史哲学而成为当代历史哲学的主流形态，使得历史哲学这一学术领域在危机中又重新焕发出勃勃生机。美国历史哲学家海登·怀特（Hayden White, 1928— ）则是促成这一转型的最为关键的人物。他在其主要著作《元史学：19世纪欧洲的历史想象》①和一系列论著中所提出的基本思路和观点，在很大程度上主宰了近几十年来西方（尤其是英美）历史哲学的理论取向和思考重心。

叙事（narrative）指的是这样一种话语模式，它将特定的事件序列依时间顺序纳入一个能为人理解和把握的语言结构，从而赋予其意义。通常意义上的叙事，往往被等同为"讲故事"。当代西方历史哲学领域内，之所以在20世纪60、70年代发生叙事的转向，有其多方面的动因。首先，就历史学实践而言，历史

---

① Hayden White, *Metahistory: The Historical Imagination in Nineteenth-Century Europe*, Baltimore: The Johns Hopkins University Press, 1973. 中译本为《元史学：19世纪欧洲的历史想象》，陈新译，彭刚校，南京：译林出版社，2004年。以下出自该书的引文根据的是英文原本。

学彰明较著的学科特点之一就是,它不同于自然科学和各门社会科学,没有属于自己的专门技术性术语,它以日常有教养的语言(ordinary educated speech)作为传达自身研究成果的基本工具,而叙事一直以来就是历史学话语的主要形态,甚至长期以来被认为是史学话语的根本属性。由克罗齐著名的"没有叙事,就没有历史学"①的论断,足见"讲故事"(story-telling)的特性作为历史学著作根本特征之深入人心。但是,二战以来,随着各门社会科学的迅猛发展,史学社会科学化的进程在很大程度上改写了西方历史学的形态。经济学、社会学、人类学、心理学、人口学和统计学等社会科学方法纷纷被援引进入历史研究的领域,长时段的社会、经济、人口的变迁成为社会科学化的历史学所致力研究的主题。叙事作为前社会科学、前分析的传统史学最显著的痕迹而遭到质疑和排斥。法国年鉴学派的一代宗师布罗代尔就曾毫不掩饰地表达了他对于传统的叙事史学的轻蔑:

> 在叙事的历史学家们看来,人们的生活是被戏剧性的偶然事变所支配,是被那些偶然出现、作为他们自身命运而尤其是我们命运的主人的出类拔萃的人们所主宰着的。并且,当他们谈起"普遍史"时,他们实际上说的就是这些出类拔萃的命运的纵横交错,因为很显然,每一位英雄都需要另外一位来搭配。我们都知道,这不过是欺瞒人的伎俩。②

---

① 转引自 Hayden White, *The Content of the Form*, Baltimore:The Johns Hopkins University Press, 1987, p.4。
② Fernand Braudel, *On History*, Sarah Matthews trans., Chicago:The University of Chicago Press, p.11.

与以问题为导向、对于长时段的非人为(impersonal)进程运用社会科学方法进行的分析相比,叙事史学已经显得落伍了。从叙事史学到问题导向的分析性的历史研究的转型,在很多史学社会科学化的推动者和倡导者看来,乃是历史学进步的唯一路径。① 然而,叙事史学并没有随着史学社会科学化的进程而衰微或者竟至于销声匿迹。一方面,许多职业史学家顽强地捍卫着作为历史学家的技艺的叙事,不断有叙事性的历史著作被生产出来并产生重大的影响;另一方面,传统的叙事模式在一度遭到贬抑之后,开始展示出它所特有的魅力,甚至于一些原本属于社会科学化史学阵营内的史家,也开始以讲故事的叙事方式来解释历史和组织他们的历史著作。比如,原本运用社会科学方法在人口史和社会史等领域取得丰硕成果的年鉴学派重要成员勒华拉杜里,1975年出版了他的名著《蒙塔尤》②,此书以叙事的方式对14世纪初法国一个小山村的社会、经济、宗教生活进行了栩栩如生的展示。到20世纪70年代末,围绕着《过去与现在》杂志的英国史学社会科学化阵营的主要人物之一劳伦斯·斯通(Lawrence Stone)和英国著名的马克思主义史学家霍布斯

---

① 年鉴学派的另一位重要人物,以研究法国大革命而著称的孚雷(Francois Furet)的一篇理论纲领性的论文,就题名为"从叙事史学到问题导向的史学",载杰弗里·罗伯茨编:《历史与叙事读本》("From Narrative History to Problem-Oriented History", Geoffrey Roberts ed., *The History and Narrative Reader*, London: Routledge, 2001)。

② 该书中译本为《蒙塔尤:1294—1324年奥克西坦尼的一个小山村》,许明龙、马胜利译,北京:商务印书馆,2003年。

鲍姆(Eric Hobsbawm),都已经在谈论"叙事的复兴"了。① 历史学实践已经在呼唤着对于历史叙事的理论反思。

其次,从理论逻辑来说,叙事与社会科学化的史学所强调的分析之间的关系,也开始得到重新审视。围绕着历史解释的各种模式所展开的争论,原本是分析的历史哲学的核心议题。亨佩尔等人的覆盖律(covering law)模式强调,一切特殊的历史事件都是藉由被纳入一个普遍规律之下而得到解释的;而德雷等人的合理行动(rational action)模式则秉承柯林武德的思路,认为了解和重演历史行动者的思想才是理解历史事件的关键所在。随着讨论的深入,历史叙事所具有的解释功能开始得到人们的注意,历史学的叙事特质进入了历史哲学理论反思的前沿地带。一个或一组特定的历史事件被纳入某个叙事性的话语结构,就意味着它在一定程度上以特定的方式与其他事件、并且与某个更大的整体联系在了一起,这意味着它可以得到人们的理解和解释。这一论点得到了人们普遍的接受。历史分析和历史叙事(至少在优秀的历史作品中)原本是不可分割地结合在一起的。怀特就此引述文化史名家盖伊的话说:"没有分析的历史叙事是琐碎的,而没有叙事的历史分析则是欠缺的",并用康德式的语言将这句话改写为"历史叙事无分析则空,历史分析

---

① 见劳伦斯·斯通《叙事的复兴:对于一种新的旧史学的反思》(Lawrence Stone, "The Revival of Narrative: Reflections on A New Old History", in Geoffrey Roberts ed., *The History and Narrative Reader*)和霍布斯鲍姆《叙事的复兴:一些评论》(Eric Hobsbawm, "The Revival of Narrative: Some Comments", in Geoffrey Roberts ed., *The History and Narrative Reader*)。

无叙事则盲"。①

再次,从历史哲学学术发展的脉络来看,在分析的历史哲学领域的研究已明显呈现出回报递减的情形下,叙事主义的历史哲学不再以历史解释的模式等问题作为自身关注的重心,而是将着眼点转移到历史研究的成果体现亦即历史叙事的文本上,从而获得了一系列崭新的视角和洞见。从这个角度,可以说,相对于思辨的历史哲学关注客观的历史过程而言,叙事主义的历史哲学和分析的历史哲学一样,都是以历史学的学科特性作为自己理论反思的主要对象的。前者可说是在后者的基础上革新、深化和推进了对历史学的理论反思。

如果我们把史学反思关注的焦点放在历史研究的最终产品——历史著作——之上,就可以发现,历史著作最显明的特征,就在于它是一种"以叙事性散文话语为形式的言辞结构"②,它乃是一种文学制品(literary artifact)。因而,任何有关历史著作的理论(从而任何的史学理论)都应将叙事作为自己的核心议题来加以讨论。由这一着眼点出发,文学理论与历史著作就有了直接的关联,而艺术性或者说诗性的因素在史学理论中就以前所未有的重要性显露出来了。可以说,海登·怀特在《元史学》一书中所自觉地要从事的,就是这样一种取向的探索。他在解释此书宗旨时明确地写道:

> 在辨识和解释19世纪欧洲历史意识的主要形式之外,

---

① Hayden White, *The Content of the Form*, p.4. 康德认识论的命题是说"概念无直观则空,直观无概念则盲"。

② Hayden White, *Metahistory*, p.2.

我主要的目的之一,是要确立历史学和历史哲学在实践它们的任何时期所具有的独特的诗性要素。人们常说,历史学是科学和艺术的混合物。然而,在近来分析哲学家们已经成功地澄清了历史学在何种程度上可以被视为一种科学的同时,却很少有人关注到它的艺术性成分。通过揭示一个特定的历史观念所赖以构成的语言学基础,我试图确立历史著作中无可回避的诗性特质,并在历史记述中具体展示出那使得其理论概念得以默然认可的预构性(prefigurative)因素。①

既然,"每一部历史首先和首要地都是一种言辞制品,是某种特殊类型的语言使用的产物",那么,"如果说历史话语所生产的是某种特定的知识的话,首先就必须将其作为一种语言结构来进行分析"。② 这样的思路,就使得叙事进入了历史哲学思考的焦点,而不再像许多探讨过叙事问题的分析哲学家那样,将对叙事的讨论限制在其历史认识和历史解释的功能之中,而是为其开辟了一个更加广阔的平台。

二

"叙事一直是并且继续是历史著作中的主导性模式,任何有关历史著作的理论的首要问题,因而就不是以过去为研究对象的科学方法的可能性或不可能性的问题,而是要对叙事在历

---

① Hayden White, *Metahistory*, pp. x-xi.
② Hayden White, "Literary Theory and Historical Writing", in *Figural Realism: Studies in the Mimesis Effect*, Baltimore: The Johns Hopkins University Press, 1999, p. 4.

史学中的持久存在作出说明。一种历史话语的理论必须关注叙事在历史文本的生产过程中所起作用的问题。"①叙事乃是历史话语理论所首要关注的问题,对历史话语的叙事结构各个层面的分析,由此就构成为海登·怀特那套颇具形式主义色彩的理论框架的主要部分。

怀特在《元史学》一书中最引人注目的,当是其篇幅并不很大的导论部分。他在这里援引当代语言哲学、文学理论、社会学理论等多方面的学术资源,将叙事性话语结构分析为这样几个层面:(1)编年;(2)故事;(3)情节化(emplotment)模式;(4)论证(argument)模式;(5)意识形态蕴涵(ideological implication)模式。

与大多数自然科学的研究对象不同,历史研究的对象是"过去","过去"不能直接呈现在研究者的面前,人们只能通过"过去"遗留到现在的种种"痕迹"(traces)来接近"过去"本身。这些"痕迹"中,包括考古发现、历史遗址、活生生的传统遗存等,而其中最主要的乃是各种文字记载。文字记载了过去所发生的种种事件。我们可以设想,过去发生的事件浩如烟海,不可胜数,得以通过留下"痕迹"而有可能为人们所知晓和了解的,只是其中极其微小的部分。事件发生而得到记录,才有可能成为历史事实。② 将历史事实纯然按照发生时间的先后顺序记录下来,所产生的就是历史著作最简单和最初级的层面——编年(chronicle)。编年没有开始,也没有结局。它们只开始于编年

---

① Hayden White, "Literary Theory and Historical Writing", in *Figural Realism*, p.3.
② 怀特有时在"事件"(event)和"事实"(fact)之间进行了区分,见他为《元史学》中文版所作前言(第6页),又见 *Figural Realism*, p.18.

史家开始记录之时,而结束于编年史家结束记录之时。在怀特看来,编年中所记载的各种事件,需要被编排进入一个有着意义和内在关联的话语结构,才能成其为故事。在许多文化及这些文化存续的很多时期内,都有编年的存在,但并不是在任何文化中都出现了将编年转化为故事的情形。① 编年中所描述的一些事件分别依据初始动机、过渡动机和终结动机被编排进入故事。故事有可辨认的开端、中段和结局,各种事件由此就在故事里进入到一种意义等级之中,共同构成为一个可以为人们所理解的过程。而故事的编排和叙事话语的最终完成,是与呈现在历史学家面前的不同种类的问题密切相关的:

> 在将从编年中选择出来的事件编排为故事时,就会出现历史学家在建构其叙事的过程中必须预料到并且要回答的此种性质的问题,诸如"接下来发生了什么?""那怎么会发生呢?""为什么事情会是这样而不是那样?""最终会是什么样?"等等,这些问题决定了历史学家在建构他的故事时所必须采纳的叙事策略。然而此种涉及各事件之间的关联并使得它们成其为一个可追踪的故事中的要素的问题,要区别于另一类问题:"总合起来是什么样?""全部的意义是什么?"这些问题与被视为一个完整故事的全部系列的事件的结构相关联,并且要求就某一特定故事与在编年中可能"找到""辨识"或"发掘"出来的其他故事之间的关系有一个全面的判断。可以有若干种方式来回答这些问题,

---

① 参见 Hayden White, "The Value of Narrativity in the Representation of Reality", *The Content of the Form*。

我将这些方式称之为(1)情节化的说明,(2)论证的说明,以及(3)意识形态蕴涵的说明。①

由怀特这样的思路,我们可以说,鲜明的问题意识是所有历史叙事话语赖以形成和展开的基础,因而那种将叙事史学区别于问题史学的观点未必就站得住脚。在编排故事这样一个构建叙事性历史话语的比较初级的阶段,历史学家关心的问题,是个别事件之间所可能具有的在时间顺序和因果关系上的关联。而一旦要对整个历史构图进行把握,要将特定的历史事件与某个更大的整体关联起来而赋予其意义,要体验对于同一历史对象(或者同一些历史事件)所可能具有的不同历史构图之间所可能具有的关系,历史学家所面临的,就是更为宏观的、与历史叙事作为一个整体的特性相联系的另外一种性质的问题了。柯林武德的哲学强调的是一套问答逻辑,认为任何哲学思考都是对于特定的哲学问题的解答。不了解特定的哲学思考所企图去解答的问题,就无法达成对于该思想的真正理解。与此相关的是,在史学理论领域内,历史学家的研究归根结底乃是试图回答某些问题,没有鲜明的问题呈现在面前并致力于有效地解答这些问题,就不可能产生富有意义的史学(包括考古学)的学术成果。② 柯林武德在史学理论领域中所强调的历史学家的问题意识,乃是历史学家在史学实践中应该自觉意识到并在自己的研究中致力于解决特定的问题。勘定史实、重演历史行动者的思

---

① Hayden White, *Metahistory*, p. 7.
② 参见柯林武德:《柯林武德自传》,陈静译,北京:北京大学出版社,2005年,第5章"问答逻辑"。

想、通过想象和逻辑推论重建各种事件之间内在和外在的关联，乃是解决这些问题的关键所在。按照常识的观点，我们可以把历史学家的工作分为两个阶段——历史研究和历史写作，后者不过是在前者完成（或阶段性地完成）之后的文字记录，前者是"胸有成竹"，后者则是泼墨作画，将胸中之竹表现于实际画面。那么，从这样的常识观点出发，柯林武德心目中这样一些历史学家提出并解决问题的程序，似乎主要地就是与历史研究的过程相关。与此相比较，上述引文中怀特所提出的对第二类问题的解答方式，则显然更多地与历史写作相关，与历史著作作为一种文学产品所具有的显著特征相关。从这样一个视角出发，历史写作就表现得不像在传统和常识的观点之下那样居于一个附庸和次要的地位了。这是下文还要进一步探讨的内容。

情节化、论证和意识形态蕴涵是历史著作作为一种叙事话语所具有的三个基本层面，它们中的每一种又各有四种主要模式，可表示如下①：

情节化模式	论证模式	意识形态蕴涵模式
浪漫的	形式论的	无政府主义的
悲剧的	机械论的	激进的
喜剧的	有机论的	保守主义的
讽刺的	情境论的	自由主义的

---

① Hayden White, *Metahistory*, p.29. 怀特这三组四位一体的理论模式，是吸收其他学科理论成果的产物。情节化的四种模式，来自于文学理论家诺思罗普·弗莱的《批评的剖析》(Northrop Frye, *Anatomy of Criticism: Four Essays*)，论证的四种模式来自于哲学家斯蒂芬·佩珀的《世界的假设》(Stephen Pepper, *World Hypotheses: A Study in Evidence*)，意识形态蕴涵的四种模式则来自于知识社会学家卡尔·曼海姆的《意识形态与乌托邦》(Karl Mannheim, *Ideologie und Utopie*)。

情节化是一种将构成故事的事件序列展现为某一种特定类型的故事的方式。人们可以通过辨识出被讲述的故事的类别来确定该故事的意义,情节化就这样构成为进行历史解释的一种方式。浪漫剧、喜剧、悲剧、讽刺剧是情节化的四种主要模式。在叙述故事的过程中,如果史学家赋予它一种悲剧的情节结构,他就是在按悲剧的方式来解释故事;倘若他赋予故事的是一种喜剧的情节结构,他就是在按另外一种方式来解释故事了。

在历史学家对故事进行情节化的层面之外,他还要致力于解释和说明故事"全部的意义"和"总和起来是什么样"。这就是情节化之外的论证的层面。论证是要通过援引某些人们认作历史解释的规律的东西,来表明故事中究竟发生的是什么。在这个层面上,历史学家要通过建构起某种规则——演绎性的(nomological-deductive)论证,来对故事中的事件(或者是他通过某种模式的情节化而赋予事件的形式)做出说明。严格缜密者如"经济基础决定上层建筑"这样的理论立场,暧昧俗常者如"有兴盛就有衰落"这样的老生常谈,都可以作为论证所要援引的规律。论证模式直接关系到我们是以何种方式来看待历史世界。形式论的论证(formalist argument)[①]是要通过辨识出历史领域内某一对象的独特性,来达到对于对象的说明。在理论阐

---

① 在《历史中的解释》一文中,怀特又将形式论的论证改称为"个别描述式的"(ideographic)论证。见 Hayden White, "Interpretation in History", *Tropics of Discourse: Essays in Cultural Criticism*, Baltimore: The Johns Hopkins University Press, 1978, p. 66.

发和史学实践中强调历史现象的个体性(individuality)和独特性(uniqueness)的赫尔德、蒙森等人,当是这一模式最恰当的体现者。有机论论证模式的特点则在于,将单个实体视作它们所构成的整体的部分,而整体不仅大于部分之和,在性质上也与之相异。黑格尔的历史哲学将历史过程视为精神逐步实现自身的一个辩证过程,兰克的史学认为人类历史体现了某种人们虽然无从直接把握但却确定无疑地存在着的神意,他们的历史观都是有机论论证模式的样板。机械论则认为历史领域内的对象都存在于部分与部分的关系形态之中,表明了支配它们之间相互作用的因果规律的具体运作,研究对象就得到了说明。以种族、气候和环境作为解释历史现象的根本因素的泰纳以及实证主义史家如巴克尔都是典型例证。情境论的(contextualist)论证模式则强调,将事件置于它所发生的"情境"之中,通过揭示它们与在同一情境之下发生的其他事件的具体关系,就可以对该事件(或事件序列)何以如此发生进行解释。布克哈特的历史著作中的论证模式就是情境论的。

意识形态蕴涵是情节化和论证之外历史叙事概念化的第三个层面,这个层面反映的是,历史学家对于历史知识的性质是什么,以及研究过去对于理解现在而言具有何种意义这样一些问题的立场。而所有意识形态都无一例外地号称自身具有"科学"或"现实性"的权威。在怀特看来,历史学家不可能摆脱意识形态的蕴涵来进行历史著述。晚近以来,大多数史学家总是要或隐或显地表白自己在史学实践中摆脱了意识形态的侵扰(即便其中很多人并不讳言自己在现实生活中所具有的意识形态立场),史学史家们则经常为在过往史学家客观表现过去的努力中渗入了意识形态的因素而扼腕痛惜,"然而更经常的情形是,他们是在为那些表达了不同于他们自身意识形态立场的历史学家们的研究而感到惋惜。正如曼海姆所言,在社会科学中,一个人的'科学'在别的人来说就是'意识形态'。"①意识形态的立场关系到人们对于当前社会实践的现状如何评判,应该采取何种行动——是(急剧地或渐进地)改变它还是维持现状——等问题的观点。这些立场和观点中主要的模式乃是这样四种:无政府主义、保守主义、激进主义和自由主义。

如果说,历史话语所生产的乃是历史解释的话,历史叙事概念化的这三个层面,就分别代表了历史解释所包含的审美的(情节化)、认知的(论证)和伦理的(意识形态蕴涵)三个维度。在怀特看来,这三个层面所各自具有的四种模式之间并非可以任意随意组合的,它们之间具有一种"选择的亲和性(selective affinity)",如前面列表所示。比如,在喜剧的情节化模式、有机论的论证模式和保守主义的意识形态蕴涵模式之间,或者,在讽刺剧的情节化模式、情境论的论证模式和自由主义的意识形态蕴涵模式之间就似乎有一种天然的亲和性。然而,史学大师的作品的特质,却往往在于它们独具一种辩证的张力,将看似并没有亲和关系的情节化模式、论证模式和意识形态蕴涵模式结合在一起,将一致性和融贯性赋予这些看似不甚协调的模式,而这

---

① Hayden White, *Tropics of Discourse*, p. 69.

恰恰构成了史学大师经典之作的魅力之所在。① 这种融贯性和一致性的基础何在,就成了由历史文本出发进行理论探讨的历史哲学所必须致力于解决的问题。在怀特看来,"这种基础本质上乃是诗性的、具体而言是语言学的"。② 这样,我们就触及怀特理论中至为重要而又最为含混和困难的转义理论。③

在怀特看来,历史意识有一种深层的结构。历史学家在将表现和解释历史领域的各种概念化(情节化、论证和意识形态蕴涵的各种)模式施展于历史领域中的材料之前,必须先将作为他研究对象的历史领域预构为一个精神感知的对象。这种预构行为乃是诗性的,它决定了历史学家表现和解释特定历史领域的言辞模型,"而且也构成了这样一些概念,被他用来辨识占据那一领域的对象,并描述它们彼此之间所维系着的关系。在先于对该领域的正式分析的诗性行为中,历史学家既创造了他

---

① "米什莱试图将浪漫剧的情节化与形式论的论证和显然是自由主义的意识形态结合在一起。同样地,布克哈特运用讽刺剧的情节化和情境论的论证来服务于一种明显是保守主义而最终是反动的意识形态立场。黑格尔在两个层面上来构思历史的情节——微观层面上是悲剧,宏观层面上是喜剧——两者都通过诉诸有机论的论证模式而获得了合理性,其结果就是人们读他的书可以得出要么是激进主义的、要么是保守主义的意识形态蕴涵。"见 Hayden White, *Metahistory*, pp. 29-30。
② Ibid., p. 30。
③ 参见詹金斯《论"什么是历史":从卡尔和埃尔顿到罗蒂和怀特》(Keith Jenkins, *On "What is History": From Carr and Elton to Rorty and White*, London: Routledge, 1995)中有关怀特的部分。詹金斯是怀特理论极为激进的支持者,但他也认为怀特的转义理论是其理论中最难把握的,并将意识形态蕴涵的因素在史学实践中的作用和地位提升到了更基础的地位。有关文学理论中"转义"这一范畴的内涵,参见赵一凡、张中载、李德恩主编:《西方文论关键词》(北京:外语教学与研究出版社,2011年)中的"转义"词条。

的分析对象,又预先决定了他将用来解释对象的概念化策略的模式。"①可能的解释策略的数量并不是无限的多,而是与诗性语言的四种转义(trope)相对应的。这种在先的语言和思维的转义模式,正是构成历史意识的深层结构,并赋予历史学家的各种概念化层次以一致性和融贯性的基础。我们可以来看一下怀特在别的地方所做的解说:

> ……倘若我所提出的情节化、解释和意识形态蕴涵的模式相互之间的关联是有效的话,我们就必须考虑这些模式在意识的某些更根本层次上有着其基础的可能性。……那一基础就是语言本身,它在诸如历史学这样的领域中可以说是在转义的方式上发挥着作用,以便在某种特殊的关系模式中预构出一个感知领域。……(倘若我们要在发展出来了一套专门的技术性术语的学科如物理学,和那些尚未产生出类似的有着确定语义和句法规则的学科之间作出分别的话),我们就看到历史学显然属于后一类领域。这就意味着,历史学当中的分析,不仅发生在事实是什么这样的问题上,也发生在它们的意义是什么这样的问题上。而意义反过来,又是以自然语言本身的可能样态、并且具体而言就是那些经由不同的转义性运用而给未知的和陌生的现象赋予意义的主导性的转义策略来领会的。如果我们认为主导性的转义乃是四种:隐喻(metaphor)、转喻(metonymy)、提喻(synecdoche)和反讽(irony),那么很显然,在语

---

① Hayden White, *Metahistory*, p. 31.

言本身当中、在起源性的和先于诗性的层面上,我们就很可能找到产生那些必定会出现在任何尚未被完全驯服(学科化,disciplined)的研究领域中的解释类型的基础。①

怀特在这里所着重指出的就是,历史学的这种诗性的层面、这种历史意识的深层结构,是与历史著作本身作为言辞结构的一个基本特征分不开的:那就是它所使用的不是一套有着严格的语义规定、在某一知识共同体内几乎不会造成歧义的专业技术性术语,而是以日常有教养的语言为其基本的语言工具。历史叙事的语言不是透明的中介,而是有着所有诗性语言所共有的"言在此而意在彼"的特征,即便在表述事实时,也不可避免地带有超出事实之外的蕴涵,此种语言在人们,包括职业历史学家们所注意到的"传达"(communicative)功能之外,还有着往往为人所忽视但对于历史叙事话语而言却至关紧要的"表情"和"达意"(expressive,conative)的功能。② 在《元史学》和随后的一些论著中,怀特都不断地或明或暗地表示,正是历史语言和历史意识所普遍具有的转义特质,使得转义的主要模式成为历史著作和历史意识的深层结构,历史学家正是依赖转义性的预构行为而赋予其研究领域和概念化层次以一致性和融贯性。③

怀特在他的《作为文学制品的历史文本》("Historical Text as Literary Artifact")一文中,谈到过促使他发展出这套转义理

---

① Hayden White, *Tropics of Discourse*, pp.71-72.
② Hayden White, *The Content of the Form*, pp.40-41.
③ 对怀特转义理论的详尽探讨,参见陈新:《历史·转义·想象——海登·怀特历史哲学述评》,载《史学理论研究》,2005年第2期。

论的契机,颇有助于我们来把握这一理论的作意。一次文学史会议上,怀特听到文学理论家哈特曼(Geoffrey Hartman)评论说,他不大能够确定文学史家们想要做的是什么,但他可以确信,写作一部历史就意味着要将某一事件置入一个语境之中,将其作为部分而与某个可以设想得到的整体关联起来。而在他看来,将部分与整体关联起来的方式只有两种,那就是转喻和提喻。① 在对于维柯诗性智慧的逻辑和当代转义理论已潜心研究多时的怀特听来,这无异于验证了他的设想:转义性话语的类型决定了历史研究素材的基本形式。

历史学家运用语言要做到的,在很大程度上和文学家一样,是要将原本无法理解的变为可理解的,将原本陌生的变为熟悉的。转义就是达到这一目的必不可少而又无可回避的手段。"隐喻本质上是表现的(representational),转喻是还原的(reductionist),提喻是合成的(intergrative),而反讽则是否定的(negational)。"②我们可以这样大致地来理解隐喻的四种类型在历史意识和历史写作中的实际体现③:(1)隐喻——它所建立的是两个对象之间的类比关系。我们在历史著作中常常看到,以植物的生长、繁茂和衰败来类比一个民族或文化的兴衰起落,或者以凤凰涅槃、浴火重生的意象来表述个体或民族经历危机而重新焕发活力的历程。(2)转喻——其特征是把部分视作代表了整

---

① Hayden White, *Tropics of Discourse*, p. 92.
② Hayden White, *Metahistory*, p. 34.
③ 以下对四种"转义"在史学实践中的具体运作的说明,部分参考了詹金斯《论"什么是历史"》中的讨论,见该书,第169—170页。

体,如将对殖民主义的个别抵抗行为视作给第三世界的民族主义赋予了意义,视作某种普遍现象的代表;又如以伏尔泰一生言行作为启蒙运动的人格化身。(3)提喻——与转喻相反,其运作方向不是从部分到整体,而是从整体到部分。由"一切历史都是阶级斗争的历史"(马克思)或"一切历史都是贵族的灵床"(帕雷托)这样对全部历史的意义做出判断的命题出发,一切个别事件或事件组合都由此得到理解并获得其意义。(4)反讽——对于某种关于历史的判断采取怀疑主义或犬儒主义的否定态度,以展示出与之相反的意涵。

从这样的理论立场出发,转义性的诗性预构行为先于任何概念化的层面,而决定了历史学家看待和建构研究领域和研究对象的基本方式。① 创造、建构、想象这样一些往往受到历史学家排斥(或者即便是接受,也往往将其限制在比较狭隘和低下的范围内)的因素,以及历史著作中认知层面以外的审美和伦理的概念化层面,就以前所未有的重要性在新的视野下进入了

---

① 有的时候,怀特更多地将不同的转义类型与论证模式联系起来(如在《元史学》中将隐喻与形式论的论证、转喻与机械论的论证、提喻与有机论的论证相对应,见该书,第36页);而有的时候又更多地将不同的转义类型与不同的情节化模式联系起来(如在收入《转义实在论》一书的《文学理论与历史著作》一文中,将转义类型与情节化模式——隐喻、转喻、提喻、反讽与浪漫剧、悲剧、喜剧和讽刺剧——分别一一对应,见该书,第11页)。在怀特的研究者和批评者中,对转义类型与不同概念化层次的关联的理解也有这样两种不同的取向,前者如詹金斯(见前引书有关怀特的部分),后者如怀特的批评者卡罗尔,见其《解释、历史与叙事》一文,载《历史与理论:当代读本》(Noël Carroll, "Interpretation, History and Narrative", in Brian Fay, Philip Pomper and Richard T. Vann ed., *History and Theory: Contemporary Readings*, Malden, MA:Blackwell Publishers,1998)。

历史哲学的核心地带。

三

怀特历史哲学基本理论观点的表述,往往由大量来自当代不同学科理论成就的概念组装而成,因而给人们的理解带来了不同程度上的障碍。这里所要做的,是对怀特理论的内涵做进一步概要的分析,以彰显他一些根本立场赖以展开的理论逻辑。

既往的历史学家和历史哲学家,往往自觉或不自觉地持有这样一种"常识"性的看法:作为历史研究的产物并最终体现在其产品——历史著作——中的,乃是对历史事实的确认和对历史事实之间相互关联的解释。历史著作作为历史研究的成果体现,其真理就表现在两个方面:一是对于历史事实原原本本(literal)的忠实陈述;再就是对历史事实及其相互关联之间的解释符合于某种既定的模型——对于亨佩尔和卡尔·波普尔这样的覆盖律模式的支持者来说,是要符合科学解释的模型;而对于许多职业历史学家来说,则是要符合常识性的解释模型。即便在海登·怀特之前对于叙事的历史话语形式进行过探讨的若干位分析的历史哲学家(如德雷[W. H. Dray]、丹图[Arthur C. Danto]、莫顿·怀特[Morton White]、伽利[W. B. Gallie]等人)那里,所关注的也是叙事的表现和解释的功能,他们所注重分析的是叙事语句或者叙事语句的简单组合,并将叙事的解释功能纳入某种常识性的解释模式。如德雷秉承柯林武德而来的行动合理性的解释模式,或伽利将历史叙事所具有的解释功能归于所讲述的故事的可追踪(followable)性。对事实的忠实陈述和解释必须符合某一模型,这种双重信条使得人们很少能够从历史著作作为一个文学制品的整体这一显明特征出发,来对历史叙事进行更加深入的分析。

历史学家通常所面临的任务,简单说来就是要将按时间顺序排列的事件序列(即编年)转化为叙事。我们可以借用怀特最为简单和抽象的符号表达的方式,来讨论这一转化过程。①我们先假定有下列按时间顺序排列的对事实的真实陈述:

(1) a, b, c, d, e,...n

这些以编年方式排列的事件要获得意义,需要将情节和论证的成分引入其中,来对它们进行描述和说明,从而赋予它们以意义。然而,我们完全可以有不同的构思情节和论证的方式,在不改变它们的时间顺序的前提下,赋予它们以不同的意义。于是,我们可以得到如下这样一些序列:

(2) A, b, c, d, e,...n
(3) a, B, c, d, e, ...n
(4) a, b, C, d, e, ...n
(5) a, b, c, d, E, ...n

其中大写的字母表示在事件序列中被赋予了特殊有利地位的那些事件,它们因而具有了解释的力量,或者是作为可以解释整个序列的结构的原因,或者是作为该序列所构成的某种故事的情节结构的标志。比如,在(2)中,大写的 A 作为事件序列的初始原因,随后所发生的一切事件都可以通过最终追溯到它而得到说明。一切决定论的历史观都属于此类。又如,在(4)中,

---

① 参见 Hayden White, *Tropics of Discourse*, pp.92-93。

作为故事情节中段的 C 起着举足轻重的作用,前此所有的事件都因为导向它而得到说明,后此的所有事件则都因为可以追溯到它而得到解释。而在(5)中,一个最终的事件作为全部故事所趋向的目的,它规定了此前一切事件的意义和合理性。奥古斯丁《上帝之城》中的神学历史观,以及黑格尔那种自由意识之充分实现自身乃是历史发展最终鹄的的历史观,都是此种模式的体现。①

由此我们可以看到,一方面,同样一些事件或事件序列,完全可以被纳入不同的叙事模式,从而获得不同的意义和解释。另一方面,叙事所做的就是,通过对某些因素的选择性强调和赋予其特殊地位,通过将某种类型的情节和论证模式(并由此将特定的伦理蕴涵)施加于事件序列之上,而将事件序列转化成某种意义模式。这种意义模式就体现在历史叙事话语的言辞结构(verbal structure)中,而那是任何对于这些事件的原原本本的表现(representation)都无法产生出来的。人们一向认为,要对某一特定历史话语做出评判,需要考察(1)个别来看的事实性(单称存在)陈述的真值,以及(2)分开来看的这些陈述之间的逻辑关联。除非历史话语经受住了这样两个方面的评判,才能够认为它表现了实在的历史事件②,并为之提供了解释。③ 然而,对于作为一幅整体历史构图的叙事而言,单从这样两个方面着手,就能够有效地对其本身的内容进行评判吗?

---

① 黑格尔正是在这种意义上称自己的历史哲学为神义论(theodicy)的,因为过程中一切的恶都在最终达成的善中得到了解释。

② 在本文中,我们按怀特的方式区分了"真的"(true)和"实在的"(real)。后者指客观历史过程中实际存在的,而前者指解释或表现中的有效性和合理性。

③ Hayden White, *The Content of the Form*, p. 45.

在许多人看来,历史研究的使命就是发现真相、呈现新的事实,并提供对于事实的新的解释。要紧的乃是事实的真实性和解释的合理性。历史写作在反映历史研究的成果时,不可避免地在不同程度上会引入修辞的语言形式和文学手段,但这些成分并没有实质上的重要性,不过是无关紧要的妆饰而已。古典史名家莫米里亚诺(Arnaldo Momigliano)最典型不过地表明了这样的立场:"倘若一个历史学家偏好以部分表现整体,而不是以整体来表现部分,这又有什么关系?不管怎么说,我不在乎一个史学家选择是以史诗风格来写作,还是在他的叙事中引入演说。我没有理由偏好提喻的史学家甚过反讽的史学家,或者反过来……"怀特针对这样的立场反驳道:

> 然而,事件是被以一种柏拉图式的实在论的方式表现为整体中的部分(其意义是从个别来看的任何部分都无法领会的),还是整体被以一种唯名论的方式表现为不过是整体的各个组成部分之和,这一点的确关系甚大。它关系到人们所能指望的从对于任何系列事件的研究中得到的真理。我相信,即便莫米里亚诺也会承认,选择将某些种类的历史事件以滑稽剧风格表呈出来,不仅是在趣味上的堕落,而且也会扭曲有关它们的真相。……当我以讽刺的模式谈到某人某事或对某人某事说话,我不只是在给我的观察和见解披上一层机智的外衣。我所说的有不同于而且多于我原原本本层面上的东西。①

---

① Hayden White, *Figural Realism*, pp. 11-12.

单个陈述的真假,各个陈述之间(常识的或科学逻辑的)关联的合理性,并不能够决定历史叙事所构成的整体历史构图的恰当性。历史叙事话语本身乃是一种言辞的虚构(verbal fictions)①,其内容既是被发现的,又在同等程度上是被建构、创造出来的。怀特并不否认历史事实的实在性,然而在他看来,事实或事件的序列之展现为某一特定类型的故事,却有赖于历史学家的创造性工作。他和路易斯·明克(Louis O. Mink)一样坚定地认为,故事是被讲述出来的,而不是人们实际生活过的。在怀特看来,实在的历史世界虽然由各种"坚硬"的事实所构成,然而,这些事实并不自动地就构成为故事,历史的实在乃是本身并不具有形式的一片混沌。"没有任何为历史记载所见证的特定的事件系列构成为一个明显完成了的或完备的故事。对于构成为一个个体的人生的事件来说是如此,对于一种制度、一个国家或者一个民族来说也是如此。我们并没有生活在故事中,即便我们是通过在回顾中赋予我们的生活以故事的形式,来给生活赋予意义。"②故事的类型决定了组成故事要素的各个事件自身所具备的意义和它们相互之间的关联。故事是虚构出来的(虽然它不能摆脱史实的限制,不能违背事件之间关联的基本的解释逻辑),是创造、想象和建构的产物。历史学家在组织故事时利用的,是自身文化传统中所提供的可能的文学形式。米什莱将法

---

① 通常中文中译为"虚构"的"fiction"一词,在这里并非凭空臆想、"向壁虚构"之意,而是强调其中创造性、建构性和想象性的成分,可说是"构"而不"虚"。与在法学理论中使用该词时的译名"拟制"有相通之处。

② Hayden White, *Tropics of Discourse*, p.90.

国革命构思为一出浪漫剧,而托克维尔则将其描述为一出悲剧,"对于法国历史的这两种解释之间的冲突,并不出现在构成为所要分析的过程的编年的'事实'层面上,而是在关于事实所要讲述的故事是何种类型的故事这一层次上"。① 于是,虽然怀特本人语焉不详,但从他的思路出发,对历史叙事整体的合理性和恰当性的评判,在上述的两种标准之外,就应该还需要一种更重要的类似于考察文学作品的标准了。既然要将某个系列的事件表现为悲剧抑或喜剧,事实的或逻辑的理由并不足以支持这样的选择,决定了此种选择乃是一个判断,是一个只有在诗性转义的层面上才有其合理性的判断;那么,我们应当可以得出这样的结论:史学家以诗性转义作为意识的深层结构来预构历史领域,而在情节化、论证和意识形态蕴涵的概念化层面上构成了历史叙事,审美的、认识的和伦理的这三个方面就应当是我们考察和评判具体历史叙事的着眼点,而这显然是事实和逻辑两个层面远远不能容纳的。

史学家赫克斯特(J. H. Hexter)在他机智百出的论文《历史学中的修辞》②中,通过考察历史文本中的脚注、引文和列举(人名与事件等的)方式,得出过这样的结论:如果说以前人们认为修辞不过是历史学这块蛋糕上的糖衣的话,那么现在人们则认识到,它已深入到蛋糕之中,它不仅以其文采和叙事脉络影响到历史著作的外表和它所可能给人们带来的乐趣,而且影响到历

---

① Hayden White, *Tropics of Discourse*, p. 59.

② J. H. Hexter, "The Rhetoric of History", in Brian Fay, Philip Pomper and Richard T. Vann ed., *History and Theory: Contemporary Readings*.

史著作的实质,影响到历史学家传达历史知识的能力。怀特则进一步表明,历史著作所表现出来的修辞风格和所借助的情节化模式,是历史学家赖以组织历史材料、赋予历史事实以意义并借此传达历史理解的基本手段。历史著作的形式和内容就这样难分难解地纠缠在一起,形式本身就蕴含了内容。怀特本人将自己后来一部论文集命名为《形式之内容》,其要旨就在此。

在《元史学》的"序言"中,怀特就明确提出了自己整个研究所得出的七条一般性结论:

(1)"严格的历史学(proper history)"必定同时也是"历史哲学";(2)历史学的可能模式与思辨的历史哲学的可能模式乃是相同的;(3)这些模式反过来,其实是在分析上先于它们的诗性洞见的形式化,并且它们就认可了用来给历史记述赋予"解释"层面的特殊理论;(4)没有什么确定无疑的理论基础能够让人们有理由声称,这些模式中的任何一种具有比其他模式更加"实在"的权威性;(5)其结果就是,我们在致力于反思一般历史时,注定了要在相互竞争的解释策略之中做出选择;(6)由此得出的推论是,选择某种历史图景而非另外一种的最好的理由,归根结底乃是审美的或道德的,而非认识论的,并且最终(7)史学科学化的要求,不过是表达了对于历史概念化的某一种特殊样态的偏好,其根据要么是道德的、要么是审美的,它在认识论上的合理性尚有待确立。①

---

① Hayden White, *Metahistory*, p. xii. 这里和下段文字中的"历史哲学",其含义相当于本文开始时所说的"思辨的历史哲学"。

以上的结论可以归结为两点:第一点是,历史学与历史哲学之间并没有什么本质区别。通常人们是将历史学与(思辨的)历史哲学严格区分开来的。借用柯林武德的说法,在职业的历史学家看来,思辨的历史哲学是要将丰富多彩的历史事实和流变不居的历史过程,强行按照某个既定的理论模式安置到一个"鸽子笼"中,来彰显其"意义";而历史哲学家则认为,没有理性的、神意的或者其他什么线索,是无法真正了解历史的意义和进程的,而历史学家所能做的不过是以"剪刀加浆糊"的方式裁剪和编排历史,对于片断历史的片面的了解乃是所能指望的最好结果。然而,按照怀特的观点,历史学和历史哲学就其作为历史著作来考察,其内容就都无可回避地既包含了被发现的内容(或多或少的历史事实),又包含了被建构、创造出来的内容(附加于历史素材之上的情节化、论证和意识形态蕴涵模式),而诗性转义的预构行为则既决定了历史学家、也决定了历史哲学家将既定历史领域建构为自身研究对象的方式。在《元史学》中,怀特通过对19世纪的四位历史学家(米什莱、兰克、托克维尔、布克哈特)和四位历史哲学家(黑格尔、马克思、尼采和克罗齐)的考察,论证了这一点。于是,对历史学和历史哲学的考察,就会揭示出这二者所共有的"元史学"的层面,两者之间的区别比原来人们所设想的要微小得多,那不过就是:历史学往往容许对同一历史领域的多种构思方式,而历史哲学则认定唯有一种构思方式是正当的。

另一点则是,不同的历史构图源自在先的不同的诗性预构,因而无从找到坚实的基础来对它们进行评判并从中做出选择,也无从比较其"实在性"。按怀特的理论,历史学家以某一种主导性的转义预构了他所要研究的历史领域,这种预构行为决定了他所选取的叙事策略,而叙事策略的选取,使得历史学家必然是从特定的视角来考察和表现他的研究对象,这有似于艺术家(如画家)在表现实在时所做的工作。艺术理论家贡布里希认为,我们不能指望两个画家会在一幅给定的风景中看到同样的东西,我们在面对他们对同一片风景的各自不同的表现时,不要想在其中做出选择并评判谁的更"正确"。① 在不违背史实的前提下,我们也无法判定,历史学家不同的叙事策略之间,哪一种更加"真实"地再现了过去。决定了历史学家和他们的读者群在不同解释策略之间做出选择的,只能是审美和伦理方面的因素。就此而论,特定的历史学家与其潜在的读者群之间,预先就有一种解释策略、伦理立场和审美趣味上的契合性。② 怀特极其赞赏柯林武德所说的,人们以何种方式写作和思考历史,终究取决于他们是什么样的人③;我们还可以替他补充说,人们接纳和赞赏何种历史,也取决于他是什么样的人。诗性的和语言学层面的在先的因素,决定了人们最终在历史领域所能看到的一切,无怪乎怀特会在《元史学》的扉页中引录巴什拉的话,"人所能知者,必已先入梦"。于是,认识论的、理性的、逻辑的因素在怀特的历史哲学中就被挤到了一个非常边缘的位置。这也成其为怀特理论中最为脆弱的环节和遭人诟病之处。

---

① 参见 Hayden White, *Tropics of Discourse*, p. 46。
② Hayden White, *Metahistory*, p. 429.
③ Ibid., p. 433.

四

在 20 世纪西方历史哲学的早期阶段,克罗齐和柯林武德沿袭德国思想的传统,进一步从理论上阐发了历史学家的主观因素在历史研究中的重要地位和作用。克罗齐广为人知的"一切历史都是当代史"的命题,强调人们总是从当前生活中所引发的问题和兴趣出发,来关注过往历史的某些阶段和某些层面。而柯林武德最负盛名的命题"一切历史都是思想史",则强调历史学家总是要把历史当事人的行动视作对特定问题做出的回应,因而,了解历史当事人的思想,就是历史研究最为重要和艰巨的使命。由这样的立场出发,二者都强调历史研究中"重新复活(re-live)"(克罗齐)、"重演(re-enact)"(柯林武德)的研究方法的重要性。移情、想象、建构等创造性活动在历史研究中开始具有合法的一席之地。然而,在很大程度上,这些因素的作用还被局限于确定史实和建构个别史实之间的关联。而怀特的历史哲学以历史文本之作为文学制品为出发点,在很大程度上成其为一种"关于历史著作的文学理论"[1],想象、建构这样一些诗性的因素从而就被提升到了历史哲学中一种前所未有的崇高地

---

[1] 汉斯·凯尔纳(Hans Kellner)曾暗示,在某种意义上,可以将《元史学》视作一种"历史文本的文学理论"。见埃娃·多曼斯卡编:《邂逅:后现代主义之后的历史哲学》一书中对他的访谈,Ewa Domanska ed., *Encounters: Philosophy of History after Postmodernism*, Charlottesville: University Press of Virginia, 1998, p. 52;中译本:埃娃·多曼斯卡编:《邂逅:后现代主义之后的历史哲学》,彭刚译,北京:北京大学出版社,2007 年,第 62 页。

位。自亚里士多德《诗学》以来对诗和史进行严格区分的传统，至此才受到严峻的挑战。在怀特看来，那种区分所掩盖和遮蔽了的东西，至少也与它所揭示和阐明了的东西一样多。因为"倘若说一切的诗中都有历史性的因素的话，在对于世界的每一种历史性描述当中也都有诗的因素"。① 中国有"文史不分家"的说法，如果说它主要的蕴涵是指历史著作应该具有文学作品一样的文采和吸引力的话，怀特的理论可谓给这一说法赋予了全新的内涵。

怀特在《元史学》中区分了三种概念化层次各自所具有的四种主要模式，又提出了诗性预构在语言学基础上的四种转义类型，从而为分析历史著作提供了一套理论工具。他的转义理论，来自于维柯和当代研究转义的诸多理论家的启发，他对历史著作各个层面的概念化的分析，其基本范畴来自不同学科学者的理论成就。虽然如有人所批评的那样，这些模式和范畴未必准确精当、囊括无遗（怀特本人也反复强调，在列举各种范畴时，他只是举其主要者，没有打算也不大可能面面俱到）；变化不定、冲突矛盾之处也所在多有。但是，一方面，倘若从怀特本人的理论立场出发，他完全可以说，《元史学》中所提出的这四组十六种模式和范畴，不过是把握19世纪历史想象的一种方式而绝非唯一的和排他的方式，人们完全可以而且也应该尝试以其他方式来对同一领域进行研究和解释；另一方面，如果我们依照怀特理论的精神，将他所提供的这种理论工具视作分析历史

---

① Hayden White, *Tropics of Discourse*, p. 97.

著作的一种启发性原则的话①,它在令我们更深入、细致地了解历史著作在认知因素之外是如何将审美的和伦理的因素引入了历史解释,以及语言本身和思维本身所具有的诗意本质是如何决定了历史学家选取处理历史对象的视角等方面,都前所未有地深化了历史哲学的理论思考。怀特在 1973 年《元史学》问世之后的一段时期内,似乎有一种将转义视为内在于语言和人类意识的基础的倾向,并试图将转义理论从发生论和本体论的角度进行发挥,但这种努力似乎并不很成功。② 二十余年后,怀特坦然说道:

> 这种[转义的]模式没有我原来设想的那么有用;也没有得到广泛的接受。但我认为,这总比根本没有任何模式好。而且至少我试图提出了这样的问题——要说明历史学家所生产的不同种类的话语,运用何种元语言才能最有成效——而不是像大多数史学思想史家一样,认定语言乃是透明的,而话语只局限于它明面(字面)上所说的东西,而不是它所意含着的东西。……转义可能是、也可能不是内在于语言中,并且从而普遍地隐含在言语之中;对此我不大清楚。但我认为它们乃是一种语言学上的普遍项。至于这

---

① 按汉斯·凯尔纳的说法,那就是要以隐喻的方式(metaphorically)来看待怀特的转义理论,见埃娃·多曼斯卡《邂逅:后现代主义之后的历史哲学》一书中对他的访谈。

② 在《话语的转义》的"导言"中,这种努力最为清晰可见。但不少论者认为他的努力并不成功,参见坎斯特纳:《海登·怀特的历史写作批判》,载《历史与理论》(Wulf Kansteiner, "Hayden White's Critique of the Writing of History", *History and Theory*, 32,3[1993])。

是否使得它们也成其为人类意识的普遍项,我说不上来。然而它们确定无疑地弥漫于19世纪欧洲的历史话语之中,而我(就像维柯更早时在《新科学》中所做的那样)将它们作为比之任何形式的三段论逻辑都更直接地渗透在话语之中的"诗性逻辑"的基础。①

诚如怀特所言,即便人们怀疑或否定他的理论模型的普遍适用性,对转义理论的前提提出质疑,但至少,他的理论贡献却使得我们无法不正视当代语言哲学和话语理论对于历史学所可能具有的蕴涵,那就是:语言并非透明的表达中介,历史著作作为言辞结构具有无可回避的诗性特质。

虽然被公认为后现代主义思潮在历史哲学和文学理论领域②的主要代表人物之一,怀特却从来没有否认历史事实的客观存在,以及人们获取历史知识的可能性。③ 他没有像某些思想家(比如后结构主义)那样,走到主张"一切皆文本""作者之死"的地步。然而,虽然文本之外尚有实在,我们却注定了无法抛开各种(广义上的)文本而直接接触到历史实在,而只有通过想象才能够触及。于是,怀特的虚构(fiction)概念就并不是说,

---

① 海登·怀特:《对夏蒂埃教授四个问题的回应》,载《史学史》杂志(Hayden White, "A Response to Professor Chartier's Four Questions", *Storia della Storiografia*, 27 [1995])。

② 他是文学理论领域中后现代主义思潮之一种——新历史主义(new historicism)——的代表人物。

③ "过去的存在是历史话语一个必不可少的前提,而我们确确实实可以撰写历史这一事实就是我们能够认识过去的充足证据。"(Hayden White, *Figural Realism*, p.1)

历史著作可以排除史料的限制。但是,单个的事实之组合为有意义的言辞结构,在怀特看来,就有赖于历史学家将形式施加于这样一些事实上面。历史叙事总是表现为人们可以辨识的某种情节化类型,辨识了历史学家所讲述的故事属于何种类型的情节,也就获得了对于历史著作主题的理解。而在怀特(以及明克和安克斯密特等人)看来,历史实在和实际人生中并没有故事,无数单个事实的累积构成的只是一片混沌,故事乃是人们讲述出来的而非人们生活过来的。因而,情节化的各种模式就并非历史实在的某个片断所固有的:

> 没有任何特定的实在事件的序列或系列内在地就是悲剧的、喜剧的、滑稽剧的等等,而是只能经由将某种特定的故事类型的结构施加于事件之上,才将其建构成了如此这般的模样,赋予事件以意义的,是对于故事类型的选择并将其施加于事件之上。①

既然各种历史事实构成为何种情节,并不取决于事实本身,而历史事实需要相互之间发生关联才可能构成为情节,理论逻辑之所至,怀特不得不得出了恐怕很多人都难以接受的这样的推论:

> 历史不仅有关事件,而且有关事件之间的关系。这些关系并非内在于事件本身,而只存在于反思这些事件的历史学家的心灵之中。②

这样,历史写作在怀特那里就成了过于自由的创造。其实,文学

---

① Hayden White, *The Content of the Form*, p. 44.
② Hayden White, *Tropics of Discourse*, p. 94.

艺术的创作也都是"戴着镣铐跳舞",没有了限制和约束,也就没有了创造力自由发挥的余地。我们经常会看到这样的故事:某一天,有人看到托尔斯泰伤心痛苦的样子,一问起来,才知道是他小说中的主人公安娜要走向死亡了。旁人很奇怪,作者为什么不能重新安排笔下主人公的命运呢?然而,我们通常都会有这样的经验,越优秀的作家、越杰出的文学作品,往往越能够创造出一种由主人公的性格、环境和命运构成的网络,从而使得某一种情节和结局看起来无可回避。就像很多人评论贝多芬的交响曲时常常说起的,音乐是在被作曲家营造出来的逻辑力量强制推动着行进,犹如获得了自己独立的生命力。准此而论,文学艺术也有其内在的限制和约束。固然,怀特还承认史实本身对于历史研究的限制作用,可是,就史实连对情节化模式的选取也无法施加影响而论,这样的限制也实在来得过于微弱。我们也就难以从文学和历史所受限制和约束的程度,来对两者加以分辨了。更重要的一点是,怀特反复强调文学、诗也有认识实在、揭示世界的某些层面的功能,借此来反驳那种认为将历史同化于文学就等于是取消了历史的认识功能的观点。[1] 问题在于,怀特始终未能(也许也不想要)在理论上将历史与文学的认知功能区分开来。尽管我们可以在某种意义上赞同亚里士多德有关"诗比历史更真实"的说法(例如,我们阅读狄更斯的《双城记》或雨果的《九三年》,对法国革命某些侧面的了解比之阅读很多有关法国革命史的论著来得更为真切),然而,倘若说历史

---

[1] "有谁会真的相信,神话和文学虚构就没有指涉实在的世界,讲述关于它的真理,并提供有关它的有用的知识呢?"(Hayden White, *Figural Realism*, p.22)

对实在世界的认知终究与文学(诗)一样,达到的不过是一种"隐喻性的真理"(metaphorical truth),怀特的确就真的像他所说的那样,"解构了所谓的历史科学的神话"①。如果说,实证主义思潮是以将历史学同化于科学而取消了历史学的学科自律性的话,怀特则是以将历史学同化于文学和诗而同样对历史学的学科自律性造成了威胁。

将历史事件的序列转化为历史叙事,固然需要历史学家创造性的工作,如怀特所说:

> 没有任何给定的偶然记录下来的历史事件自身就能够自行构成为一个故事;它所能够给历史学家提供的,顶多不过就是一些故事元素。事件被锻造成为故事,是通过排斥或贬抑其中某些事件,突出其他一些,通过描述、基调的重复、声调和视角的变化、交替的描述策略等等——简而言之,一切那些我们通常会是在构思一部小说或一出戏剧时的情节化过程中所找到的那些技巧。②

历史学家需要经过选择、想象、建构并利用各种文学技巧才能完成历史叙事,然而,由此就得出结论,认为历史叙事乃是虚构,不可能是历史实在的再现,而只能够是隐喻地表现了历史实在,这种理论逻辑未免走得太远了些。诚然,历史叙事不可能是对于历史实在的原原本本而不差分毫的再现,丹图所假设的能够将某一历史片断毫不遗漏地进行全景式记录的理想的编年纪事者

---

① 怀特在接受埃娃·多曼斯卡的访谈时所说,见《邂逅:后现代主义之后的历史哲学》,第18页。

② Hayden White, *Tropics of Discourse*, p.84.

(ideal chronicler)并不存在于现实之中。但这并不意味着,渗透了创造性和想象力的历史构图就在很大程度上游离于历史实在之外,故事游离于构成为它的元素的事件之外。怀特理论中那种强调历史著作中"被建构的"因素远远超出了"被发现的"因素的倾向,难免会受到人们的质疑。地理学家在根据实际的地形地貌绘制地图时,所做的也经常是"排斥或贬抑"其中某些因素,突出其他一些,选择性的和建构性的因素也自始至终出现在这一过程中,然而地图反映了实际的地形地貌却是不争的事实。无怪乎卡罗尔一再批评说,怀特对历史叙事虚构性质的强调,实际上反映了他暗中根深蒂固的那种经验论的符合论的真理观,仿佛只有不差分毫、包罗无遗的再现才是真正地重建了历史。①

史实、历史实在对历史构图和历史叙事所具有的约束和范导的力量,超过了怀特的理论立场所能够许可的范围,而且往往迫使他自己也不能不正视这一点,从而造成了他在理论表达上的一些前后矛盾和相互冲突之处。20 世纪 70 年代时,他曾经谈到,历史学家在赋予事件以故事轮廓时确实可能犯错误,"我不认为有人能够接受将肯尼迪总统的一生情节化为喜剧的做法,然而,应该将其情节化为浪漫剧、悲剧还是讽刺剧,却还是一个有待探讨的问题"。② 此时,在他看来,史实对于情节化的模式似乎多少具有一种在先的影响力。将近 20 年后,在他参与讨

---

① Noël Carroll, "Interpretation, History and Narrative", in Brian Fay, Philip Pomper and Richard T. Vann ed., *History and Theory: Contemporary Readings*.

② Ibid.

论有关纳粹德国对犹太人实施的大屠杀应该如何进行历史表现①时,这一问题更加急迫和鲜明地呈现出来。对于大屠杀这样的主题,人们思考的是"如何去言说那不可言说的",因为"奥斯威辛的世界在言辞之外,正如其在理性之外"。怀特在探讨这一问题时,花了不少篇幅来探讨斯皮格尔曼(Art Spiegelman)以讽刺笔调写成的《老鼠:一个幸存者的故事》(*Maus: A Survivor's Tale*)②,仿佛是借此来暗示,对于大屠杀这样的主题,也可以有这样的情节化方式,而且随着时间的流逝,某些原来公众难以接受的情节化模式也开始得到人们的接纳。然而,即便如此,他还是明确断言:"在将第三帝国的事件以喜剧或者田园诗的模式情节化的事例中,我们完全可以合理地诉诸事实,来将其从对第三帝国各种相互竞争的叙事的清单中排除出去。"③于是,不仅事实是给定的,而且,事件之间的关系、事件所构成的情节化模式、事件相互之间所蕴含的意义在很大程度上也是给定的,超过了怀特原本所能够承认的范围。历史叙事、历史构图与历史实在之间的关联比之他所明确承认的要紧密得多。

这里也出现了一个问题:怀特理论立场的摇摆表明,面对不

---

① 围绕这一问题展开的研讨会论文集,见索尔·弗雷德兰德尔编:《探索表现的极限:纳粹主义与"最终解决"》(Saul Friedlander ed., *Probing the Limits of Representation: Nazism and the "Final Solution"*, Cambridge, MA: Harvard University Press, 1992)。

② 在这本书中,德国人被描绘成猫,犹太人被描绘成老鼠,波兰人被描绘成猪。参见怀特的论文《历史情节化与历史表现中的真理问题》,载《转义实在论》("Historical Emplotment and the Problem of Truth in Historical Representation", in *Figural Realism*)。

③ 同上书,第30页。

同的历史事件序列,人们选取不同的解释策略和情节化模式时所拥有的自由程度和范围并不是一样的。比如说,对肯尼迪生平的历史表现排除了喜剧的情节化模式,对大屠杀的历史表现排除了喜剧和田园诗的情节化模式,而对众多历史领域而言,似乎各种情节化模式都是可以施展于其上的。我们由此可以认为,历史领域的不同片断或不同层面并不是同质的或者匀质的(homogeneous),而是异质的(heterogeneous),它们给人们在构建历史叙事时进行创造性工作所留有的余地是不一样的。由此推论到分析的历史哲学领域,在对历史认识客观性和将普遍规律用之于历史解释的讨论中,也可以说,一方面,对于不同对象的历史研究,人们能够达成共识(许多分析的历史哲学家往往以能否达成历史学家知识共同体的共识作为客观性的指标)的可能性和此种共识的性质似乎是不一样的;另一方面,如果说可以援引普遍规律来进行历史解释,历史学家在对具体历史事件或过程进行解释时所援引的普遍规律也往往有性质上的不同,有的是类似于自然科学严格意义上的那种普遍规律(如以社会科学如经济学中的供求关系的规律来解释某种社会经济现象),有的则是常识性的命题(如以"权力导致腐败,绝对权力绝对导致腐败"来解说某些历史现象)。就思辨的历史哲学所要进行理论反思的客观历史过程而论,人们也往往觉察到,不同历史时刻留给人们做出自由选择的行动的余地和可能性也是不一样的。于是,无论是在考察客观历史过程的思辨的历史哲学领域,还是在考察历史研究和历史写作本身的分析的和叙事的历史哲学领域,同质性和异质性的问题都是一个值得深入讨论的问题,也许当是历史哲学学科领域一个重要的学术增长点。

怀特的理论取向是从历史著作作为文学制品这一着眼点出发来建构他的历史哲学的,他指出,历史学进步的方式和文学一样,是靠不断地产生经典,而经典在其史料和论证都受到补充甚至修正的情形下依然保持了持久的魅力,端赖其文学品质。[1] 在怀特看来,仿佛人们选取和评判不同的历史构图,其依据就只能是审美的和伦理的了。然而,即使是按照怀特本人有关历史著作三种概念化层面的划分,既然历史话语所生产的乃是历史解释,而历史解释又是以审美的、认知的和伦理的三种方式进入历史叙事的,那么,对历史叙事的选择和评判,显然就并不限于怀特所强调的审美的和伦理的层面,而必然涉及认知的(认识论的、理性的和逻辑的)层面。当代历史哲学的领军人物安克斯密特曾经评论说,一种历史构图为何比另一种更加易于让历史学家接纳(尽管二者中包含的是同样真确的陈述),这是历史哲学一直忽视的重要问题。[2] 仅从怀特的理论立场出发,我们也完全可以从三个层面着眼,在不同的历史叙事和历史构图之间进行选择或做出评判:(1)审美的层面。虽然常言说"趣味无争辩",但"趣味有高下"似乎也是定论。怀特本人就曾提到过,将特定的历史事件以某种情节化风格表现出来,是在趣味上的堕落。[3] (2)伦理的层面。怀特虽在历史哲学的领域内具有浓

---

[1] Hayden White, *Figural Realism*, p. 5;又见 Hayden White, *Tropics of Discourse*, p. 84。

[2] 见安克斯密特《叙事的逻辑:历史学家语言的语义学分析》(F. R. Ankersmit, *Narrative Logic, A Semantic Analysis of the Historian's Language*, The Hague: Martinus Nijhoff Publishers, 1983)一书"导论"。

[3] Hayden White, *Figural Realism*, p. 12.

重的相对主义色彩,并且他本人也不讳言这一点,但他绝非没有自己鲜明的伦理立场。他说过:"恰当地评判一种理论的唯一标准,就是它对于促进某种具体的伦理的、道德的或政治的目标和目的的效用。坏的理论促进坏的目的,而好的理论则促进好的目的。对谁而言的好呢? 对人类总体。"①这一标准当然也适合于对历史叙事的伦理判断。(3)认识论的层面。这是怀特理论中本应包含却又被他刻意淡化和排除了的方面。要在不同的历史构图或历史叙事中从这个层面着眼做出评判和选择,我们完全可以得到比之在前两个层面中更加广泛的认同的标准。除了每一构图或叙事本身在史料上的可靠性和逻辑上的严密性之外,还可以有如下的考量:比如"在不同的构图能够包容同样的史实的情况下,不同构图的优劣就取决于它们逻辑的严密性和简捷性",又比如"如果一幅历史图像能够被纳入另一幅而成为它的一个组成部分,前一幅就是一个低层的,后一幅则是一个更高一层的历史图像"②。

怀特对以上这第三个层面的淡化和排斥,是与他完全排斥历史学科学性的一面相关联的。同情其立场的汉斯·凯尔纳曾就此评论道:"我想象不出还有什么能比这种看法——(历史学的)进步在于许多互不相容但却合乎情理的对于某一研究领域的表述之存在——更加强调历史学不是科学的了。"③这样的理

---

① Hayden White, *Figural Realism*, p. 8.
② 何兆武:《可能性、现实性和历史构图》,载其《历史理性批判论集》。
③ 汉斯·凯尔纳:《二十年之后:对于元史学之几种含义及其视野的解说》,载《史学史》(Hans Kellner, "Twenty Years After: A Note on Metahistories and Their Horizons", *Storia della Storiaografia*, 24[1993])。

论取向,严重危及了历史认识和历史解释的客观性。叙事的历史哲学如果纯然往着怀特所指示的方向发展,只能是与客观性"那个高贵的梦想"渐行渐远。对于如何拯救历史叙事中的客观性,解释学哲学家利柯在他的巨著《时间与叙事》①中提出的思路,是论证叙事的对象即历史实在具有时间性结构,而这就是叙事的时间性结构的来源。戴维·卡尔(David Carr)则是以现象学方法来论证,历史实在本身就具有叙事性的结构。② 问题在于,以"一切皆文本"的立场将历史实在归结为文本,固然难以为很多人所接受,但历史实在毕竟不是我们能够直接触及的,而总是要通过各种广义上的文本(包括遗迹、考古发现和文字记载等)才能够与之发生接触。而一切文本本身已是对于实在的一种"表现"(representation),因而,即便论证了历史实在本身有时间性、叙事性或故事似(story-like)的结构,也并非就论证了历史叙事本身具有客观性,因为历史叙事已是对于"表现"的"表现"(representation of representation)。由此思路来看,建立历史叙事与历史实在之间的关联,以重建历史认识和历史解释的客观性,这一任务在经历了怀特等人的挑战后,比之人们以往

---

① 参见 Paul Ricoeur, *Time and Narrative*, tran. Kathleen Blamey and David Pellauer, Chicago:The University of Chicago Press, Vol.1,1984, Vol. 3, 1988。此书3卷本中的第2卷是讨论文学虚构中的叙事问题的,第1、3两卷则讨论历史叙事。

② 见其著作《时间、叙事与历史》(*Time, Narrative, and History*, Bloomington:Indiana University Press,1986)。其基本论点见其论文《叙事与实在世界:对连续性的论证》,载《历史与理论:当代读本》("Narrative and the Real World:An Argument for Continuity", in Brian Fay, Philip Pomper and Richard T. Vann ed., *History and Theory: Contemporary Readings*)。

所设想的要严峻和困难得多。

五

怀特历史哲学的理论立场与他本人的政治、伦理观点有着密切的关联。他早年是研究中世纪和早期近代文化史和教皇史的专家。① 然而,怀特自陈,"一直以来,我对于人们为什么要研究过去比之自己去研究过去要更有兴趣"。② 正是这种兴趣和广泛而深厚的知识储备,使得他能够左右逢源,利用传统的学术资源(如维柯的思想)和各个学科的当代成就,铸成了在《元史学》中开始成型的那样一套历史文本的分析范畴。

1966 年刊于《历史与理论》杂志的《历史学的重负》③一文,是怀特在历史哲学领域发表的第一篇重要作品,也在很大程度上预示了他此后的理论取向。怀特心目中 19 世纪上半叶那一历史学的黄金时代的史学家们、尼采、布克哈特和法国存在主义,都给他的思想留下了清晰可辨的影响。布克哈特洞察到,生活和历史实在的实质不过是混沌一片,人们唯一能够做的,就是

---

① 汉斯·凯尔纳在《秩序的基石:海登·怀特的语言学人文主义》(Hans Kellner, "A Bedrock of Order: Hayden White's Linguistic Humanism", in *Language and Historical Representation: Getting the Story Crooked*, Madison: The University of Wisconsin Press, 1989)一文中,从怀特早期的史学著作出发,讨论了他的政治和伦理观点。詹金斯在《论"什么是历史?":从卡尔和埃尔顿到罗蒂和怀特》中也探讨了怀特历史哲学的意识形态蕴涵。

② 埃娃·多曼斯卡编:《邂逅:后现代主义之后的历史哲学》,第 17 页。

③ Hayden White, "The Burden of History", in *Tropics of Discourse*.

力图施加形式于混沌之上,尽管这样的形式不可能持久不变,而只能是赋予混沌的质料以转瞬即逝的意义。怀特对此感同身受。生活的本质就是矛盾和冲突,意义只在于人们能够做出自由的选择,来决定赋予原本混沌的生活以何种形式。一种真正有价值的历史学,不能把过去、把历史的实在表现为对于人们而言是一种无法摆脱的沉重负担。相反地,"康德年迈时说得很对:我们可以根据自己的喜好自由地构想'历史',正如我们可以凭自己的意愿来创造历史"。① 人们不仅有面对现在和将来时做出选择的自由,人们在面对过去和历史实在时,也有选择的自由。并且,我们还可以说,唯有人们能够自由地构想历史,过去才不再是人们的重负,现在和将来也才能真正向人们的自由选择敞开大门。用凯尔纳发挥怀特的话来说,人们是通过选择他们的过去来选择他们的现在的(Men choose who they are by choosing who they were)。② 历史学应当给予人们的不是束缚和限制,而是解放和自由。《元史学》中所提供的各种解释模式,以及对19世纪历史学家和历史哲学家的个案研究,在怀特看来,就证明了人们在构想历史时所拥有的自由。有人指责怀特的转义理论是一种语言学的决定论(linguistic determinism),因为在这一理论的视野中,人们在思考历史时似乎注定了只能够在语言的几种转义类型(从而在有限的历史解释模式)中做出选择。怀特反驳说,在某一文化中流通的符码给人们施加了限

---

① Hayden White, *Metahistory*, p.437.
② Hans Kellner, "A Bedrock of Order: Hayden White's Linguistic Humanism", in *Language and Historical Representation: Getting the Story Crooked*, p.197.

制,这与人们具有能够在这些符码中间做出选择的自由并不矛盾。马克思说过,人们创造他们自身的历史,但并不是随心所欲地来创造,他们不是在自己选择的环境中,而是在某种给定的条件下来开始他们的活动的。历史话语的创造也正是如此,人们构想过往历史时所具有的自由,也应当这样来理解。①

存在主义哲学家加缪说过:"从前的问题是确认生活是否非得有一种意义来使人们活下去,而今已经很清楚,倘若生活没有意义的话,人们可以更好地生活。"怀特则把这句话修正为:"倘若生活所具有的不是单一的而是许许多多不同的意义的话,人们可以更好地生活。"②按怀特的思路,我们可以说,历史没有意义,人们只能够创造意义来施加于历史实在本身;但我们更可以说,历史所具有的不是单一的意义,而是多种多样的意义,我们可以面对历史意义的丰富性并从中做出选择。历史学的任务(或重负)正是揭示历史意义的多样性和丰富性,帮助人们得到解放和自由。19世纪上半叶乃是怀特心目中欧洲历史学的黄金时代,那个时代的历史学家们为何为历史学的重负提供了最好的回答:

> (他们)都将历史学家的重负视作是将人们从历史的重负下解放出来的道德义务。他们并不认为历史学家提供了对一切时空都有效的具体的道德体系,而是承担了特殊的任务,要启发人们意识到,他们当前的处境永远部分地乃

---

① 如法国文化史名家夏蒂埃就有这样的批评,参见 Hayden White, "A Response to Professor Chartier's Four Questions", *Storia della Storiografia*, 27(1995)。

② Hayden White, *Tropics of Discourse*, p. 50.

是具体的人类选择的产物,因而是可以在同样的程度上被进一步的人类行动所改变的。历史学因而就让人们对于每一完成了的选择之中的能动因素保持敏感,教导人们变化不可避免。①

而历史学那个黄金时代的特质就在于:

19世纪早期是这样一个时期,在那个时候,艺术、科学、哲学和历史学联合一致,共同致力于把握法国革命的经验。那一时代的成就中最引人瞩目的还不是"历史感"本身,而是所有领域内的知识分子都乐意跨越将各个学科彼此分隔开来的疆界,敞开胸怀使用启人心智的隐喻来组织实在,无论它们缘于何种特定的学科或世界观。②

怀特的历史哲学的理论抱负,就在于要驱使"历史意识敞开胸怀,重新建立它与诗学、科学和哲学的宏大关怀的联系,而激励了19世纪黄金时代那些卓越的实践者和理论家的,正是这样一些关怀"。③ 可以说,怀特潜心向往的,乃是史、思、诗的融合。但在他对历史叙事的讨论中,较好地论述和发挥了的乃是史与诗的融合,而科学性、哲学性的"思"的成分,则在很大程度上受到了贬抑和排斥。

历史叙事乃是历史写作最持久和最重要的形式,很少有人会对此有异议。然而,历史叙事毕竟不是历史写作唯一的形式,

---

① Hayden White, *Tropics of Discourse*, pp. 48-49.
② Ibdi. , p. 42.
③ Hayden White, *Metahistory*, p. 438.

这一点也很少有人能够否认。于是,对历史叙事的探讨是否就能穷尽以历史写作为研究对象的历史哲学的范围,便成为我们在讨论叙事主义历史哲学时难免要碰到的问题。一方面,对于传统历史著作的叙事方式的研究(如芮格丽对于三部著名的法国革命史的叙事方式的比较研究①,又如怀特自己小试牛刀对德国史名家泰勒[A. J. P. Taylor]一段在传统史学著作中随处可见的文字的分析②),已经表明是卓有成效的。另一方面,不少人(如曼德尔鲍姆)认为,叙事史的写作只能限于表现渗透了个人意图的行动过程,然而,进一步的研究表明,即便对于那些反对叙事的高度社会科学化的历史学家而言,以及对于以研究长时段内社会经济结构的变化为主题的历史著作而言,其历史文本在很大程度上也可以被视作历史叙事并就此展开分析,这一点已为卡拉德对于布罗代尔等人的历史文本的出色的研究③所证明。这进一步使我们认识到,叙事和情节化的重要意义,不仅限于人物史、事件史,而且在一定意义上也同样适用于社会史和经济史。叙事与集体行动、叙事与社会和经济结构的关联,已经成为《元史学》之后叙事主义的历史哲学所要致力探讨的问题。

---

① 安·芮格丽:《历史表现的修辞:三种法国革命的叙事史》(Ann Rigney, *The Rhetoric of Historical Representation: Three Narrative Histories of the French Revolution*, Cambridge:Cambridge University Press,1990)。

② 见其《历史主义、历史与转义性想象》一文,载《话语的转义》("Historicism, History, and the Figurative Imagination", in *Tropics of Discourse*)。

③ 菲利普·卡拉德:《新史学的诗学:从布罗代尔到夏蒂埃的法国历史话语》(Philiphe Carrard, *Poetics of the New History: French Historical Discourse from Braudel to Chartier*, Baltimore:The Johns Hopkins University Press, 1992)。

怀特的历史哲学讨论叙事问题,首要的是将历史著作作为言辞结构和文学制品来考察,历史叙事成为他整个理论反思的焦点。如果说,在分析的历史哲学的范畴内,人们讨论叙事,主要讨论的是单个的陈述(statement),如丹图对叙事语句(narrative sentence)的探讨,怀特对历史叙事的讨论则注重的是整个文本(text as a whole)。这种研讨对象的转变,使得怀特具有更为宏大的理论视野与更多的理论创获和洞见。对叙事与历史解释、叙事与人类行动、叙事与(社会经济)结构、叙事与历史实在等问题的讨论,成为当代历史哲学最为核心和前沿的关注点。就此而论,怀特所启动的叙事的历史哲学,为传统历史哲学主要问题的讨论重新开辟了一个崭新的平台。

安克斯密特曾经批评说,当代历史哲学关注的问题主要涉及的是历史研究,而较少涉及历史的叙事性写作。[1] 在他看来,大致可以说,分析的历史哲学乃是关于历史研究的历史哲学,叙事主义的历史哲学则是关于历史写作的历史哲学,而叙事主义(narrativism)本质上是对于历史写作的一种唯美主义的研究路数(aestheticist approach)。[2] 分析的历史哲学在20世纪60年代左右已经呈现出论题近乎耗尽、要想做出创造性的工作越来越困难的局面。在这个意义上,怀特的工作、尤其是他在《元史学》中所做出的重大理论贡献,为历史哲学实现叙事的转向奠定了基础,从而改变了整个历史哲学的学术范式,使得原本在分

---

[1] F. R. Ankersmit, *Narrative Logic*, p.9.
[2] 安克斯密特:《论历史学的进步》,载《史学史》(F. R. Ankersmit, "On Historiographical Progress", *Storia della Storiografia*, 22[1992])。

析的领域里已经近乎山穷水尽的历史哲学重新焕发了生机。在自由主义政治哲学的范畴内,20世纪60年代前后,就已经有不少人在谈论"自由主义与政治哲学的衰微"[①]了,而1971年问世的约翰·罗尔斯的《正义论》,在新的社会政治条件下重新把"正义"问题置于政治哲学的核心地带,为自由主义政治哲学重新开辟了一个学术发展的平台,使其面貌焕然一新。怀特的工作对于历史哲学的意义,正可方之于罗尔斯的工作之对于政治哲学的意义。无怪乎安克斯密特会说,怀特令史学理论发生了革命性的转变,倘若没有他的工作,史学理论可能已经陷入被人遗忘的尴尬境地了。[②] 如果说,"自20世纪60年代以来,历史哲学领域内最为重要和核心的争论就是,历史学学科以何种程度本质上乃是认知、理解、解释和重建过去的一种叙事性模式"[③]的话,怀特毫无疑问乃是引导实现这一学术转型的最为关键的人物。

[①] 这是沃林在他被誉为影响了一代政治理论家的著作《政治与视界:西方政治思想中的连续与革新》(Sheldon S. Wolin, *Politics and Vision: Continuity and Innovation in Western Political Thought*, expanded edition, Princeton: Princeton University Press, 2004)中一章的标题,此书初版于1960年。

[②] 见埃娃·多曼斯卡《邂逅:后现代主义之后的历史哲学》中对安克斯密特的访谈,第76页。

[③] 见杰弗里·罗伯茨为其所编《历史与叙事读本》所作的"导言"。

第二章　安克斯密特：从"叙事实体"到"历史经验"

一

继思辨的历史哲学衰落之后，第二次世界大战以降的一段时期内，分析的历史哲学盛极一时。然而，不过30年左右的时光，在当代西方历史哲学的领域内，就再次发生了"叙事的转向"。叙事这一传统历史写作的主要样式，重新受到高度的关注。而历史叙事所具有的功能，即赋予历史文本以统一性和融贯性、从而使其研究对象得以解释并被赋予意义，也得到了广泛的重视和认可。这一理论范式的转变，往往又被称为"语言学的转向"或"修辞的转向"。这两个名词中，前者更多地强调当代语言哲学对于史学理论领域的影响，认为历史学家的语言并不是一个透明的媒介，可以让人们毫无障碍地通过它透视过去，而是以其本身的结构加之于过去的历史实在之上。后者则更多地显示了文学理论对于史学理论的影响，强调以日常语言为负荷工具的历史文本，具有其与文学作品并无差异的一些特性；

历史文本的叙事风格和表达形式本身,就表明了历史学家对于他所研究的过去某一侧面的解释取径,而非传统上人们所认为的那样,是对于历史研究成果的非本质性的修饰装扮而已,其功能不过是防止历史研究的成果"言而无文,行之不远"。无论如何命名或描述这一转向,确定无疑的是,叙事主义的历史哲学从 20 世纪 70 年代以来,成为当代西方史学理论的主要形态。

20 世纪 70 年代以来,后现代主义思潮在历史哲学或史学理论(在当今西方的学术语境中,这两个概念基本上成了同义词)领域中也构成了巨大的冲击,叙事主义历史哲学就表明了后现代主义思潮在这一领域中所产生的效应。在秉承了后现代主义思潮对宏大叙事的质疑、对客观性和真理的疏离、对历史非连续性的揭示之外,叙事主义历史哲学以其对于历史文本特性的高度敏感,对历史与文学、事实与虚构之间界限的重新勾画,一方面动摇了传统历史学的根基,另一方面也为我们重新思考历史学的学科特点提供了新的契机。美国历史哲学家海登·怀特以其 1973 年出版的《元史学——19 世纪欧洲的历史想象》一书,成为推动叙事转向的最为重要的代表人物。[①] 荷兰史学理论家安克斯密特则以他 1983 年出版的《叙事的逻辑:历史学家语言语义学的分析》[②]一书为起点,加入了这一转向。二十多年间,安克斯密特论著颇丰,影响力日益不容忽视,可以说是叙事

---

① 见本书第一章。

② Frank Ankersmit, *Narrative Logic: A Semantic Analysis of the Historian's Language*, Hague:Nartinus Nijhoff Publishers, 1983.

主义历史哲学阵营中,继海登·怀特之后风头最健的领军人物。怀特虽然不太乐于将自己置身于后现代主义的阵营之中,却被众多后现代主义取向的史学理论家毫无疑义地视为开启了后现代历史哲学的思考方向,设置了其研究议程。安克斯密特则是明确地以后现代主义的立场相标榜的。① 可以说,叙事主义历史哲学既是后现代思潮在史学理论领域的主要体现,也是史学理论内部自身学术传统发展和嬗变的产物。

在叙事主义历史哲学兴起之前,分析的历史哲学中有两个不同的传统。一个源自亨佩尔—波普尔提出的历史解释中的覆盖律模型(the covering law model),另一个则是继承了柯林武德的重演论、而在德雷等人手上得到了进一步发展的逻辑关联论证(logical connection argument)。覆盖律模型主要说的是,历史解释之得以完成,就在于解释过程中必然或明或暗地援引了某种普遍的规律。这种普遍的规律或者是常识(如"革命之后必有反动")和对于人性的通常预设(如权力欲对于人类行为的支配性作用),或者是较为严格意义上的社会科学的规律。② 承认了这种解释模式在历史研究中的通用性,历史学就应该在很大程度上充当各种社会科学所揭示的规律的"消费者"而非生产

---

① 见埃娃·多曼斯卡编:《邂逅:后现代主义之后的历史哲学》,此书收入了波兰学者埃娃对当代多位重要史学理论家的访谈,尤其可参看其中对怀特和安克斯密特的访谈。又见立场极端的后现代主义者詹金斯的《论"历史是什么?"——从卡尔·埃尔顿到罗蒂和怀特》,詹金斯与埃娃所访谈的诸多理论家一样,都将怀特视为后现代思潮在史学理论领域中最主要的代表人物。

② 参见亨佩尔:《普遍规律在历史中的作用》,载何兆武主编:《历史理论与史学理论:西方近现代历史学文选》,北京,商务印书馆,1993年。

者。柯林武德一系的解释学传统①或逻辑关联论证的模式,则将历史现象理解为秉有意图的人类行动,而对于各色行动者各种意图的把握,并将他们的行动合理地关联起来,则是历史解释的不二法门。在安克斯密特看来,分析的(或批判的)历史哲学的这两个不同传统,所关注的都是历史研究中的认识问题,因而是一种认识论的历史哲学。② 相互之间经常展开论争的双方,却有着值得注意的彼此相似的欠缺之处。比如说,二者对于实际的史学实践都相当不敏感,"覆盖律模型的理论读起来像是关于应用逻辑学或者科学的讲演,分析的解释学则像是一部行动哲学中的一章"。③ 再就是,双方关注的都是历史研究的细节,而不是其整体性。历史学家固然要确立并说明单个的历史事实,就此而论,他们所扮演的角色的确像是柯林武德笔下那位要推断"是谁谋杀了约翰·道伊"的侦探。④ 然而,历史学的要义却在于,要在诸多的历史事实中辨识出一种有意义的模式。

---

① 安克斯密特曾提出,要区分从施莱尔马赫到伽达默尔的德国解释学传统和柯林武德一系的英美解释学传统,前者致力于对文本的解释,后者则是要说明有意图的人类行动。他又将后者称为分析的解释学(analytic hermeneutics)。见其《当代英美历史哲学的困境》,载《历史与转义:隐喻的兴衰》(Frank Ankersmit, "The Dilemma of Contemporary Anglo-Saxon Philosophy of History", in *History and Tropology: The Rise and Fall of Metaphor*, Berkeley:University of California Press, 1994, p.50)。

② 安克斯密特给分析的历史哲学的这一冠名——"认识论的历史哲学",实际上就相当于我国史学界通常所说的"历史认识论"。

③ Frank Ankersmit, "The Dilemma of Contemporary Anglo-Saxon Philosophy of History", in *History and Tropology*, p.55.

④ 参见柯林武德:《历史的观念》,何兆武、张文杰译,北京,商务印书馆,1997年,第368页以下。

"我们敬仰兰克、托克维尔、布克哈特、赫伊津哈、梅尼克或者布罗代尔这样的大史家,不是因为他们对于历史事态描述的准确,而是因为他们对过去的很大一部分提出了全景式的解释。"① 另外,作为历史哲学,二者却都表现出了历史感的缺失,"它们似乎公然地或者暗中接受了休谟的名言——'在所有民族和时代,人们的行动中有着巨大的一致性,人性在其原则和运作中保持不变。'此种对于历史变迁的迟钝,在覆盖律模型中表现为它所应用的覆盖律的宽泛性;而在分析的解释学中,则是必须预设历史学家的思想与其所研究的历史行动者的思想和行动之间的相似性"②。

安克斯密特指出,作为对于认识论历史哲学的反动,叙事主义历史哲学也经历了不同的发展阶段。最早,加利(W. B. Gallie)和劳奇(A. R. Louch)等人在表明叙事所具有的解释功能时,认为历史文本的读者有着某种心理机制,要去追索历史学家所讲述的有关过去的故事。这可以称之为一种心理学主义的(psychologistic)叙事主义。稍后,在覆盖律模型的传统内,莫顿·怀特和阿瑟·丹图将历史叙事视作成系列的"叙事性论证"(narrative argument),也就是说,历史学家的叙事涉及一系列事件,而这些事件是可以经由覆盖律而彼此关联起来的。只是到了海登·怀特,历史哲学才明确地放弃了认识论的研究取向,和其他学科一样经历了其语言学的转向。在怀特这里,历史

---

① Frank Ankersmit, "The Dilemma of Contemporary Anglo-Saxon Philosophy of History", in *History and Tropology*, p. 55.
② Ibid.

哲学不再专注于对单个历史事实的说明和描述(认识论历史哲学所关注的历史陈述的层面),而是将兴趣投向历史解释和历史写作(作为整体的历史文本的层面),从而才真正开启了叙事主义历史哲学迥然有别于认识论历史哲学的新阶段。① 安克斯密特的工作就是在这一背景下展开的,虽然,他对于海登·怀特的重视是在《叙事的逻辑》出版以后才真正开始的。

安克斯密特研究的起点,是将历史学家的工作区分为历史研究和历史写作这样两个不同的层次和阶段。在进行历史研究时,历史学家所要做的,是做出关于过去的真实的陈述(statement),那也就是以单称断言陈述来表达有关过去的知识,它或者为真,或者为假。相应地,历史研究所产生的问题,就往往是认识论所要探讨的那类问题。实际上,认识论的历史哲学的两个传统,无论是覆盖律模型还是逻辑关联论证,关注的都是发生在历史研究层面的问题,也即和历史陈述相关的问题。和怀特一样,安克斯密特将自己的关注点放在了作为整体的历史文本之上。如果说,认识论历史哲学是一种关于历史研究的历史哲学的话,怀特和安克斯密特的叙事主义历史哲学则是一种关于历史写作的历史哲学。② 安克斯密特提出来作为其核心研究范

---

① Frank Ankersmit, "The Dilemma of Contemporary Anglo-Saxon Philosophy of History", in *History and Tropology*, pp. 62,67.

② "在历史研究的哲学与某一历史叙事的构成成分(各个陈述)之间有着某种亲和性。在历史写作的哲学与整体而言的历史叙事之间也有着相似的关联。"见安克斯密特:《叙事主义历史哲学的六条论纲》,载《历史与转义:隐喻的兴衰》("Six Theses on Narrativist Philosophy of History", in *History and Tropology*, p. 35)。

畴的,则是体现了"关于过去的综合性观点的语言学实体"①——叙事实体(narrative substance)。

二

安克斯密特自承,叙事实体这一概念来自于沃尔什(W. H. Walsh)的"总括性概念"(colligatory concepts):

> 在近来的历史哲学中,诸如"文艺复兴""启蒙运动""早期现代欧洲的资本主义"和"教会的衰落"等概念的特殊性质尤其在沃尔什的论著中得到了认识。……照沃尔什的看法,这些"总括性概念"让历史学家能够将很大范围内的不同现象纳入同一个名称之下。他将之比作黑格尔的"具体共相"(das konkrete Universelle):在两者当中我们所接触到的都是在多样性(概念所要"总括"起来的不同现象)中辨识出统一性(概念本身)的概念。因此,"文艺复兴"这一"总括性概念"指的就是诸如此类的单个现象:绘画、雕塑或者作战的某种风格、对于人在此世命运的某种哲学、某种特定的对于政治和有教养的人应该知道些什么的看法。1450年到1600年之间欧洲社会所有这些不同的方面,就是"文艺复兴"这一总括性概念在对于那一时期文化的一个融贯一致而又无所不包的解释中所力图总括出来的东西。②

---

① 埃娃·多曼斯卡编:《邂逅:后现代主义之后的历史哲学》,第89页。
② Frank Ankersmit, *Narrative Logic*, p. 99.

安克斯密特虽然坦言,《叙事的逻辑》一书就是对于沃尔什"总括性概念"的进一步发挥,他却不再沿用"总括性概念"一词,而将其改称为"叙事实体"。内中原由,主要是"总括性概念"从字面上看,仿佛来自于对过去历史实在某一方面的"总括";而安克斯密特和怀特一样,认为过去的历史实在乃是没有定形的混沌一片,本身并没有叙事性结构潜藏在内而等待历史学家将其揭示出来。恰恰是叙事才赋予了过去以结构和意义,这正是叙事实体的功用所在。叙事实体在安克斯密特这里,既在很大程度上相当于去除了实在论蕴涵的"总括性概念",又在实际上被宽泛化,指的是作为历史文本整体的叙事本身。此外,贡布里希和丹图在考察现代艺术时,将艺术品视作是实在中某物的替代品。安克斯密特由此得到启发,他指出,过去本身已然不存在,对于历史写作和史学理论而言,它是一个无用的概念。叙事实体就是过去实在的某一部分的替代品。从本体论上说,叙事实体和茶杯、椅子一样,同样是一个"物"。这就是叙事实体被他命名为"实体"的缘故。大概也是他的理论中最让职业史家、史学理论家甚至哲学家难以接受的一点。①

在安克斯密特看来,我们可以确定单个的陈述为真或者为假,因为它指涉(refer to)了过去实在的某个部分,我们可以通过考察它与它所指涉的对象是否吻合而对其真假做出判断;对于叙事实体而论,我们却无法作如是观。虽然历史叙事以诸多单个陈述为其构成成分,然而,"一个历史叙事仅只在就整体而

---

① 也正因为如此,安克斯密特需要不断地对理查德·罗蒂等人对于将语言实体化的批评提出反驳。

论的历史叙事的(隐喻性)意义超出了其个别陈述的总和的(字面)意义之时,才成其为历史叙事"。①

安克斯密特所指出的历史叙事的这一特性,大概是许多人都能理解并接受的。一个历史文本,即便摒除了所有表面上带有价值、情感和意识形态色彩这类传统上被认为危及历史学客观性和中立性的语句,它所建构的历史图景,也必定不是其所容纳的单个历史陈述简单叠加在一起就能描绘出来的。安克斯密特说,历史叙事所要做的,并不是要告诉我们过去可能是什么模样,而是旨在提出某种对于过去的叙事性解释。"从逻辑上说,叙事性解释的性质是提议(proposals)",它向我们表明,可以从何种视角来看待过去。② 对于这一点,我们可以试作这样的解说:一个关于文艺复兴的历史叙事,它的构成成分是诸多与14世纪到16世纪意大利文明相关的单个陈述,诸如某幅画作的风格、某个人物(如达·芬奇或者马基雅维里)的一桩事迹、某个政治事件的细节等等。可是,一旦我们观照的是这一整体的历史叙事本身,我们就会发现,它所要做的,是精心选择若干可用的陈述,将其勾连成为一幅有意义的图景。同样是关于文艺复兴的历史图景,同样基于真实性无可怀疑的若干单个陈述,其基本蕴涵却可以大为不同。有的图景向我们展示的是古典文化的再生,有的图景铺陈的是中世纪后期文化在文艺复兴中的延续和发展,有的把文艺复兴主要展示为某种文学和艺术的风格,有

---

① Frank Ankersmit, "Six Theses on Narrativist Philosophy of History", in *History and Tropology*, p. 40.

② Ibid., p. 37.

的则更多从现实人生和政治来凸显某种人生哲学的出现,如此等等,不一而足。就此而论,我们的确可以说,历史叙事具有"提议"的特性,它给我们提供了一个观察过去某个方面的视角。我们无法把适用于单个陈述的"真""假"的判断,简单地运用于叙事整体之上,认定其中的某一个叙事比别的叙事就更真或者更假。

然而,安克斯密特就此进一步做出的推论,则是迄今为止几乎所有实践的历史学家和大多数史学理论家都难以接受的,那就是:作为整体的历史叙事或叙事实体,并不真正指涉过去的某个部分,因而,对于历史叙事或叙事实体的理论考察,就与认识论脱离了干系。比如他说,"工业革命并非历史实在中一个巨大的与人无关的力量,直到1884年阿诺德·汤因比写作《英国的工业革命》之前,它一直没被人们注意和发现,它不过是人们为了理解过去而提出的一个解释性工具"①。也就是说,对安克斯密特而言,"工业革命""文艺复兴""17世纪危机"这样一些叙事实体,并非指涉历史实在的某个部分,我们不能说,过去曾经有过与这些概念相对应的实在;我们所能说的只是,这样一些概念有助于我们从特定的视角来了解和把握过去实在中的某些方面。他说:

> 就像……建构主义者所成功地表明了的,不存在什么过去可以给予我们,我们可以将两个或者更多的文本来与

---

① Frank Ankersmit, "Six Theses on Narrativist Philosophy of History", in *History and Tropology*, p. 39. 这里提到的阿诺德·汤因比是后来那位同名而更著名的《历史研究》作者的叔父。

之进行比较,以确定其中的哪一个与过去相吻合而哪一个不相吻合。……从史学实践来看,这一指涉性的过去在认识论上乃是一个无用的概念——就像是维特根斯坦那个转动着却不驱动任何别的东西的机器中的轮子一样。我们所拥有的一切就是文本,我们只能将文本与文本进行比较。倘若我们是要找寻对于过去的最佳表述,我们就得问自己,在这些现有的哪一个文本当中,历史证据被最完满地加以利用。然而,我们无从将选中的文本与"过去"本身进行比较来验证我们的结论。因此,叙事实体并不指涉过去,并且从历史学争论的角度来看,也不需要这样的指涉。①

的确,历史学和其他学科尤其是自然科学的一个区别在于,自然科学往往可以将自己的研究对象在受控的条件下呈现在研究者面前。历史学没有这样的条件,过去已经一去不复返,历史学家在研究过去时,只能是通过其留下的种种痕迹(如考古发现、器物、尤其是文字记录)来对过去进行重构。在这个意义上,我们无法拥有一个过去,来让历史解释与之相对照,对其进行证实或证伪,就像自然科学中通过实验来对假设进行证实或证伪一样。可是,一旦因为没有我们可以直接面对的过去,就认为叙事性解释不能指涉(refer to)或对应于(correspond to)过去,而只能运用

---

① 安克斯密特:《答扎格林教授》,见《历史与理论:当代读本》(Frank Ankersmit, "Reply to Professsor Zagorin", in Brian Fay, Philip Pomper, Richard T. Vann eds., *History and Theory: Contemporary Readings*, Malden: Blackwell Publishers, 1998, p.212)。此书收入了安克斯密特在《历史与理论》杂志上发表的《历史学与后现代主义》一文,以及所引发的扎格林的批评和安克斯密特的反批评。

于(apply to)过去,从而无法以真假这样的标准来对其进行衡量;那么,在此意义上,严格地说来,单个的陈述也无法指涉和对应于过去,而只能对应于或指涉我们根据史料重建的过去的某个侧面,我们也只能在此意义上来认定其为真或者为假。要说陈述指涉实在,那也不过是常识层面上的说法。再就是,历史叙事因其意义超出了它所包含的单个陈述意义的总和,因而,它对过去实在的指涉关系就比之陈述而言要复杂得多,它不会对应于全部陈述指涉对象的总和,这大概是我们从安克斯密特那里能够得到的启示。然而,安克斯密特却认定了,历史叙事并不发生指涉的问题,它只是对于如何看待过去而提出的一种视角,因而,与指涉联系在一起的认识论问题,就并不存在于叙事整体的层面之上。要说工业革命、启蒙运动、文艺复兴这样一些概念(尤其是不同史家就它们所赋予的不同意义和所表呈的不同图景),给我们提供了看待过去某些部分的视角,这当然没有问题;然而,如果进一步提出,这样一些"叙事实体"并没有任何历史实在的对应物,而不过是历史学家用来观看过去的概念工具,未免让人觉得走过了头。安克斯密特在有的场合也说过:

> 倘若一个叙事解释在长时期内都没有遭到质疑,为所有人所接受,并且成为日常语言的一部分(从而丧失了其历史学的特性),它可能就转化为某个(或某类)事物的概念。叙事之物就成为实在之物⋯⋯在从属于解释之物与从属于实在之物之间,不存在什么固定而绝对的分野。①

---

① Frank Ankersmit, "Six Theses on Narrativist Philosophy of History", in *History and Tropology*, p. 39.

第二章 安克斯密特:从"叙事实体"到"历史经验" 61

这不啻是安克斯密特在历史叙事性质问题上对自己观点的一个重大而含糊的让步,且不说,叙事解释成为日常语言的一部分(启蒙运动、工业革命当然就是这样的情形),如何就丧失了其历史学的特性,安克斯密特一笔带过而语焉不详。需要注意的是,既然承认了"叙事之物"有成为"实在之物"的可能,历史叙事的指涉性(referentiality)就并非可以一笔勾销的了。

对于历史叙事整体而论,是否就可以如安克斯密特所言,将真假完全排除在其衡量标准之外呢?比如说,历史叙事包含了对于诸多单个陈述的挑选和编排,不同的陈述对于某一特定的历史叙事而言具有不同程度的重要性,倘若一个历史叙事中所包含的关键性的一个或多个单个陈述为假,我们或许也就有充足的理由判定整个叙事之虚妄不实。再如,历史学家在实际历史写作中所运用的单个陈述,总是大大少于他本可以使用的陈述的数量,而不可能将所有陈述都毫无遗漏地派上用场。然而,倘若历史学家依据他所选择的陈述而编排组织成的叙事性解释,与被其摈弃在外的一个或若干陈述构成冲突,其真实性也难免受到人们的质疑。还有一种需要考虑到的情形就是,叙事性解释本身并不天然就能确保自身的融贯性,一种叙事性解释如若出现了自身不能前后一致的情形,其真实性自然也就大打折扣了。从这样一些角度看来,认识论问题虽然未必能够穷尽历史叙事层面所出现的问题,或者甚至于不是这一层面上的主要问题,却也不是轻易就可以驱逐出去的。

然而,安克斯密特对这一论点所做的发挥之中,也未始就没有值得我们重视的成分。在历史写作中,历史学家对于诸多陈述有一个选择与编排的问题,安克斯密特将其称为历史学家关于陈述的一种"政治"。而在历史写作中,"所有根本性而有意思的东西都不是出现在单个陈述的层面上,而是在历史学家选择各个陈述……[以形成他们关于过去的图景]的政治之中"①。一方面,历史叙事的一个重要特点,就在于它通过对于诸多单个陈述的选择、编排,构成为一幅有关过去某个方面的历史图景,其中所蕴含的融贯性和统一性,是各个单个陈述的总和所无法具有的,它让我们将过去的相关方面有意义地关联起来并加以领会。在这个意义上,"历史叙事有如观景台,在攀越上其各个个别陈述的台阶之后,人们所看到的区域,远远超出了台阶所在的那个区域"。② 另一方面,历史学家经常就各种论题展开争议,大多数有意思的争议,往往并不是在单个历史事实能否确立的层面上展开的。安克斯密特对于历史学的争议有自己的见解,从他的理论立场出发,他说过,"比如说,有关17世纪危机的一场历史学讨论,并非关于实实在在的过去、而是关于对于过去的叙事性解释的一场论战"③,"历史学家们在讨论过去时,实际上是在讨论他们的叙事建构(我宁愿说是他们的叙事实体)"④。应该说,这样的观察还是很到位的。安克斯密特由此

---

① Frank Ankersmit,"Reply to Professsor Zagorin", *History and Theory: Contemporary Readings*,p. 208.

② Frank Ankersmit,"Six Theses on Narrativist Philosophy of History",in *History and Tropology*,p. 41.

③ Ibid.,p. 38. 安克斯密特为了避免距离常识太远,又往往强调,叙事解释不能脱离历史学的基本规范,历史学争议既关涉叙事解释,又关涉过去实在。Ibid.,p. 72.

④ Ewa Domanska ed.,*Encounters: Philosophy of History after Postmodernism*. 本书在引用同一文本时,在不同情形下分别使用英文本和中译本,出处已注明。

还提出了历史学学科一个值得注意的特点:

> [在哲学和科学中]……倘若一个问题得到解决,为人们所相信,有关它的写作就到了尽头;人们透过写作和语言,看到了自然和实在本身的运作。……尤其在历史学中,这样的画面完全是错误的。在历史学中,"成其为悖论的是,一个解释越是有力和具有权威性,它所引发的争论,它所引发的写作就越多"。在史学史上的巨著中,兰克、托克维尔、马克思、布克哈特、赫伊津哈、梅尼克或者布罗代尔的著作,没有让某一场历史论争走到尽头,没有给我们这样的感觉——我们现在终于知道了过去某些东西实际上是什么模样,我们终于达到了明晰性。相反,这些著作证明是更多写作生产的最强有力的刺激物;因而,它们的后果就是让我们与过去疏离和陌生……①

怀特所强调的,更多的是叙事通过特定文化传统内既有的隐喻手段和情节化模式,驯化过去(domestication of the past),将陌生之物变得熟悉而可以理解。安克斯密特则强调,真正有价值的叙事的功用,往往在于将似乎已经熟悉了的过去陌生化。这是一个值得我们高度注意的论点,虽则这一论点其来有自,有其在当代文学理论中的渊源。② 将熟悉者变得陌生,与将陌生者变得熟悉一样,都推进了我们对于过往历史的理解。怀特和安克

---

① Frank Ankersmit, "The Dilemma of Contemporary Anglo-Saxon Philosophy of History", in *History and Tropology*, p.71. 安克斯密特的这一论点受到了库勒(J. Culler)的影响。

② 参见《西方文论关键词》中的"陌生化"词条。

斯密特都说过,很多人反对叙事主义所强调的历史文本所具有的文学性(literariness),这往往源于对文学的一种错误看法,那就是文学全然就是虚构,因而不具有认识的功能。我们由此可以得到的启发就是,文学也具有帮助我们认识实在的功能,而文学(尤其是现代诗歌和小说)的功用,常常是向我们展示出我们误以为自己所熟稔的生活中极其陌生的层面,从而让我们看到世界和人生的不同面相。历史学中许多重要的成就,恰恰起到的是同样的作用。而历史学的进步,就在于对于同一个历史课题提出了越来越多的叙事性解释,让我们可以从更多的视角来考察过往的相关部分。① 这就引发了如下的问题:不同历史学家针对同一历史课题提出了各种相互竞争的历史叙事,倘若它们在历史学技艺的基本层面上(如鉴别运用史料的技能)都不存在问题,撇开真假标准而论,我们是否还可以有充足的理由来对它们的优劣高下作出评判呢?这是稍后我们还会碰到的问题。

三

进入20世纪90年代以后,安克斯密特在坚持《叙事的逻辑》一书中的基本理论立场的同时,越来越多地以历史表现

---

① 安克斯密特:《论历史学的进步》,载《史学史》(Frank Ankersmit, "On Historiographical Progress", *Storia della Storiografia*, 22 [1992], p. 103-107)。安克斯密特思维和文风的一个颇为遭人诟病之处,就是他爱下极端性的断语,而不顾及理论立场的一贯性和史学实践的某些常识。比如,他在其他场合,在将历史研究与历史写作进行区分之后,就曾毫不犹疑地下过与此处颇为矛盾的断言:"历史学中一切真正的进步都是历史研究的进步。"(埃娃·多曼斯卡编:《邂逅:后现代主义之后的历史哲学》,第89页)

(historical representation)一词,取代了他原来所用的"叙事实体""历史叙事"和"叙事性解释"等术语,其中自有其缘故。一方面,叙事一词具有太多的"讲故事"(story-telling)的蕴涵。海登·怀特在《元史学》中对历史叙事的研究,是以对19世纪若干历史哲学家和历史学家的文本的分析为基础的,那些文本与同时代的文学有着近似的"讲故事"的特性。而怀特作为历史文本分析工具的情节化模式、隐喻类型等等更是强调了这一特性。安克斯密特也曾就叙事说过这样的话:

> 叙事是一个工具——一个极其有效的工具——来给我们生活于其中的世界赋予意义。也许没有人比弗洛伊德更加意识到这一点,他论证说,我们的心理构成在我们给自己讲述自身生活的故事时得以最好地体现出来。你对于某种特定类型故事的依附,甚至于决定了过去所发生的事情会不会将你变成某种神经质或病理性人格。叙事让你把握实在——虽然并不总是能够确保你的幸福的那种叙事——它给你提供了某种对于构成你生活故事要素的众多细节的组织。①

这样的观点,就把叙事与"讲故事"过于紧密地联系起来。虽然,也有人做过相当成功的努力,来证明即便是年鉴学派那样反对"讲故事"的史学范式,也未尝不可用历史叙事的理论范畴来进行分析。② 然而,这样的理论取向对于史学实践和历史文本

---

① 埃娃·多曼斯卡编:《邂逅:后现代主义之后的历史哲学》,第77—78页。
② 如菲利普·卡拉德:《新史学的诗学:从布罗代尔到夏蒂埃的法国史学话语》(Philippe Carrard, *Poetics of the New History: French Historical Discourse from Braudel to Chartier*, Baltimore:The Johns Hopkins University Press, 1992)。

中的相当一部分而论,似乎就丧失了密切的关联,这也是叙事主义历史哲学常常遭到批评的一点。而安克斯密特逐渐意识到,"……历史学在很多时候,如果不是在大多数时候的话,并不具备讲故事的特性;叙事主义所可能导致的与讲故事有关的一切联想因而都应该被避免。叙事主义更应该与[历史]解释联系在一起"。① 叙事主义历史哲学因而就应该在坚持自身基本立场的同时,对叙事概念进行改造。历史表现因此就成了一个替代性的选择。从词义上来说,表现(represent)是对于一度在场或出现(present)、而如今已然缺席或不在(absent)的东西的再现(re-present),而历史学文本所要做的,正是要将已经不在的过去的某个部分重新呈现出来。当然,这种重新呈现不可能是、也不应该是兰克"如实直书"那种意义上的对于历史"本来面目"的复原,而是以对于和过去相关的事实性陈述的组织和编排,呈现出对于过去某一部分的解释。历史表现所指陈的,就是作为整体的历史文本,而不仅限于以讲故事为特征的历史文本。2001年出版的《历史表现》②一书,集中反映了安克斯密特沿着这一思路而进行的理论探索。

另一方面,安克斯密特之所以对表现一词情有独钟,还在于他将自己的视野扩展到美学和政治领域的理论雄心。在他看来,艺术品确如贡布里希和丹图所指出的,乃是对于实在之中某物的

---

① Frank Ankersmit, "The Dilemma of Contemporary Anglo-Saxon Philosophy of History", in *History and Tropology*, p. 45.

② Frank Ankersmit, *Historical Representation*, Stanford: Stanford University Press, 2002.

替代品,是对于此物的再度呈现,这正是美学理论所要集中探讨的问题。而现代民主政治的核心问题,毋庸置疑地乃是政治过程如何代表或者再度表呈(represent)民意,于是,表现一词就成了贯穿审美、政治和历史这三个不同领域的最为核心的概念。①

概念的转换并不意味着安克斯密特基本立场的变化,作为他诸多理论观点出发点的叙事实体与历史陈述之间的分别,依然以变换了的形式保留了下来。就他所使用的概念工具而言,在这一点上,不过是历史表现取代了叙事实体,而描述(description)则取代了陈述:

> 尽管描述和表现这两者都与实在有着某种关系,然而,可以说,一个描述(以其主词)指涉(refer to)实在,而一个表现(作为整体)则可以说是有关于(be about)实在。"指涉"是客观而固定的,亦即由描述中的主词所意指的实在中的某个对象所固定,"有关于"则本质上是不稳定的,因为它是由每一表现的文本中所包含的各个描述加以不同界定的。②

---

① 安克斯密特近年来颇用心于政治哲学,"表现"(representation)是其政治哲学的核心概念,这一方面他已出版的著作有《审美的政治》(Aesthetic Politics, Stanford: Stanford University Press, 1996)和《政治表现》(Political Representation, Stanford: Stanford University Press, 2002)。此外,在他应《重思历史》杂志之邀所写作的思想自传中,对他政治哲学方面的基本思路也有所阐述,参见"Invitation to Historians", Rethinking History, 7:3 (2003), pp. 413-437。

② 安克斯密特:《语言学转向:文学理论与史学理论》,载《历史表现》(Frank Ankersmit, "The Linguistic Turn: Literary Theory and Historical Theory", in Historical Representation, p. 41)。

没有了融贯性和一致性,表现就不成其为表现,而描述则不受到这样的限制。历史表现与过去实在之间的关联是一种"相关性"(aboutness),而有别于描述对于过去的指涉。

历史表现往往关系到对于过去特定部分的定义,例如,对于17世纪危机、冷战、文艺复兴等历史课题的研究,就涉及对于这些概念的界定。然而,每一项真正具有原创性的研究,总是对这样一些概念提出不同于任何他人的界定,而让我们看到它们所关系的历史实在的某些不同面相。安克斯密特说道:

> 有关对于文艺复兴或启蒙运动的一项研究……完全可以说,对于过去相关部分的历史研究,是对于文艺复兴或启蒙运动的这一特定观点的经验性的基础。然而同样也可以说,这一研究给我们提出了对于文艺复兴或启蒙运动的某种定义——或者说是就某种定义的提议。别的历史学家就文艺复兴或启蒙运动写了别的著作,给文艺复兴或启蒙运动联结上了过去相关部分的一系列不同的层面——或者不如说是,联结上了对于过去的一套不同的陈述——而这就是他们为什么得到了对于文艺复兴或启蒙运动的某种不同的定义的缘故。而倘若他们就是决定了这样来对文艺复兴或启蒙运动进行界定,那么,他们对这一问题所说的一切都必定(从分析的角度来说)是真的,因为他们就此所说的东西,可以从他们想给"文艺复兴"或"启蒙运动"这些名词所赋予的意义中分析地推演出来。①

---

① Frank Ankersmit, "The Linguistic Turn: Literary Theory and Historical Theory", in *Historical Representation*, pp. 32-33.

这里所涉及的,的确是史学实践和史学理论中一些重要的问题。首先,如前面所谈到的,史学争论经常发生在历史解释的层面上。历史学家之间的争论,因而就往往涉及对研究对象的不同界定。对文艺复兴的不同界定,会使人们关注特定时期意大利文明的不同侧面。就以安克斯密特所举例证而论,20 世纪中期以来西方学界关于革命的历史研究中,若干重要学者,如巴林顿·摩尔(Barrington Moore)、克兰·布林顿(Crane Brinton)和瑟达·斯柯波尔(Theda Skocpol)因其对于"革命"的不同界定,他们眼中够格称之为革命的研究对象就颇为不同(例如,美国革命从马克思主义的视角来看,就不能成其为革命)。又比如,对于何为资产阶级革命,不同史家又树立了不同的标准。尽管安克斯密特曾经断言,"历史写作并不以定义为其预设,而是以定义为其结果"①,但在实际的史学实践中,也许预设和结果二者本身乃是相互纠缠而又难解难分的。"我们决定了如何在(对于实在的)表现层面上将实在概念化,就决定了我们在被表现者的层面上会看到些什么东西。"比如,荷兰史学理论家洛伦兹(Chris Lorenz)就认为,摩尔对于"资产阶级革命"的概括更其是概念性的而非经验性的真理。因为,他对此所说的东西,完全可以从他对这一概念所做的界定中分析地推演出来。② 基于以上的缘故,确实如安克斯密特所说,在历史写作中,我们有时很难在语词的真理(*truths de dicto*)和事实的真理(*truths de re*)之

---

① Frank Ankersmit, "The Linguistic Turn: Literary Theory and Historical Theory", in *Historical Representation*, p.45.

② Ibid., p.33.

间做出区分。

其次,在历史表现的层面上,真实性处于一个特殊的地位,历史表现以真实为起点,却不能以其作为终点。对于过去做出真实的陈述或描述,是历史写作的题中应有之义,然而,史学史和史学实践中最屡见不鲜的现象,就是同样以真实描述构成的对于同一历史课题的不同历史表现,其中却有着几乎为人们所公认的高下优劣之别。在物理学中,一个人可以提出许多有关物理现象的真实观察,却并没有推进我们对于这一现象的理解。"过去两百年来,各门科学发展当中决定性的东西不是真实,而是那种天赋——它能够辨识出那些真正关键并能够深化我们对于物理实在认识的真实。这是将重要的新理论区别于其他理论,将大科学家与其平庸的同行区分开来的东西。"[1]就此而论,在历史学中也存在着和自然科学类似的现象。完全可能出现的情形是,某一个历史学文本确立了不少此前人们未曾注意到或者未能定谳的真实描述,却并没有为我们提供一个包含了深入解释的历史图景,其作者也无法进入史学史谱系中重要史家的行列。而有的历史文本尽管并没有去确立新的历史事实,甚至有史学技艺上的欠缺(如史料考订不精甚至有误),或者其中某些观点已被后世的研究所取代(如布克哈特对于意大利文艺复兴的研究),却依然被人们认为提供了恢弘大气或精细入微、抑

---

[1] Frank Ankersmit, "The Linguistic Turn: Literary Theory and Historical Theory", in *Historical Representation*, p. 62.

或二者兼备的历史图景。① 在这样的情形下,为何一个历史表现比之别的历史表现更好、更加可取,就成了一个超出于真实层面的问题。确实有如安克斯密特所云,倘若一种史学理论,对于历史表现的这一层面感觉迟钝,而认定其中所有的问题都可以还原为真实性的问题,那"就有如某种美学一样徒劳而又不堪,那种美学认为,要想衡量……绘画的好处,衡量画面的精确性就足够了"。② 在《历史表现》一书中,安克斯密特就优秀的历史表现提出的两条标准是,涵盖范围的最大化(scope-maximalization)和原创性。③ 从这两条标准中,不难窥见波普尔等人的科学哲学对于安克斯密特的影响。对于前者,安克斯密特的解释是,"最佳的表现能够成功地在一系列最大程度多样化的历史现象中达成最大限度的统一性"④,我们可以将此理解为,历史表现所建构的历史图景和解释框架,能够最大限度地容纳现有的关于某一历史课题的诸多描述,尽管在实际的历史写作中只可能选择使用其中很小一部分。对于后者,安克斯密特也有自己的解释,那就是,在"结合了对于确实的历史事实的正确对待"的同时,"最好的历史表现最具原创性、最脱俗、看起来最不像真的——然而却无法基于现有的历史证据而驳倒它。理智上的勇

---

① 当然,对于历史学家法的违背总是有着一个容忍限度的问题,而且,还涉及相对于整体历史图景而言,相关描述所具有的相对重要性的问题。这应当是史学理论应该对史学实践加以反思的一个重要问题。

② Frank Ankersmit, "The Linguistic Turn: Literary Theory and Historical Theory", in *Historical Representation*, p. 44.

③ Ibid., p. 63.

④ Ibid., p. 284.

气是历史写作中一切成功的前提——就像在科学中一样"。① 看来,在不违背历史学家法的前提下,将过去陌生化,乃是安克斯密特眼中历史表现原创性的标志之所在。

再就是,关于真实性问题,安克斯密特曾经指出,不同历史表现中对于同一被表现者的定义(如文艺复兴)往往不一致,对于这些不一致而言,"……真实性并不要紧,要紧的是,哪些真实对于我们把握特定时期的性质而言比之别的更加有益。相似的情形是,我们无法用真实性为标准来判断,我们是应该将人定义为两足而无毛的动物,还是被赋有理性的生灵。两种定义之中哪一个更有用,取决于我们想要从事的是何种关于人性的对话"。② 于是,安克斯密特还谈到,在历史学的论争中,除了真实性标准之外,还存在着合理性(plausibility)的标准③,但对合理性标准的蕴涵却似乎未作深究。借用安克斯密特曾经使用过的意象,关于某个历史课题,我们所可能具有的指涉性的陈述或者描述,就仿佛一张白纸上无数的点。④ 我们可以说,历史表现就是要将其中若干的点勾连起来,形成一幅具有融贯性和统一性的历史图景。一方面,因为定义不同,或者说历史表现所呈现的观照过往的角度不同,同一张白纸上,不同史家关注到的点当然

---

① Frank Ankersmit, "The Linguistic Turn: Literary Theory and Historical Theory", in *Historical Representation*, p. 22。

② Ibid., p. 38。

③ Ibid., p. 36. 在该书"结语"部分,他还谈到,应以相对的合理性(relative plausibility)来取代语言哲学中的真实性这一概念(p. 248)。

④ Frank Ankersmit, "The Dilemma of Contemporary Anglo-Saxon Philosophy of History", in *History and Tropology*, p. 55。

也就各不相同。另一方面,正如对于人性界定的合理性取决于我们所要观照的是人性的何种层面,同一个描述或陈述相对于不同的历史表现而言,也可能具有不同的重要性和相关性。然而,在史学实践中经常可以看到的现象,又是对于哪些事实不应该被各种对于同一对象的不同历史表现所遗漏,历史学家共同体中往往存在共识。比如,蒸汽机的改良和运用于实际生产,大概就是各种对于工业革命的不同定义和表现都无法弃之不顾的事实。就此而论,或许可以说,安克斯密特所说的合理性,细究起来,至少应该包括如下的几个层面:一是从某个视角出发,各个被勾连起来的点之间应该具有相关性(relevance),以保证最终能够形成为一幅统一性的图景,历史表现的融贯性和统一性端赖于此;二是各个点之间应该参照最终图景的蕴涵,而具有不同程度的重要性,或者,换句话说,在构成历史表现的各个描述之间,事实上存在着一种——我们姑且使用这么一个名词——重要性的等级制(hierarchy of importance)。而此种重要性的等级制,在历史学家共同体中能够达成一定程度共识的具体机制和原因,也许是高度关注于史学实践的理论反思应当给予充分重视的。

安克斯密特在叙事主义历史哲学的发展过程当中,扮演了十分重要的角色。但他就叙事实体和历史表现所表达的一些理论立场过于极端,比如,他断言,历史学家和史学理论家们一直昧于叙事实体和历史表现的真实性质,亦即它们不过是实在的替代品,本身并不指涉过去,这就让几乎所有的历史学家和大部分史学理论家都无法接受。扎米托(John Zammito)就曾不无嘲讽意味地就此评论说:"要断定一个学科的'合理性',又要声称它在若干世纪以来的实践中受到了蒙蔽,应该是一件很不容易的事情。"①他的若干具体论点更是颇多前后矛盾冲突之处。然而,他在往往不为"常识"所动甚而不避矛盾和冲突、顺着思维逻辑将其理论立场贯穿到底的过程之中,也提出了不少很有见地而值得我们高度重视的论点。就其要者而论,历史表现或历史叙事就是要在复杂多样的历史事实中辨识出统一性,它们乃是对于知识的组织和编排;历史表现或历史叙事就其蕴涵而论,远非作为其构成成分的单个描述(或陈述)意义的总和所能比拟,它们提供了我们看待过往实在的某种视角;真实性并不是历史叙事或历史表现唯一的、甚至于不是其主要的衡量标准;历史争论往往发生在历史叙事或历史解释的层面,而在对于同一历史课题的不同历史表现之间,我们完全可以有合理的依据来判定其优劣高下,原创性和涵盖范围的最大化乃是优秀的历史表现的基本标志……这样一些理论观点的提出、论证和发挥,大大推进了叙事主义历史哲学的理论发展,而成为最近20余年来,当代西方史学理论中令人瞩目的理论成就的一部分。

四

认识论的历史哲学(亦即分析的历史哲学)经过第二次世

---

① 扎米托:《安克斯密特与历史表现》,载《历史与理论》杂志(John Zammito, "Ankersmit and Historical Representation", *History and Theory* 44 [2005], p.164)。同一作者对安克斯密特早期理论立场的批评,见其《安克斯密特的后现代历史学:对"不透明性"的夸张》一文(John Zammito, "Ankersmit's Postmodern Historiography: The Hyperbole of 'Opacity'", *History and Theory* 37 [1998])。

界大战之后近三十年的发展,已经出现了颓势,在学术成就上呈现出"回报递减"的现象。如果从1973年《元史学》的出版算起,叙事主义的历史哲学发展至今也有三十余年了,在它的身上,是否也会重演认识论历史哲学被它取代时所呈现出来的那种局面呢?事实上,我们虽然很难下这样的断语,仿佛叙事的历史哲学已经面临着范式的转换;然而,近十几年来,在叙事主义历史哲学进一步得以推进的同时,历史哲学和史学理论这一领域内,也越来越明显地出现了某些值得注意的新趋向。这在安克斯密特的身上得到了最为清晰不过的体现。

撇开思辨的历史哲学不论,主要以历史学的学科性质为考察对象的历史哲学,曾经在19世纪末新康德主义者的手上,成为当时哲学探讨的热点和前沿。而覆盖律模型和逻辑关联论证(或者安克斯密特所说的"分析的解释学")二者的争论,虽然也引起了主流哲学界和理论界的关注,却在很大程度上不过是科学哲学和行动哲学在历史哲学领域的延伸而已,覆盖律模型的主要提出者和论证者亨佩尔和波普尔,本身就是卓有成就的科学哲学家。哲学领域中开始启动的语言学的转向,在各个领域中所向披靡,而在历史哲学领域却姗姗来迟。历史哲学最终实现这一语言学的转向,主要得归功于海登·怀特的努力,而文学理论对于海登·怀特的理论构建而言,发挥了重要的作用。诚如安克斯密特所言,"史学理论大多数时候往往不过是将其他领域——比如科学哲学、文学、美学等等——内的发展转换到史学理论的领域"。① 从这一点看来,历史哲学大多数时候不能进

---

① 埃娃·多曼斯卡编:《邂逅:后现代主义之后的历史哲学》,第109页。

入更加普遍的哲学和理论探索的主要舞台,就并非无缘无故的了。①

然而,此种对于其他领域理论成就的"挪用",还会带来各种各样的问题。安克斯密特就此评论说,当代历史哲学,"主要地乃是试图将语言哲学所取得的成就,转移到历史哲学之中。历史哲学极为温顺地让自身接受语言哲学的引导和启迪……无论如何,对此付出了很大的代价。其结果就是一种'文本之外别无他物'的史学理论,过去的极度的'他者性'(otherness)……就这样被摒弃了"。② 说到这里,我们不免会想到,安克斯密特强调,作为历史学家工作最终产物的"叙事实体"或者"历史表现"本身乃是语言实体,它们虽然与过去具有相关性,却并不指涉过去,他的这一基本论点与"文本之外别无他物"的立场,实际上并没有太大的距离。安克斯密特在这里又提示我们,语言作为一种理智化的工具,在帮助我们把握实在的同时,也有着将实在化约的倾向,让我们忽略了其中无法被语言所捕捉的层面。所谓"言不尽意"的说法,就指示了语言的有限性。所谓"得鱼忘筌",就是要让人们通过表层的语言来揣度无法以语言来表述的东西。由此可以断定的是,历史叙事作为一种语言综合体,它就必定在像怀特所说的"驯化过去"、将过去实在"本身"转化为适合于我们的目标和意图的同时,不可避免地造成对于那一过

---

① 丹图就曾经有过很辛辣的评论,说历史哲学对于专业的哲学家而言,就仿佛军乐对于专业的音乐家一样,是天赋欠缺的业余人士才干的事情。见安克斯密特的自述,"Invitation to Historians", *Rethinking History*, 7:3 (2003), p.433。

② 见安克斯密特《崇高的历史经验》一书"导论"部分(Frank Ankersmit, *Sublime Historical Experience*, Stanford: Stanford University Press, 2005, p.10)。

去的破坏。安克斯密特说:

> 因此,我们不免要为伽达默尔坦白得惊人的断言而震动,他说:"我们知道以言辞来对某种经验加以掌控意味着什么。那会让它震慑人心的直接性移到远处,减缩到人们可以应对的程度,这种直接性变得可以在人们之间交流,并且恰恰是被此种努力所消解。"这样说来,被语言和文本所破坏了的、被语言的先验性所"驯化"和"挪用"了的,就是我们对于实在所拥有的先于语词的经验……于是,经验的维度就是最可能在表现中丧失的东西。①

历史文本帮助我们透视过去,然而,历史学家的语言本身又构成了对于本真的历史经验的威胁,毕竟,有太多的历史经验是无法被"语言的囚笼"所捕捉的。历史学家是否可以真正地"得鱼忘筌",透过文字记录和各种历史遗存,"进入到与过去之间的某种实在的、本真的和'体验式的'关系之中呢?"②这就成了历史学家和史学理论家所亟须探讨的问题。正是循着这样的思路,安克斯密特在沿着叙事转向的路数继续其理论探索的同时,却又很早就提出了史学理论应该转向"历史经验"范畴的主张。③

---

① 安克斯密特:《后现代主义对过去的"私有化"》,载《历史表现》(Frank Ankersmit, "The Postmodernist 'Privatization' of the Past", in *Historical Representation*, p. 162)。

② Frank Ankersmit, *Sublime Historical Experience*, p. 4。

③ 早在1992年5月接受埃娃·多曼斯卡的访谈时,他就说道:"[史学理论]对于语言和话语的着迷让人厌倦。……该是变换主题的时候了,我个人更青睐于历史经验的范畴。"(埃娃·多曼斯卡编:《邂逅:后现代主义之后的历史哲学》,第318页)

促使安克斯密特提出要以"历史经验"作为史学理论核心范畴的原因,首先是史学实践所带来的疑问。历史学家用来给过去赋予意义的主要工具是融贯性和统一性,这是安克斯密特核心的理论观点之一,而"此种观点受到了大约20年前由诸如金兹堡、勒华拉杜里、泽蒙·戴维斯和梅迪克等人所撰写的所谓微观史(microstorie)的质疑……因为这些微观史总是关注于微小的细节而完全不考虑统一性和融贯性……它们似乎与我关于历史写作的性质和目的所说的一切都相龃龉"。① 于是,安克斯密特就对微观史提出了他自己的解释。除了将微观史解释为利奥塔所说的后现代状况下碎片化(fragmentation)在史学领域的体现之外,

> 我想要一种更加让人满意的说明,能够以一种有意义的方式将它们与传统历史写作关联起来。其结果就是这样一种看法:传统历史写作体现了语言对于世界的胜利(既然统一性乃是历史学家语言而非世界的属性),微观史则给我们以对于过去的经验(在其中,语言令其自身服从于世界呈现给我们的方式)。因为微观史所要做的,似乎是暂时地打碎过去和现在之间的樊篱,让我们感受到,生活在13世纪的蒙塔尤或者16世纪末的弗留理必定是个什么样子。从这个角度来说,微观史可以说是给了我们一种对于

---

① 见安克斯密特的思想自述,"Invitation to Historians", *Rethinking History*, 7:3 (2003), p.428。

过去的"经验"。①

应该说,安克斯密特对于微观史的观察有失公允和准确②,仿佛将对于地方性、小人物的关注视作是与融贯性、统一性无法相容的了。究其实而论,真正成功的微观史从来就不会没有其内在的大关怀。伊格尔斯就曾评论说,"……'整体的'或'全球的'历史这一向往,已经被束之高阁了。但是历史学并未被转化为一摊毫不相关的个体的堆砌。我们已经看到意大利和德国的微观历史学家们尽管专注于地区史,却从未丧失更广阔的历史与政治语境的眼光"。③ 然而,回过头来说,当今西方史学中所出

---

① 见安克斯密特的思想自述,"Invitation to Historians",*Rethinking History*,7:3 (2003),p.428。蒙塔尤是勒华拉杜里所研究的 13 世纪的法国小山村(勒华拉杜里:《蒙塔尤:1294—1324 年奥克西坦尼的一个山村》。弗留里(Friuli)是金兹堡《奶酪与虫子:16 世纪一个磨坊主的宇宙》中磨坊主梅诺丘(Menocchio)所居住的意大利村庄(Carlo Ginzburg,*The Cheese and the Worms*,*The Cosmos of a Sixteenth-Century Miller*,tran. by John and Anne Tedeschi,New York:Dorset Press,1989)。

② 他甚至说过:"……我对于微观史的解释可能太慷慨了些,微观史的思想意义是可以忽略不计的,并且那种时尚不过是一时的怪事而已。"见其思想自述,"Invitation to Historians",*Rethinking History*,7:3 (2003),p.428。

③ 格奥尔格·伊格尔斯:《二十世纪的历史学:从科学的客观性到后现代的挑战》,何兆武译,济南:山东大学出版社,2006 年,第 144 页。金兹堡对自己的研究也曾有过这样的夫子自道:"我的想法,是要表明研究一个弗留理的磨坊主对于弗留理之外的读者以及潜在的每一个人所具有的意义,因为通过这个例证可以提出更大的问题来。"(见玛丽亚·露西娅·帕拉蕾丝—伯克:《新史学:自白与对话》,彭刚译,北京:北京大学出版社,2006 年,第 251 页)娜塔莉·泽蒙·戴维斯也就《蒙塔尤》《奶酪与虫子》和她本人的《马丁·盖尔归来》说过:"这三本书全都认真地对待地方性文化。然而,它们也关注经验和长时段的传统以及思想结构。……虽然彼此有所不同,但这三本书全都希望对于超出它们所研究的个案之外的过程能够得出某些洞识。"(同上书,第 74 页)

现的新文化史、微观史、心态史和日常生活史(Alltagsgeschichte),的确呈现出了一些共同的特征。波兰学者埃娃·多曼斯卡曾就此指出:"当我们考察与历史人类学联系在一起的'后现代'历史写作时,就可以观察到一个变化。此种变化我可以描述为从宏观到微观、从外到内、从被视为一个进步过程的历史到人们所经验的历史的转向。"①人们如何经验(体验)他们的世界,他们的这一经验如何不同于我们对于自己世界的经验,的确成了这些史学论著的关注点,也成其为它们不仅得到专业史家的关注、也受到广泛的社会公众欢迎的原因所在。

除了史学实践提出的问题之外,当前西方主流哲学的领域也呈现出某些变化的趋向。比如,斯特劳森(Galen Strawson)就曾表示,他期待着当代哲学发生一场变化,由语言哲学转变到"一种关注于我们如何经验世界并且因而对其产生意识的意识哲学",而安克斯密特注意到,"如果考虑到近十年来英美国家所撰写出来的有关意识的著作的数量,这似乎是一个合情合理的期待"。在他看来,"当代历史写作可以给史学理论家们提供一个绝好的起点,来提出这种取语言哲学而代之的有关经验的理论"。② 因为,历史写作最能够表明,从语言到经验的转换过程中,什么东西最为关键。也正因为如此,历史哲学也许就能够在其将历史经验作为核心范畴进行探索的过程中,引领整个哲学领域发展的新阶段。

于是,史学实践中关注过往人们实际生活经验的微观史、日

---

① 埃娃·多曼斯卡编:《邂逅:后现代主义之后的历史哲学》,第51页。
② 同上书,第93页。

常生活史等与人类学密切相关的史学论著大量涌现;哲学视野转换给历史哲学带来了契机,使其有可能因为对历史经验的关注而进入学术舞台中心,而不再是置身边缘,作为其他领域理论的试验场;这些因素都促使安克斯密特力图将"历史经验"作为核心概念而重新阐发一套史学理论。除此之外,当代西方社会氛围和后现代思潮对于个人性、私密性的东西和独特而不可重复的人生体验的强调和重视,以及安克斯密特本人也许怀有的超出海登·怀特所奠定、而他自己也扮演了重要角色的叙述主义思路之外而开辟历史哲学新视野的雄心,也都在这一核心概念的转换中,起到了不可忽视的作用。

然而,在安克斯密特的大量论述中,"历史经验"这一范畴却显得相当含混模糊,让人难以把握。一方面,就在安克斯密特眼中呈现了历史经验的新史学而论,其中的重要著作大都关注于和现当代形成巨大反差的、相对比较静态的中世纪和早期现代。这些论著所展示的人们对于他们所生活的世界的历史经验,虽然与我们距离遥远,却仿佛是完全可以通过常态的叙事性语言而为我们所理解和贴近的。另一方面,安克斯密特从一开始就又仿佛给历史经验带上了某些神秘的色彩,他说:

> [历史经验]指的是某种对于过去本身的经验,它们被歌德、米什莱、赫尔德、梅尼克、赫伊津哈和汤因比这样的诗人和史学家描述过,给他们所有人留下了极其深刻的印迹,并且很大程度上塑造了他们关于过去的看法。历史经验是一种最吊诡的经验,因为一方面,似乎只有对于过去有着深

刻认知的历史学家才能得到这种经验,它不会出现在 *rudis tyro*[新手]身上。……然而,另一方面,从这些历史学家们对于他们的历史经验的陈述中可以看得很清楚的,是这些经验彻头彻尾的本真性(authenticity);那也就是历史学家的这样一种信念:自己经验到了如其所是的、*an und für sich*[自在而又自为]、没有被现有的历史或史学知识中介过的过去。在历史经验中,人们经验到了过去的极端陌生性;过去在这里不是知性的建构,而是以通常被归之于崇高(the sublime)的那同一种当下性和直接性所经验到的实在。①

安克斯密特还谈到,某些过往流传下来的物品中,保存了"过去本身","我们可以恰当地说,过去就现身于它所留存给我们的物品之上"。② 然而,一方面,没有足够的历史学素养,人们就无法对赫伊津哈所说的那种"过去的召唤"(the past's call)作出回应;另一方面,历史学家又必须"虚己以待",当历史经验呈现给自身时,"历史学家就暂时地'忘却'了他常常沉浸其中的历史学语境。在那个片刻,存在的只有过去本身,它以不同寻常的直接性和当下性向他展现出它那近乎于本体性的赤裸之身。对于过去这一历史经验的对象而言也是如此:它同样急切地奔向历

---

① 埃娃·多曼斯卡编:《邂逅:后现代主义之后的历史哲学》,第93页。
② 安克斯密特:《赫伊津哈与经验过去》,载《崇高的历史经验》(Frank Ankersmit, "Huizinga and the Experience of the Past", in *Sublime Historical Experience*, p. 115)。

史学家,挣脱了缠绕着它的纽带……"①于是,足够的对于历史学语境的把握是获取历史经验不可或缺的条件,然而,历史经验本身又是在去语境化(decontextualization)时才能呈现出来的。尽管安克斯密特一再强调,历史经验的获取之中没有任何"神秘主义和非理性"的成分,但其给人留下的却难免正是这样的印象。

如果说,金兹堡和勒华拉杜里等人的论著,是以让陌生的东西变得熟悉而可以亲近的方式,让我们经验到他们所描绘的过去的话(这大概正是很多人阅读这些论著的感受),安克斯密特在这里却又强调,历史经验让人们经验到的是过去的陌生性。在前者那里,经验与语言之间似乎并没有严重的隔阂,语言让我们贴近经验;而在后者那里,没有语言的帮助,我们无法接近过去,但在逼近过去的最后一刻,语言却成了一个在最后时刻我们必须抛在一边、否则就无法贴近过去本身的累赘。这样看来,历史学家的语言与历史经验之间的关系就并非可以一概而论的。但是,我们从安克斯密特的论著中所看到的,却是他越来越强调语言和经验之间的巨大鸿沟,而他笔下所谓的历史经验,也距离比如说微观史通常所描述的日常经验越来越远,仿佛只有秉有"崇高"和"创伤"(trauma)特性的经验,才配称之为历史经验。

从柏克和康德以来,美学范畴中的"崇高"就带有一种内涵,那就是它与优美(the beautiful)不同,后者是受限制而有形

---

① Frank Ankersmit, "Huizinga and the Experience of the Past", in *Sublime Historical Experience*, p. 125.

式的,前者则是无限制也无形式的,因而是任何通常范畴都无法把握的对象。在当代史学理论尤其是安克斯密特这里,崇高就变成了一个极为重要的范畴,指的是过去实在当中那些为历史学家的语言和范畴所无法加以"驯化"的部分。① 麻烦的是,经验本身先于语言,经验中那些崇高的部分是语言所不能驯化的,历史学家和史学理论家又无法离开语言而对他们所见识到的"崇高"有所言说。维特根斯坦告诫我们的是,对于不可言说的东西,就要保持沉默;安克斯密特却写了厚厚一大本《崇高的历史经验》来专门讨论这一不可言说的东西。

"在很多方面,崇高乃是'创伤'这一心理学概念在哲学上的对应物。"②创伤给人们留下难以愈合的心灵伤口,难以用有意义的方式将它纳入对自身生活的叙事。历史表现在对待人们所遇到的创伤时,就会碰上历史学家语言有限性的问题。大屠杀这一事件,就最为清楚不过地表明了历史表现在对待创伤主题时所面临的种种困境,也成为许多理论家讨论创伤与历史写作之间关联时集中考察的论题。③ 与拉卡普拉(Dominick LaCapra)等人倾向于将创伤主要看作个体经历——即便大屠杀是犹

---

① 在史学理论领域中,也许还是海登·怀特最早接触到这个问题,见其《历史解释的政治:规训与去崇高化》,载《形式之内容》(Hayden White, "The Politics of Historical Interpretation: Discipline and De-Sublimation", in *The Content of the Form*)。

② Frank Ankersmit, "Sublime Historical Experience", in *Sublime Historical Experience*, p. 318.

③ 这方面代表性的论文集,见索尔·弗莱德兰德尔编:《探索表现的极限:纳粹主义与"最终解决"》(Saul Friedlander ed., *Probing the Limits of Representation: Nazism and the "Final Solution"*, Cambridge: Harvard University Press, 1992)。

太人集体经历的一场浩劫,他们所关注的依然是单个个体的内在和外在遭际——不同,安克斯密特所关注的创伤,则是西方文明所经历的断裂,比如文艺复兴时期中世纪秩序的消解和法国革命,因为在他看来,这些创伤与西方文明中历史意识的产生和变迁息息相关:

> 毋庸赘言,诸如这类的创伤经验一定是历史写作最有力而最关键的决定性因素。事实上,文艺复兴的创伤导致了一种意识——我们的集体命运就在自己手上(而非上帝手中),因此我们必须承担起对于历史带来的灾难的全部责任,与马基雅维里和圭恰尔迪尼相伴而来的,就是一种全新的历史意识和历史写作的新品类。再就是,众所周知的,法国革命和拿破仑战争的集体创伤,给我们带来了历史主义,那是我们至今仍然在其中写作历史的史学范式。①

这就引出了以下的问题:首先,微观史、新文化史、日常生活史等往往呈现的是相对静态时期的历史经验,而在安克斯密特这里,与"创伤"和"崇高"相关联的历史经验,则更多地与断裂和突变联系在一起;其次,作为史学理论家中以最为鲜明不过的立场将自己标举为后现代主义者的安克斯密特,对于历史学的碎片化,对于历史学所关注的对象由大树而树枝、再由树枝而到满地飘

---

① 见其思想自述,"Invitation to Historians", *Rethinking History*, 7:3 (2003), p.433。

零的树叶①,并没有表现出任何的伤感和惋惜。然而,对于文艺复兴和法国革命这类西方文明所整体经历的创伤的关切,却似乎显示出了对于某种宏大视野的倾心和眷恋;再就是,大屠杀这样的创伤,让我们感受到的是"崇高"之物之难以纳入通常的语言和理解范畴,而文艺复兴和法国革命的创伤带来的却又是历史意识的突破和历史写作的高峰。这样一些相互难以调和的因素,以安克斯密特与崇高和创伤联系在一起的"历史经验"概念,是不大好加以充分解释的,这也表明,他的这一概念实在过于含混模糊了一些。

五

历史学是一门经验性的学科,作为对历史学学科性质进行理论反思的史学理论,必须高度关注和尊重历史学家的史学实践。安克斯密特一直将自己的理论视作是历史主义在当代的传承和发展,内中的主要缘由就在于,"史学理论往往太急于从别的地方挪借东西……历史主义实际上是历史学家自己为着阐明历史写作而提出的唯一一种史学理论"。② 但是,在安克斯密特看来,之所以说历史学是经验性的学科,有两个方面的理由,"首先,从更不足道的意义上来说,历史学家得与过去遗留给我

---

① 这是安克斯密特在其《历史学与后现代主义》这篇影响颇大的论文中所反复论及的意象,见 Ankersmit, "Historiography and Postmodernism", *in History and Theory: Contemporary Readings*, pp. 175-192。

② 埃娃·多曼斯卡编:《邂逅:后现代主义之后的历史哲学》,第98页。

们的素材打交道,这些素材可以在经验上加以证实或者证伪。然而,在可以将其视为旨在表现对于过去的历史经验这一意义上而言,历史学也是一门经验性学科"。①

在埃娃·多曼斯卡看来,"史学理论中一直就有一种努力,想要找到一个无所不包的范畴。在分析的历史哲学中,扮演这一角色的是解释模型。在语言哲学的主导下,发挥这一功能的是叙事、话语和隐喻。如今,在'历史学人类学化'之时,经验范畴以及其他与之相伴的范畴——诸如崇高、记忆、意识——可能会决定性地更新历史哲学"。② 然而,历史经验真能成为取代叙事主义历史哲学的新的历史哲学的核心范畴吗?史学理论家们对此有着不同的反应。

一方面,诚如迈克尔·罗斯所说,"即便是在泛文本主义(pantextualism)如日中天的时候,许多人也意识到,在语言的樊篱之外,还有着崇高"。③ 比如,戈斯曼(Lionel Gossman)在对安克斯密特的历史经验所可能具有的"精英主义的蕴涵"表示担忧的同时,又充分肯定,对于某种未经中介的经验的寻求,"对于既定的范畴而言,似乎是一种有价值的并且甚而不可或缺的校正和批判。它提醒我们意识到,我们当作'知识'的东西的局限性"。④ 与安克斯密特的新探索同步,近十余年来,对于和安

---

① Frank Ankersmit, "Huizinga and the Experience of the Past", in *Sublime Historical Experience*, p. 137.
② 埃娃·多曼斯卡编:《邂逅:后现代主义之后的历史哲学》,第318—319页。
③ 见迈克尔·罗斯(Michael S. Roth)为安克斯密特《崇高的历史经验》一书所作书评,载 *History and Theory*, 46(2007), p. 66。
④ 埃娃·多曼斯卡编:《邂逅:后现代主义之后的历史哲学》,第237页。

克斯密特的"历史经验"概念有着密切关联的崇高、创伤、历史记忆的探讨,已经成为史学理论研究领域中的热点。[1] 虽然,对于这些问题的关注,并不见得就意味着对于历史经验成为史学理论核心范畴的赞同。(比如,吕森高度重视危机、创伤与历史意识形成机制的关联,但在他看来,"对于历史思维而言,经验并不是一个很好的范畴,因为它缺少具体的时间性,而那是历史思维一个必不可少的前提"。[2])然而,先于语言而为语言所无法驯化的历史经验,毕竟已经越来越成为史学理论关注的对象,这无疑显现了当代西方史学理论领域的一些新的变化。另一方面,不少人对于历史经验的可能性本身还心存疑虑,而要让历史经验成其为史学理论新的核心范畴,更是许多人所无法接受的。迈克尔·罗斯的态度就很典型,在他看来,"语言的大潮消退之后,会留下很多东西,然而,我看不到其中会有经由我们灵魂中深层而本真的某些东西而达成的、纯正且直接的与过去的关联。当下性的东西无从复原,而创伤也并非史学理论的

---

[1] 以史学理论领域中的若干著名理论家为例,拉卡普拉近年来出版的新著就有《表现大屠杀:历史、理论、创伤》(*Representing the Holocaust: History, Theory, Trauma*, Ithaca: Cornell University Press, 1994)、《奥斯威辛之后的历史与记忆》(*History and Memory after Auschwitz*, Ithaca: Cornell University Press, 1998)和《书写历史,书写创伤》(*Writing History, Writing Trauma*, Baltimore: The Johns and Hopkins University Press, 2001)。还可参考汉斯·凯尔纳的论文《此刻"不再"》和耶尔恩·吕森(Jörn Rüsen)的论文《危机、创伤与认同》,二文均收入陈新主编:《当代西方历史哲学读本(1967—2002)》,上海:复旦大学出版社,2004年。

[2] 埃娃·多曼斯卡编:《邂逅:后现代主义之后的历史哲学》,第188—189页。

根基所在"。① 而在我看来,不同于高度个人化的现代文学和艺术,史学理论和历史哲学终归是要以人们能够相互理解和沟通的概念工具来进行交流和传达的一个学术领域。一种多少带有神秘意味而充满了个人化、私密性色彩的历史经验,将会给人们对此种范畴的交流、传达和推论带来难以克服的障碍。让理论反思触及自身的有限性,让语言运用意识到自身的界限,这当然都是理论思维中极其可贵的品质,然而,对于在这样的有限性和界限之外人们还有可能触及的东西,总还是需要尽可能地以概念思维的方式来表现和揭示,而这正是安克斯密特付出的努力还显得太有欠缺而令人不能餍足的地方。就此而论,历史经验能否成为历史哲学新的核心范畴,难免让人心生疑虑。

与史学实践和历史写作相关的问题就是,历史写作如何能够展示历史经验？至少,采用日常语言而进行的叙事,就是一个可能的选择。微观史、新文化史和日常生活史的诸多著作——如《蒙塔尤》《马丁·盖尔归来》和《奶酪与虫子》——之所以广受公众的欢迎,就在于它们以娓娓道来的讲故事的方式,让人们真切地了解到,过往的人们是如何经验(体验)他们那个不同于我们的世界的。近年来,西蒙·夏玛的《死亡的确定性》等著作②,史景迁(Jonathan Spence)以自传形式写成的《中国皇帝:康熙自画像》③以及他的一系列以中国历史为题材的著作,都受到

---

① 迈克尔·罗斯为《崇高的历史经验》一书所作书评,载《历史与理论》(*History and Theory*),46(2007),p.73。

② Simon Schama, *Dead Certainties: Unwarranted Speculations*, New York: Knopf, 1991.

③ 史景迁:《中国皇帝:康熙自画像》,吴根友译,上海:上海远东出版社,2005年。

了西方史学界和史学理论界的高度关注。这些著作,虽然在史料征引上都严守着历史学的家法,然而,单从文字风格上却难于将它们与文学作品、小说分辨开来。日常语言构成的叙事,在很大程度上达成了告诉我们过去是什么样的这一功能。

安克斯密特自陈是受到微观史史学实践的触动而开始思考历史经验问题的,然而,正如我们所已经表明了的,他的历史经验概念却在不断变化之中,其内涵也极为含混。要以语言来表达他更重视的那种超出语言之外的"崇高"与"创伤"的历史经验,恐怕就是日常语言所力不能及的了。安克斯密特曾经以赫伊津哈、荷尔德林、卢梭等人为例,来表明语言超出其常规限度的可能性。比如,他就颇为细致地解析了赫伊津哈在其名作《中世纪的衰落》前言中的一段话:"在写作本书时,就仿佛我的双眼凝视着夜空的深处——然而,那是一片满是血红色的天空,又带上了震慑人心的铅灰色,散发着虚幻的黄铜色的光芒。"① 在安克斯密特看来,正是这种遍及赫伊津哈全书的诗性的语言,以及他创造出来的很多新词,使得他得以最大限度地传达其历史经验。

海登·怀特在其进入史学理论领域的第一篇论文《历史学的重负》②中,就曾批评当时历史学的尴尬状况:历史学在面对科学家的压力时,辩称自己是艺术;而在面对文学家和艺术家的攻击时,却又辩称自己是科学。然而,它所采用的科学和艺术的

---

① Frank Ankersmit, "Huizinga and the Experience of the Past", in *Sublime Historical Experience*, p. 135.

② Hayden White, "The Burden of History", in *Tropics of Discourse*.

样板,却都是早已过时了的 19 世纪的自然科学和文学的观念。德国史学理论家吕森就提出:

> 要谈论历史编纂的文学形式,我们就得将历史编纂与我们所谓的"真正的文学"相提并论。这样做的话,我们就会看到,历史学家们依旧在使用非常传统的叙事方式。我们知道,小说的叙事结构已经彻底改变了。……地道的现代叙事形式的一个显著例证就是弗朗兹·卡夫卡的小说。你能够想象一个历史著作的片断表现出此种现代性吗?……我们还要追问历史编纂与就像我们在卡夫卡那里所看到的地道的现代叙事形式相比拟的可能性。我们并没有很多例证,是用类似于此种文学中现代叙事的形式来表现历史的。①

这就给我们带来了这样的启迪:诗的语言和现代文学的叙事结构和写作方式,完全可以超越以 19 世纪小说为样板的叙事方式,成为历史写作力图把握历史经验的一个工具。在这方面成功的努力虽然尚不多见,却无疑是历史写作中一个值得注意的新动向。②

吕森对后现代主义思潮在史学理论领域的影响和效应,持

---

① 埃娃·多曼斯卡编:《邂逅:后现代主义之后的历史哲学》,第 176—177 页。
② 近年来,《重思历史》杂志倡导历史写作的新尝试,并将相关的历史写作汇编成了《重思历史的试验》一书(Alun Munslow, Robert A. Rosenstone ed. , *Experiments in Rethinking History*, New York:Routledge, 2004)。其中有的篇目是自传体写作的历史片段,有的采用了时间顺序任意穿插的现代小说叙事方式,还有的大量运用诗歌语言。

有谨慎的保留和批判态度。然而,他也区分了历史研究中较好的和较坏的两种后现代主义。较坏的后现代主义的特征,是完全无视历史学家法和历史学家技艺,将人们与过去之间的关联视作武断而任意的,真理和合理性也不复存在。而较好意义上的后现代主义,则"意味着根本上对于各种视角的强调。于是,后现代主义就意味着没有一个单一的、完整的历史这样的东西;对于实际发生的事情不仅只有真确可靠的见解。此种批评开辟了多重视角的前景。它将更多的话语元素引入了历史学家的整个营生之中。它使得历史研究更具活力。就此而论,后现代主义对历史研究是件好事"。① 安克斯密特(当然还有怀特)没有像一些极端人物那样走到否认历史学学术规范的地步,而是依然保留了对于历史学家法的认可和尊重;在他们的理论视野下,过去因为是人们可以按照自己所选择的方式来编排组织的,也变得是不确定的了,然而人们并没有完全的自由来任意地支配过去,而是要受到各种限制(比如说史料的限制、史学规范的限制,等等);在他们的理论观照下,历史学传统的真理和合理性概念受到动摇和重新界定,然而并未就此被抛弃不顾;无疑,他们的理论给史学研究中多种视角的进入提供了基础。可以说,尽管安克斯密特的诸多立场观点中并非没有缺陷和内在冲突,却无疑是我们在企图给历史研究注入更多活力、对历史学的学科性质进行更加深入的反思时,值得认真借鉴和思考的理论资源。

叙事的历史哲学是否已经走到了尽头,这是我们暂时还无

---

① 埃娃·多曼斯卡编:《邂逅:后现代主义之后的历史哲学》,第187页。

法下结论的事情。但是,一方面,即便安克斯密特本人以"历史经验"为核心范畴的史学理论新思路,也还是由叙事主义历史哲学的基本立场上发展出来的;另一方面,"历史经验"和崇高、创伤、记忆等概念在史学理论中日渐彰显其重要性,却无疑表明了这一领域中某些值得注意的变化。史学理论领域所发生的变化,既在很大程度上源于史学实践提出的新问题,也给越来越注意理论取向的史学实践造成了影响。由叙事实体到历史表现再到历史经验,安克斯密特的理论嬗变和发展,从一个侧面给我们展示了当代西方史学理论乃至史学实践的发展趋向。

第三章　昆廷·斯金纳：历史地理解思想

一

怀特海有过一句广为人知的名言,是说两千年来的西方哲学史可以看作是对柏拉图的一连串注脚。其中的蕴涵,与另一句歌德的名言并无二致——歌德说的是:凡是值得思考的问题,没有不是被人思考过了的,我们所能做的不过是力图重新思考而已。长久以来,哲学史和思想史研究领域所盛行的一个基本假设——虽然经常是未经反思就被认之为当然的——乃是:由于人类的根本处境并没有随着历史条件的变化而发生根本的变化,哲学、政治、道德、宗教等领域值得人们思考的问题,也就没有发生根本性的变化。过往杰出的思想家们以其经典著作表达了他们对这些问题的思考成果,第一流的头脑对于这些根本而具有永恒性的问题的探索,构成为人类思想的宝库,内中包含了永恒的智慧,那是我们任何严肃认真的重新思考,都必须引以为出发点的。思想史研究的价值,就在于我们可以期望从研究这些永恒要素之中直接学习和受益。思想史家所要做的,就是去研究和阐释一套经典文本,其作者已被学术传统确立为思想史伟大的光荣榜或点鬼簿(canon)中的一员。由于永恒问题对于人类处境的持久相关性,人们研读这些经典文本,就应像对待自己的同代人的作品一样,将考察的焦点放在它们的论证上,看看关于那些永恒问题它们要告诉我们一些什么。倘若我们误入歧途,将重点放在考察它们所从中出现的生活条件或思想语境,我们就会看不到它们那永恒的智慧,从而错过了研究它们的价值和目的。

这样的假设与 19 世纪以来历史主义传统的立场,形成了尖锐的对立。在历史主义看来,所有文化都孕育、发展于特定的独一无二的自然、社会和历史条件之下,它们所具有的价值就在于其不可与其他文化通约的独特性。一切人类思想都受到它们所处的具体历史环境的制约和影响,没有任何思想能够超越其历史局限性,因而,人类思想中就没有什么真正永恒和持久的因素。政治思想史领域中的巨擘列奥·施特劳斯(Leo Strauss)就是在与历史主义和相对主义持续不断的论战中,鲜明地展示出自己立场的。在他看来,历史主义本身乃是自相反驳的,因为"历史主义既已断定所有的人类思想、或者至少是所有合理的人类思想都是历史性的,它就承认了人类思想有能力获得某种普遍有效、并且不会受到任何将来的惊人事件影响的最为重要的洞见。……历史主义之兴旺发达是基于这样的事实:它没有保持连贯一致,而使自己摆脱了它自己给所有人类思想所下的诫命。"① 既然历史主义站不住脚,人类思想所从中产生的具体处境和条件的历史性,就并不见得给所有思想的成果一劳永逸地套上了历史性的枷锁。人类处境的根本相似性和根本问题的持久性,为思想超越历史视域而达到某种自然视域(natural horizon),从而获得苏格拉底意义上不同于"意见"的"知识",敞开了可能性。施特劳斯说道:

> 历史远没有证明历史主义的推论的合法性,毋宁说它倒是证明了,一切的人类思想,而且当然地,一切的哲学思想所关切的都是相同的根本整体或者说是相同的根本问题,因此,在人类知识就其事实与原则两方面所发生的一切变化中,都潜藏着某种不变的结构。这一论点显然与以下的事实并不冲突,那就是,认识到这些问题的清晰程度、处理它们的方式、提出来的解决它们的办法都或多或少地因不同的思想家而异,因不同的时代而异。倘若在一切的历史变迁之中,那些根本的问题保持不变,那么人类思想就有可能超越其历史局限或把握到某种超历史的东西。即使力图解决这些问题的一切努力都注定要失败,而且它们之注定失败是由于"一切"人类思想都具有的"历史性",情况仍然会是这样的。②

由这样的立场出发,思想史和哲学史研究的主要方法,当然就是专注于经典文本,通过字里行间的仔细研读(reading between

---

① 列奥·施特劳斯:《自然权利与历史》,彭刚译,北京:三联书店,2003年,第25—26页。

② 同上书,第25页。

lines)来把握各种清晰显明的论证、观点或者各种晦暗不清的微言大义。

与此相类的是观念史①学科的奠基者拉夫乔伊(Arthur O. Lovejoy)的立场。在其名著《伟大的存在之链》中,拉夫乔伊开宗明义地指出:

> 我所谓的观念史指的是比之哲学史既更加具体又更少受到限制的某种东西。它首先是由它自身所关注的那些单元的特性所辨明的。尽管它很大程度上处理的是同思想史的其他分支相同的素材,并且极大地依赖于那些分支先前的工作,它却是以某种特殊的方式来划分那一素材,将部分引入新的群集和关系之中,从某种特定目的的视角来考察它。它最初的程序可以说是——尽管这样的类比有其危险性——多少有类于分析化学。比如说,在处理哲学学说的历史时,它为着自身的目的切入到铁板一块的各个个别系统之中,将它们分解为它们的各个单元观念。②

拉夫乔伊所说的这些单元观念(unit-ideas)乃是构成各种学说

---

① 思想史一词相对应的英文一般有 history of thoughts, intellectual history, history of ideas。后者(history of ideas)在拉夫乔伊等人那里有着区别于一般思想史的、以考察下文所说的"单元观念"为核心内容的具有独立学科意义的含义,译为"观念史"较为妥当。但"history of ideas"一词本身常常对应的就是中文中的思想史,斯金纳使用此词时,除对拉夫乔伊研究取向的讨论和批评的场合外,均是指一般意义上的"思想史"。

② Arthur O. Lovejoy, *The Great Chain of Being*, Cambridge, MA: Harvard University Press, 2001, p. 3.

的基本单位,这些单元观念包括各种概念、范畴、假设等,如拉夫乔伊本人所考察过的存在之链(chain of being)、自然(nature)、高贵(nobility)等。政治思想史领域内的"自然权利""社会契约""权力分立"等也属于此类。这些单元观念在思想史上的某个时刻开始出现,不断孕育成熟,成为人们在某个思想领域进行思考时所仰赖的基本成分。在拉夫乔伊看来,基本的单元观念的数量可能相当有限,各种学说的原创性和新颖性,往往并非来自于构成它们的基本单元,而是更多地来自于这些基本相同的单元观念构建成为复杂的思想系统的组合模式上。观念史考察的就是各个单元观念出现、孕育、发展和组合进入各种思想系统的过程。此种思路下的观念史研究,注重的就并非思想家在具体社会、历史处境下所面临的问题及其进行思考的全部努力,而是某种思想成分是否以及以何种方式出现在他的思考之中,此种成分是否达到了该单元观念所理应达到的那种"理想类型",抑或是虽然有了初步的萌芽,却距离那种理想而标准的状态尚有距离。观念本身似乎就获得了某种独立的生命力,它不过暂时寄居于各个思想家的思想母体,却通过迁移于不同时代、民族和文化的思想家之间,而完成自身发育成熟的过程。拉夫乔伊眼中的那些"单元观念"之于具体思想家,就仿佛黑格尔历史哲学中的世界精神,虽然在不同时代体现于各个具体的民族精神,但其实现纯粹自由的历程,在逻辑上并不与实际历史进程中各个具体的民族精神有必然的关联。对人类过往思想的非历史性的考察方式,遂成为施特劳斯式的政治思想史研究和拉夫乔伊式的观念史研究的相通之处。①

在昆廷·斯金纳(Quentin Skinner)及其同道波柯克(J. G. A. Pocock)、约翰·达恩(John Dunn)等剑桥学人,于20世纪70年代以其新颖的研究方法和丰硕的研究成果而形成政治思想史研究中引人瞩目的剑桥学派之前,这一领域的研究状况所反映出来的,就是类似的工作假设的大行其道。传统的政治思想史往往以进入了学术传统所确立的"英雄榜"或"点鬼簿"的思想家为讨论对象,然而,具体人物是依据何种标准而获得了"准入"资格,却似乎并没有一定之规。有人虽则未必在当时或随后思想发展的脉络中产生多大影响,而是晚近才被人们重新"发现"出来,却因为本身的思想深度和系统程度而入选,如维柯②;有人则是因为被认定成某个观念发展中的关键环节而随着此观念由边缘进入中心而获得了自身的重要性,如梅尼克之突破陈说,将莱布尼茨的单子论视作历史主义发展中的一个阶段。③ 如同里

---

① 远在拉夫乔伊使得观念史学科化之前,就已有一些影响颇大的著作,如伯里对"进步"观念和梅尼克对"国家理性"(raison d'etat)观念的考察,都体现出了此种特点。参见 J. B. Bury, *The Idea of Progress An Inquiry into Its Origin and Growth*, New York: Dover Publications, 1987; Friedrich Meinecke, *Machiavellism The Doctrine of Raison D'etat and Its Place in Modern History*, Douglas Scott tred., London: Routeledge and Kegan Paul, 1957。

② 维柯的思想在其身后重新得到发掘和重视,很大程度上是出于20世纪初克罗齐的努力。

③ 梅尼克:《历史主义:一种新史观的兴起》(Friedrich Meinecke, *Historism: The Rise of a New Historical Outlook*, J. E. Anderson, tred., London: Routeledge & Kegan Paul, 1972, pp.15-30)。以上所说的情形,在中国思想史和哲学史的研究中也屡屡出现,前者如侯外庐《中国思想通史》中对方以智等人的发掘,后者如程朱理学蔚为大国后对周敦颐地位的追认及现今各种哲学史、思想史对此的确认。

希特(Melvin Richter)所说,传统的政治思想史讨论的是进入了思想史花名册中的主要思想人物,他们之间的联系往往暗淡不清。而在美国,政治思想史主要是以这样三种面目出现的:第一种是建构被指定为花名册中成员的思想家之间就永恒问题而进行的玄秘对话;第二种则是选取若干文本,构成一条发展线索——通常是自由主义或"西方政治传统"的发展;第三种则以长期充当标准教科书的萨拜因的《政治学说史》①最为典型,乃是文本、语境和哲学评论的一个折中主义的混合物。②

政治思想史中所谓斯金纳式的革命(Skinnerian Revolution)③就是在这样一个背景下出现的。

二

斯金纳在剑桥求学期间,他的老师拉斯莱特(Peter Laslett)对他后来作为思想史家的学术生涯产生了极大的影响。20世纪50年代,拉斯莱特重新整理和编辑了洛克的《政府论两篇》,并对其进行了历史性的研究,确定了该著作的写作时间,梳理了

---

① 此书中译本:乔治·霍兰·萨释因:《政治学说史》(上下),盛葵阳等译,北京:商务印书馆,1986年。

② 里希特:《重构政治语言:波柯克、斯金纳和历史基本概念》,载《历史与理论》(Melvin Richter, "Reconstructing the Language of Politics: Pocock, Skinner and the Geschichtliche Grundbegriffe", *History and Theory*, Vol. 29, No.1[1990], p.54)。

③ 帕罗能的《昆廷·斯金纳:历史、政治与修辞》(Kari Palonen, *Quentin Skinner: History, Politics, Rhetoric*, Cambridge: Polity Press, 2003)一书中有一章就名为"斯金纳式的革命",以标举斯金纳思想史研究在理论、方法和实践上的创新性。

当时政治思想的具体语境。传统的观念认为,洛克《政府论》中真正的论战对象是霍布斯,第二篇的写作是在1688年光荣革命完成之后,并以为光荣革命进行理论辩护为宗旨。在他为自己编辑的洛克此书所写作的长篇导论①中,拉斯莱特对传统的观念提出了挑战。他成功地表明,该书的写作是在其付印10年之前,其时正是查理二世治下专制王权甚嚣尘上之时;《政府论两篇》的种种论题都有其针对当时现实政治和现实论争的内涵,洛克并不具有建立一套超越当时当地经验的持久性理论的企图。此书后来被认为是古典自由主义的经典、光荣革命的理论辩护、英国宪政主义的开山之作,但这一切都绝非它本身所具有的历史身份(historical identity)。对于还在大学本科时代的斯金纳来说,拉斯莱特的洛克研究,不仅为该主题的研究提供了新的标准,而且也开启了一种新的研究路数。② 它表明,将政治思想史视作是后世所确立的思想史花名册中既定成员之间的对话乃是误入歧途,政治文本只有通过对其进行历史语境的分析和梳理才能够真正得到理解。有意思的是,拉斯莱特本人很快就转移学术兴趣,离开了这一领域,成为人口史、家庭史等社会史新兴研究领域中的一代名家。不过,他认为,对于洛克这样主要是针对当时当地政治局势发言的思想家而言,自己的研究路数

---

① 拉斯莱特所编辑的这个文本后来收入了斯金纳与他人一起为剑桥大学出版社主编的"剑桥政治思想史文本"(Cambridge Texts in the History of Political Thought)系列之中。见 Peter Laslett ed., John Locke, *Two Treatises of Government*, Cambridge:Cambridge University Press,2003。

② 见玛丽亚·露西娅·帕拉蕾丝—伯克编《新史学:自白与对话》中作者对斯金纳的访谈,第268页。

才是适合的。他的成就表明,应该将洛克的《政府论两篇》从政治思想史不朽的经典论著之列中剔除;对拉斯莱特而言,思想史的人物和著作的经典名册还是存在的,像霍布斯那样思辨能力卓尔不群,似乎是针对超越具体时空的人类政治根本处境立论的思想家,像《利维坦》这样的著作,不应该与洛克和《政府论两篇》等量齐观。而年轻的斯金纳所要做的,却是要将拉斯莱特在洛克研究中所展现出来的对政治文本的历史语境分析的方法,贯彻到所有的研究对象之上。

1969年,进入政治思想史研究领域不过数年、年方28岁的斯金纳在《历史与理论》杂志上发表了《思想史中的意义和理解》[1]一文。在这篇产生了巨大反响而被他引以为自己思想史研究的"宣言书"(Manifesto)[2]的论文中,斯金纳对当时思想史研究领域所盛行的多种明确的或暗含的理论预设进行了激烈的抨击,并在此基础上提出了自身的理论纲领。这里首先要引述和分析的,是他对在他看来思想史研究中几种主要的谬误形式——学说的神话(the mythology of doctrines)、融贯性的神话(the mythology of coherence)和预见的神话(the mythology of prolepsis)——的批评。

在斯金纳看来,思想史家在从事对于过往思想的历史性理

---

[1] Quentin Skinner, "Meaning and Understanding in the History of Ideas", *History and Theory*, 8(1969), pp.3-53. 本文依据的是收入斯金纳晚近三卷本文集《政治的视界》第1卷中此文的修订本,见 Quentin Skinner, *Visions of Politics*, Vol.1, Cambridge:Cambridge University Press, 2002, pp.57-89。这里引用的其他斯金纳论文也依据的是收入此文集中的修订文本。

[2] 玛丽亚·露西娅·帕特蕾丝-伯克编:《新史学:自白与对话》,第219页。

解时,最持久、最容易出现的危险就是自身在进行研究时所预先具有的种种期待。而我们关于某人必定是(或者本应该是)说了什么或做了什么的期待,本身就会决定我们在研究对象中看到的所言所行,而那往往是当事人不会接受的对于他们的言行的描述。① 思想史研究中的各种谬误大都源自于此。

(1)所谓"学说的神话",指的就是史家在从事研究时往往期望着,每一位经典作者在被认为构成为某一主题的所有话题上都必定发表了某种主张。此种期望体现于思想史实践中的一种形式,就是史家经常自觉不自觉地将经典作者某些零散而偶然的言论转化成为关于某一主题的学说,思想史由此就成为将重心置于单个思想家的思想传记的合集。② 此种思想传记的特殊危险在于容易犯时代错置(anachronism)的毛病,研究者往往在经典文本中过于轻易地发现所期待的学说。例如,胡克尔(Richard Hooker)关于人的天然的社会性(natural sociability)的讨论,就被人视作是从胡克尔到洛克、再从洛克到启蒙哲学家们(*philosophes*)的"社会契约"学说发展史的一个环节。拉夫乔伊的"观念史",在斯金纳看来乃是此种"学说的神话"的另一种体现形式,其危险就在于将观念实体化,结果就是,"故事很轻易地就采用了适合于描述某种生长发育的有机体的那种语言。观

---

① Quentin Skinner, "Meaning and Understanding in the History of Ideas", in *Visions of Politics*, Vol. 1, p. 59.
② 比如,施特劳斯和克罗普希所主编的反映其学派特色的《政治哲学史》一书,就是对于政治哲学史上若干重要人物的专题述评的合集,见 Leo Strauss & Joseph Cropsey ed., *History of Political Philosophy*, 3rd edition, Chicago:The University of Chicago Press, 1987。

念预设了当事人这一事实轻而易举地就消失了,似乎观念自身就在生长奋斗一样"。① 这样一种实体化所导致的荒谬之处,就在于每一种"观念"都有其理想类型,"观念史"研究因而也就是要找寻朝着这一理想类型不断逼近的过程。对思想家们的评判,依据的是他们对于该理想类型的趋近和偏离程度,"有时甚而乔装为历史的伪饰都被抛在一边,过去的论者仅仅根据他们看来在多大程度上接近于我们的处境而受到褒贬"。② 于是,会有论者赞扬孟德斯鸠预见了充分就业和福利国家的观念,而莎士比亚则因为对于跨种族、跨信仰的社会的可能性提出了疑问而受到表彰。

很多思想史家在从事研究时,暗中依据的是这样的假设:过往的思想家们必定有着这样的意图,要使得他们关于某些论题的讨论成为对该领域的最具系统性的贡献。就像一枚硬币的两面,"学说的神话"一方面体现在以各种方式将经典理论家零星片断的言论整理加工成为他们关于史家所期待的某个主题的"学说",另一方面则是当理论家们未能在此种主题上形成相应的学说时会因此而受到指责,而无论他们本来是否有此意图。如果某位理论家事先被认定旨在作出系统性的理论创造,对他们的指责就变成了论列他们未能加以讨论的议题:

> 如果胡克尔必定试图在其《教会政体法》中阐述"政治义务的基础",那么未能花力气来反驳绝对主权理论就成

---

① Quentin Skinner, "Meaning and Understanding in the History of Ideas", in *Visions of Politics*, Vol. 1, p. 62.

② Ibid. , p. 63.

了他政治观的一个缺陷。又如,倘若一开始就认定《君主论》旨在解释"政治中人的特性",当代的政治科学家很容易就会证明马基雅维里的努力是"极其片面而不系统的"。又如,倘若洛克的《政府论》包含了他关于自然法和政治社会所要讲的一切,那么当然就可以追问他为什么没有能够提倡一个世界国家。①

斯金纳在对"学说的神话"的种种形式提出批评时,实际上强调的是不要对作者的意图妄作揣测。在种种谬误形式中,对过往理论家的评判,无论是强行将他们的片言只语转化为条理化的学说,还是认为他们未能就某个话题系统所可能涉及的问题发表见解,都是或隐或显地预先就认定了作者具有对研究者期望中的所有主题都发展出(或者应该发展出)自己的学说的意图,再据此作出褒贬议论,而这种意图往往实际上作者本身并没有,而是研究者所强加于其上的。

施特劳斯及其学派被斯金纳视为此种谬误的一种极端的形式。在施特劳斯看来,道德、政治学说的历史乃是思想史上伟大人物们对某些根本问题的不断追寻,于是,人类根本处境的相似性就使得人们有可能在某个时刻突破人类历史性的局限,而达到对于根本问题的真正的洞见。否认了这样的可能性,也就否定了以寻求绝对知识为己任的哲学的可能性,否定了"自然权利(正义)"(natural right)的存在。施特劳斯在自己学术生涯的后期,日益转向古典哲学的研究,其原因在于:

---

① Quentin Skinner, "Meaning and Understanding in the History of Ideas", in *Visions of Politics*, Vol. 1, p. 66.

人们必须严肃地对待过去的思想,或者说,人们必须准备好认为这乃是可能的:过去的思想在关键性的方面比之当今的思想更为优越。人们必须认为这是可能的:我们生活在一个在关键性方面比之过去更加低劣的时代,或者,我们生活在一个衰颓或败落的时代。人们必须衷心地向往着过去。①

由这样的立场出发,施特劳斯及其学派对现代思想的考察,就将现代思想视作在对生活及其目标的反思方面,比之古典时代而言乃是一场堕落。而现代政治思想与古代相比发生的一个重大转变就是,"传统的自然法,首先和主要地是一种客观的'法则和尺度',一种先于人类意志并独立于人类意志的、有约束力的秩序。而近代自然法,则首先和主要是一系列的'权利',或倾向于是一系列的'权利',一系列的主观诉求,它们启始于人类意志。"②在他对马基雅维里和霍布斯的研究中,就据此将这二人视为使古典传统被颠覆的始作俑者,偏离和破坏了永恒智慧已经透露给人们的启示。于是,马基雅维里在他笔下乃是"非道德、非宗教的""邪恶的教师"③,霍布斯也因为同样的缘由而受到责备。既然,政治思想乃是对永恒的政治问题的思考,而思

---

① 施特劳斯:《论柯林武德的历史哲学》,载《思想史方法入门》(Leo Strauss, "On Collingwood's Philosophy of History", in Preston King ed., *The History of Ideas: An Introduction to Method*, London:Croom Helm, 1983, p.167)。
② 施特劳斯:《霍布斯的政治哲学》,申彤译,南京:译林出版社,2001年,第2页。
③ 参见施特劳斯:《关于马基雅维里的思考》,申彤译,南京:译林出版社,2002年。

考的结果有可能(或者在过往的思想史上已经)在某些方面获得了永恒的智慧,此种思考就应该有一种纯正的标准,乃是从事思考者都应该达到的。这大概就是施特劳斯思想史研究中潜藏的理论逻辑。而斯金纳强调的是对思想的历史性理解,强调思想史并非对于永恒问题的不断贡献,而是对于变化着的问题的变化着的解答。因而,施特劳斯式的思想史研究中那种评判思想家理论贡献的逻辑,就无论如何都是他所无法接受的,而被他视为"学说的神话"的"魔鬼版"(demonological version)。①

(2)所谓"融贯性的神话",就是研究者总是倾向于将研究对象的思想和著作视作一个融贯的整体。极端的做法,就是从经典文本中找到片言只语的信息(message)甚或某个概念,以之作为贯通全部文本的基础。各种宗教或准宗教的历史上,此种以某个单独命题或概念来贯穿全部教义或学说的努力屡见不鲜。② 经典文本和进入了思想史"不朽者"名册的理论家的思想历程,似乎注定了必然有内在的融贯性(inherent coherence),而研究者的任务正是力图去揭示和说明此种融贯性。文本表面上的矛盾会使研究者在试图展示其融贯性时碰到障碍,但那不是真正的障碍,因为经典文本不可能容纳任何实质性的内

---

① Quentin Skinner, "Meaning and Understanding in the History of Ideas", in *Visions of Politics*, Vol.1, p.64.
② Ibid., p.78. 显著者如马丁·路德以"因信称义"的观念来阐释和组织其对《圣经》真义的理解。中国思想史研究中,"礼"抑或"仁"是贯穿孔子思想的中心概念,是《论语》中所有命题都可以据之得到解释并由此在孔子思想系统中得到定位的核心,而孔子对"仁"的多处表述哪一个才是最具根本性而其他都是派生性的,曾是一个长期讨论的话题。

在矛盾。换言之,按照这一融贯性的预设,在研究文本碰到有疑义的情况时,研究者向自身提出的正确问题,不是所研究的作者的思想是否不融贯,而是该如何解释他(表面上)的矛盾之处。在很多人看来,对文本整体的全盘把握才是不二法门,那会使得矛盾之处变成不过是尚未在不成功的解释中获得升华的部分。

在斯金纳看来,一方面,思想家本身在不同阶段的思想历程中出现前后矛盾和互不相容的情形,乃是思想史上常有的情形。比如,洛克在其早期的政治理论著述中,显然试图维护某种保守的、甚而是权威主义的立场。被认为是自由主义政治理论家的洛克,是在其50多岁以后的事,而彼时他的诸多观点是30多岁时的洛克所必定要反对的。另一方面,这种融贯性的预设实质上是没有能够真正把握思想活动的特质:

> (思想活动)不是模式化的、也不是整齐划一的有目的性的活动。我们所从事的毋宁是难以忍受的与语词和意义的搏斗,努力溢出我们智力的边界并且变得零乱,对我们的观点进行综合的努力最终所呈现出来的概念上的混乱至少和融贯的学说一样多。此种考虑一旦被忽视,散乱的话语就会被整理成系统,表现得融贯,而标示着思想活动本身特质的努力和混乱却消逝无踪了。①

在这个问题上,施特劳斯又再次成为斯金纳主要的批评对象。

---

① Quentin Skinner, "Meaning and Understanding in the History of Ideas", in *Visions of Politics*, Vol. 1. p. 78.

在施特劳斯看来,经典文本中每个表面上的相互矛盾和混乱之处,往往都有深意存焉,那些矛盾是称职的研究者通过自己字里行间的认真研读后可以最终消解掉的,而深层蕴藏的真义也就在这一过程中得以显现。在《迫害与写作艺术》①一书中,施特劳斯进一步提出了这样的一般性方法论原则:过往的伟大思想家们由于常常在写作时受到迫害和检控的威胁,或者由于他们卓越的思想不能(也不应)为庸众所领会,他们的著作不是要为众生说法,而只能是针对少数值得信任的而又足够睿智的读者(trustworthy and intelligent reader),他们注定了常常要以隐晦的而非直白的方式来表达他们的真实观点,而表面上的矛盾冲突之处恰恰构成为某种提示性的线索,指引我们去索求思想家真实的(因而也必定就是融贯的)观点。斯金纳指出,此种对于融贯性的辩护碰到的困难,在于它依赖于两个先验的假设——它们虽然不合情理,也没有经过论证,却被视作理所当然的事实。这两条假设之一,是将思想上的原创性等同于颠覆性,指引读者在字里行间去找寻真义实际上就是这样的考虑。假设之二,则是任何此种施特劳斯所力倡的字里行间的细读法所提出的解释,预先就免于他人的批评,因为未能认同这种方法所达到的解释的研究者,都可以被指责为粗心大意而无法领略微言大义。

实际上,思想和文本中真实冲突的存在,大概是任何研究者

---

① 参见 Leo Strauss, *Persecution and the Art of Writing*, Chicago:Chicago University Press, 2002。还可参考甘阳为三联书店"施特劳斯政治哲学丛刊"所写导言中的相关论述,载《自然权利与历史》。

都不能完全否认的事实。而此种冲突和矛盾,既可能是思想对于充满混沌和对抗的实在的某一面相的反映,也可能是思想家本身不同思想倾向的交相颉颃。它们本身就足以成为研究者高度关注的对象。施特劳斯本人对卢梭的研究就认为,"在返于城邦与返于自然状态之间有着明显的紧张关系。此种紧张乃是卢梭思想的实质之所在"。① 斯金纳对"融贯性的神话"的批评,提醒我们对思想史研究中对于融贯性的未经反思的预设和过度强调保持足够的警惕。然而,他的批评也难免让人产生矫枉过正的印象。一方面,斯金纳的思想史研究强调的是对作者意图的还原,我们大概可以有把握地断定,过往的思想家们往往具有这样的意图,那就是在他们某一阶段甚至毕生的思想探险的历程中保持足够的概念和理路上的融贯性。明确了存在此种意图的可能性,甚而确定了在相当一部分经典文本写作中此种意图的真实性,对于融贯性的追求就的确理当成为研究者的主要任务之一。就斯金纳本人思想史研究实践中成果颇丰的马基雅维里研究而论,不少论者所热衷于谈论的《君主论》与《论李维》之间以及它们各自内部的矛盾之处,就有不少在斯金纳的笔下涣然冰释。② 例如,在《论李维》中,马基雅维里曾断言只有在共和

---

① 施特劳斯:《自然权利与历史》,第260页。
② 斯金纳对马基雅维里的研究主要见其成名作《现代政治思想的基础》上卷《文艺复兴》(Quentin Skinner, *The Foundations of Modern Political Thought*, Vol.1, *The Renaissance*, Cambridge: Cambridge University Press, 1978;中译本,《近代政治思想的基础》,奚瑞森、亚方译,北京:商务印书馆,2002年)中的相关部分,以及他为牛津大学出版社"过往的大师"("Past Masters")系列所作的小册子《马基雅维里》(中译本,王锐生、张阳译,北京:工人出版社,1993年)和《政治的视界》第2卷中的相关论文。

制下自由才有可能存在,但他又肯定在罗马早期诸王的治下确实存在着自由,于是就出现了这样的问题:在马基雅维里的眼里,自由与君主制究竟是否相容?许多研究者认定马基雅维里在这里出现了自相矛盾和混乱的情形,而斯金纳则通过对马基雅维里文本的全面审查,表明共和制一词在马基雅维里那里指的可以是任何一种政府形式,只要在其治下,法律所培植和效劳的乃是公共利益。① 于是,字面上显然的矛盾就由此得以消解。

另一方面,许多思想家在其文本中固然可能有着种种我们不应强作解人的矛盾冲突之处,然而,对其思想历程和文本整体中所可能具有的某种连续性的"底色"的揭示,并不见得就是误入歧途。18世纪英国思想家、保守主义的鼻祖柏克(Edmund Burke)早年曾反对东印度公司对印度的掠夺和破坏,支持北美殖民地反抗英国的斗争,却在法国革命爆发之初竭力声讨。他的政治姿态在很多人看来前后判若两人,迥不相侔。同时代人和后世的研究者中颇有些人以为,他是因为儿子病故、家庭财政出现危机,加之政治生涯陷入低谷而有些精神不正常了,以此来解释他晚年与此前政治立场的矛盾和冲突。然而,在柏克不同时期针对不同事件而写作的政治论著中,我们确实可以看到某种清晰的理论立场的连续性:对传统的尊崇从而反对任何根本性的变革,强调抽象的政治原则和理论应服从于错综复杂、瞬息万变的政治环境,这样一些思想底色确实贯穿于他的政治态度

---

① Quentin Skinner, "Interpretation, Rationality and Truth", in *Visions of Politics*, Vol. 1, p. 55.

之中。①

也许,对于"融贯性的神话",我们未必可以轻易地丢弃。只是在确认我们的研究工作需要揭示和追求某种融贯性时,首先要对我们的研究对象和研究前提有更严肃和深入的反思和考察。

(3)所谓"预见的神话","在我们对于某个片段在回溯中所具有的重要性比之它对于当时的当事人所具有的意义更感兴趣时,就很容易发生了"。②斯金纳所列举的此种谬误形式的例证,是如下的说法:"当彼得拉克登上文都峰时,文艺复兴时代就迎来了它的黎明。"③斯金纳指出,这无论如何不可能是彼得拉克的本意。观察者可以合理地在思想史的某个片段中看到的意义与那一片段本身所具有的意义之间,往往是不对称的,而"预见的神话"的特点就在于夸大了此种不对称性。他所列举的例证,如卡尔·波普尔在《开放社会及其敌人》中将柏拉图视为极权主义思想家,塔尔蒙视卢梭思想为"极权主义民主的起源",都是我们所熟悉的类似情形。在这些论点中,"对于一部著作的历史意义可能为真的某种叙述与在原则上不可能为真的对于其作者所做事情的叙述被混杂起来"。④"预见的神话"往往表现为带有目的论意味的解释方式,于是,研究者就

---

① 参见拙文《激进与保守——柏克的法国革命观》,《清华大学学报》社科版,1994年第2、3期。

② Quentin Skinner, "Meaning and Understanding in the History of Ideas", in *Visions of Politics*, Vol.1, p.73.

③ Ibid.

④ Ibid.

常常会以自己所熟悉的在后的思想模式来解读和评判在先的思想片段:

> 马基雅维里被认为是"现代政治取向的奠定者",有了他才使"我们站在了现代世界的入口处"。这些对于马基雅维里思想的历史重要性的评判虽然可能是成立的(然而,这似乎是以某种多少有些天真的对于历史因果的观点为前提的)。然而,类似断言常常使得众多研究者致力于探讨其思想中的"现代"因素,甚而将其当作是马基雅维里本人的作意。这里的危险不仅在于太过轻易地看到论者想要在马基雅维里那里看到的现代因素,而且,这种解释远离了马基雅维里的政治著述本打算成就的东西。①

问题在于,既然斯金纳已经认可了这两种意义——观察者眼中思想史片段所具有的历史意义和那一片段本身所具有的意义——之间所可能存在的不一致性,我们就完全可以在此基础上演绎出这样的立场:思想史研究既要探索前一种意义,又要确定后一种意义。研究者完全可以做出将自己的解释重心置于何种意义的选择,只是他必须随时警惕着,不要将前者与后者相混同。在讨论"预见的神话"时,斯金纳也许是因为将还原作者意图作为思想史研究的主要(有时甚至是排他性的)宗旨的缘故,过于将自己的注意力集中在对于将两种意义混同的现象的批评,以至于对前一种意义的探索的合法性似乎在他这里都有些

---

① Quentin Skinner, "Meaning and Understanding in the History of Ideas", in *Visions of Politics*, Vol. 1, p. 73.

成了问题。例如,在他看来,类似于"洛克的认识论预见了贝克莱的形而上学"等论断毫无意义,因为洛克不可能有此意图。①这样的评判未免过于武断了。毕竟,断言洛克的认识论事实上启发和导引了贝克莱的形而上学,或者洛克的认识论中的某些理论原则可以被视作是贝克莱形而上学理论立场的预备,这与断定洛克在从事其认识论研究时就有着要为后来的某位贝克莱或其他什么人做预备工作的意图,终究是判然有别的两回事。后一种断言之荒唐,并不就证明了前一种断言之无意义。作为历史学的一个门类,思想史研究的特点也在于,其研究者的视域中必不可免地会带有"后见之明"(hindsight)的因素。② 后世所"层累地叠加"的因素,固然有可能给我们对于当事人本来意图的理解带来障碍,但一方面,对于思想史片段的历史意义的探求本身应是思想史研究的题中应有之义,而对于此种意义的探寻,恰恰在很大程度上依赖于对于斯金纳所竭力批评的这样一种思想前提——某个片段要留待将来才能显现它所具

---

① Quentin Skinner, "Meaning and Understanding in the History of Ideas", in *Visions of Politics*, Vol.1, p.78.

② 丹图在其《分析的历史哲学》(Analytical Philosophy of History)中的核心议题之一,就是指出历史陈述具有此种"后见之明"的特性。比如,"于是,三十年战争爆发了"或者"工业革命开始了"这样一个简单的陈述,就包含了此种"后见之明",因为当时人不可能知道这场战争会持续三十年并以此为名,也不可能了解某一事件与"工业革命"之间的关联。见 Arthur C. Danto, *Narration and Knowledge*, New York:Columbia University Press, 1985,Chap. VIII。此书是《分析的历史哲学》的扩充本,包括了原书全文。

有的意义①——的认可;另一方面,虽然作者是其自身意图最权威的裁断者,但其文本本身所反映出来的多种蕴涵,未必就清晰地出现在作者的明确意图之中。斯金纳是承认存在着保罗·利科所谓的解释学上的"多出来的意义"(surplus meaning)的②,他也明确指出过,"当事人对于他们的意图所特有的此种权威性并没有排除这样的可能:观察者有可能处于某个位置来对当事人的行动做出比之他们自己所给出的更充分或更有说服力的描述(精神分析就是建立在此种可能性之上的)"。③ 正如优秀的文学评论往往让文学家发现自身作品中并没有为自己所认识到的层面一样,研究者借助于"后见之明",也未始不可以揭示出超出作者清晰意图之外却又真实可信的文本的意义来。无论如何,思想史家所能够合理承担的任务远不止于斯金纳有时所表述的那样,仅是去还原研究对象的观点和意图。解释学传统中所标举的"比作者本人更好地理解作者"的目标,并非不可取,亦非不可为。

"预见的神话"另一种常见的褊狭,就是人们太轻易地谈影响,认为在后的作者总是在指涉先前的作者(或承继或反驳)。对此,斯金纳认为,"影响"并非不能成其为解释范畴,然而不可脱离必要的条件来侈谈"影响"。他借用论者有关柏克政治观点的思想史谱系学的例证,对此做出了精彩的评论:

---

① Quentin Skinner, "Meaning and Understanding in the History of Ideas", in *Visions of Politics*, Vol. 1, p. 74.
② Ibid. , p. 113.
③ Ibid. , p. 77.

柏克《论当前不满的缘由》旨在抵消博林布鲁克的影响,博林布鲁克据说又是受到洛克的影响。洛克反过来是被霍布斯所影响,要么他在写《政府论》时必定心中想着霍布斯,要么是想要对抗霍布斯的影响,而霍布斯则是受到了那位影响了所有人的马基雅维里的影响。这些解释大多纯粹是神话性质。有必要考虑,要通过求诸在先的 A 的"影响"来解释某种学说在在后的 B 那里的出现,所需要的必要条件是:(1) 确知 B 研究过 A 的著述,(2) 除却 A 外,B 不可能在别处碰到相关学说,(3) B 不可能独立地达到相关学说。而在上述例证中,马基雅维里对霍布斯和霍布斯对洛克所谓的影响,无法通过(1)的检验。霍布斯从未明确讨论过马基雅维里,而洛克也从未明确讨论过霍布斯。而霍布斯对洛克、博林布鲁克对柏克的所谓影响,无法通过(2)的检验。在所有对沃波尔政府持有敌意的 18 世纪早期的政治小册子中,很容易就能找到据说是受博林布鲁克影响的学说,而洛克也同样能够在 17 世纪 50 年代的大量政治论著中找到据说是霍布斯所特有的东西——至少我们确知洛克读过这些东西,而他是否仔细研读过霍布斯则并不清楚。所有的例证都无法通过(3)的检验(甚至可以说如何才能通过[3]的检验是无法说清楚的)。①

未经足够的理论反省就轻易地使用"影响"范畴,确实是思想史研究中最常见不过的情形。拉斯莱特的洛克研究的原创性,很

---

① Quentin Skinner, "Meaning and Understanding in the History of Ideas", in *Visions of Politics*, Vol. 1, pp. 75-76.

大程度上就在于否定了在他之前所盛行(却未经严格证明)的论点——洛克《政府论》是以霍布斯为主要论战对象的。思想史的研究往往都在自觉不自觉地建构一个思想史的谱系和脉络,而(正反两方面的)"影响"则是此种谱系或脉络借以获得连续性的主要因素之一。翻开通行的各种中西哲学史、思想史,内中所描述的前人对后人的影响中,经得起严格考察的实在不多。然而,纵然斯金纳也承认"影响"可以作为一种重要的解释范畴,可是按照他那种严格的理论逻辑,对于"影响"的表述,除了研究对象本人关于"影响"有自供状的情形之外,在上述三项条件的检验之下,恐怕就难得有幸存者了。由于他所论列的必须同时得到满足的各项条件过于严苛,"影响"作为一种解释范畴几乎就完全丧失了合理性和用武之地。

其实,细究起来,这三项条件颇有些可异议之处。首先,如同斯金纳本人所承认的,判断独立发展出某种学说的可能性是否存在,本身乃是一个几乎无法完成的任务。其次,即便确认了此种可能性的存在,也并不同时就排除了 B 受到 A 影响的可能性,完全可以设想出多种多样的情形,如(a) 虽然 B 在原则上可能独立发展出某种学说,但事实上是由于接受了 A 的影响而阐述了此种学说;(b) B 尚未完全独立发展出某种学说,就因为受到 A 的影响而接纳了在 A 那里已发展完备的类似学说;(c) B 独立发展出某种学说,但在表述方式和表述重点上受到 A 的影响;(d) B 受到 A 的负面影响,在独立提出自己的学说的同时,就准备好了对于 A 及其类似立场可能提出的诘难的辩驳;……无论如何,在类似这样的情形下,即便不能满足条件(3)的检验,"影响"范畴也并没有就因此丧失其适用性。再次,条件(1)

和条件(2)之间的关系也与此类似,即便 B 在 A 之外也可以接触到别的相同学说,也并不就排除了这样的可能性:或者 B 同时受到 A 或别的来源的影响,或者 B 仍然是从 A 那里接受了最具决定性的影响;最后,就思想史研究的实践而论,有关某一个论题,能够提供我们以足够的史料证据,来判断 B 是否确曾阅读过 A 并受到其影响,以及当时是否有 B 可以看到并确实阅读过、且又给他提供了包含与 A 同样论点的其他论著,这样的情形至少是并不常见。思想史实践中未尝不可用有所限定的表达方式来探讨各种推断的(presumed)而非确证了的"影响"。宽泛意义上的历史研究不仅应该探讨各种现实性,也应探讨各种可能性,才能丰富和提高我们的历史思维[1],思想史研究也理应如此。虽然,这里的必要前提乃是理论反思上的高度自觉和语言表述上的严格限定。

斯金纳对思想史研究中各种他所认为的谬误形式的批判,并非专以破坏为目的,而更其是旨在确立一种能够使我们真正历史地理解过往思想的研究方法。他曾自陈是一位在研究取向上跨文本的、语境论(intertextual, contextualist)的历史学家[2],他及以他为主将的政治思想史研究中的剑桥学派的研究特色,可以从他和其他人在剑桥大学出版社编辑的一套思想史研究著作丛书的题名中体现出来,那就是"语境中的思想"(Ideas in Context)。

---

[1] 参见何兆武:《可能性、现实性和历史构图》,载其《历史理性批判论集》。
[2] 见玛丽亚·露西娅·帕特蕾丝-伯克编:《新史学:自白与对话》,第271页。

三

斯金纳思想史研究的取向受到维特根斯坦和奥斯汀等人的语言哲学的很大影响。维特根斯坦的《哲学研究》的核心论点之一就是,我们不应孤立地思考语词的意义,而是应该到具体的语言游戏、更广泛而言是要到特定的生活形式之中去考察它们的用法。奥斯汀的研究重心则是言语行为(speech act),他在《如何以言行事》(How to Do Things with Words)中指出,所有言语都是行为,言语行为的功能除了以言表意(locutionary)外,还有以言行事(illocutionary)。① 而这后一种功能就提示我们,必须充分考虑说话者的意图。冬天公园湖面的管理人对着试图下湖滑冰的人喊话:"这里的冰层太薄。"其中警告、提醒和禁令的含义,是单纯考虑语句的字面意义所无法揭示出来的。在斯金纳看来,维特根斯坦和奥斯汀的论点对于思想史家而言格外具有解释学上的价值。② 从这样的立场出发,拉夫乔伊式的观念史在其取向上就是根本错误的,因为思想史上"并不存在什么不同的作者都要为之效力的确定的观念,而只有一系列不同的人物以一系列不同的意图作出的一系列不同的陈述。我们看到的是并没有什么观念的历史需要写就,存在的只是一种有关其

---

① 参见陈嘉映:《语言哲学》,北京:北京大学出版社,2003 年,第 237—241 页。奥斯汀所指出的言语行为的功能还有以言取效(perlocutionary),但这是斯金纳所不大提及的。

② Quentin Skinner, "Interpretation and the Understanding of Speech Acts", in *Visions of Politics*, Vol. 1, p. 103.

各种具体用法以及使用它的各种不同意图的历史"。① 文学理论中的"新批评"(New Criticism)学派曾以探讨文本背后作者本人的意图为谬误(亦即他们所谓"intentional fallacy"),认为作者的意图和打算对于指引我们还原某个文学文本的意义而言,既不可得又不可取(neither available nor desirable),而在斯金纳看来,对于思想史研究和文学文本的研究来说,最重要的就是去探索某个片段背后作者本人的意图(他以这个片段的文字想要做的事究竟是什么)。②

斯金纳说过,对于他"作为一个历史学家的实践而言产生了最为直接的理论影响的作者就是柯林武德"。③ 他在学生时代,"就被柯林武德的核心观念(最初源自他的美学)吸引住了,那就是,一切艺术作品(也包括哲学和文学作品)都是有其意图的物品,因而要理解它们,我们就必须努力去还原和理解它们之中所潜藏着的目的"。④ 柯林武德的问答逻辑认为,任何思想命题都是在某个特定场合的某个特定意图的体现,都是针对某个特定问题做出的回答,因此,这一问与答的综合体就必定从属于某一个特定的历史语境。思想史上并不存在什么永恒的问题,存在的只是对于个别问题的个别回答。就此而论,对于斯金纳来说,奥斯汀的哲学分析在其关键性的方面就不过是柯林武德

---

① Quentin Skinner, "Meaning and Understanding in the History of Ideas", in *Visions of Politics*, Vol. 1, p. 85.

② Quentin Skinner, "Motives, Intentions and Interpretation", in *Visions of Politics*, Vol. 1, p. 90.

③ 玛丽亚·露西娅·帕特蕾丝-伯克编:《新史学:自白与对话》,第271页。

④ 同上书,第222页。

所谓的问答逻辑的一种体现。①

在斯金纳看来,他所剖析和批判的思想史研究中的种种"神话"和谬误,其危险都来自于,研究者将思想史中的经典文本视作是自足的研究对象,将考察重点置于每个作者对进入永恒问题清单上的主题所发表的见解,从而力图借此恢复他们著作的意义和重要性。这样的研究有其内在的缺陷,绝非小心谨慎就能避免。斯金纳说道:

> ……还原某一特定哲学家关于某个特定问题可能说了些什么,绝不足以使我们对他们的著作达到历史性的理解。……提出一个论点,永远是在与某个人探讨,是为着赞成或反对某个结论或某个行动方案而进行推论。情形既是如此,对任何包含了此种形式的推论的任何文本进行解释的任务,就永远要求我们(最粗略不过地来说)遵循两条相互关联的研究路线。初步的任务显然是要把握论点本身的实质。倘若我们想要达到对于文本的解释、对于其内容之所以是这样而非别样的理解,我们就还有进一步的任务,去还原作者在提出那一特定论点时所可能具有的意图。也就

---

① Quentin Skinner, "Interpretation and the Understanding of Speech Acts", in *Visions of Politics*, Vol.1, p.115. 在我看来,斯金纳可以只从柯林武德出发而毋需利用维特根斯坦和奥斯汀的语言哲学,就能够达到和阐述他关于思想史研究的基本理论立场。有论者将历史主义、英国分析哲学和英国政治生活的特定传统视作斯金纳方法论所承袭的三个不同但相互关联的传统,似乎并不准确,斯金纳思想中所具有的某些特点,应该说是柯林武德与历史主义的契合之处而非历史主义的直接影响。参见帕雷克和贝基:《政治思想史:对斯金纳方法论的批评》,载《观念史杂志》(Bhikhu Parekh & R. N. Berki, "The History of Political Ideas: A Critique of Q. Skinner's Methodology", *Journal of the History of Ideas*, Vol.34, No.2, 1973)。

是说,我们需要能够说明他们在表呈他们的论点时是在做什么:他们在……全部言语行动中,支持或维护、攻击或驳斥、以反讽来讥刺、在辩论中保持静默以表示轻蔑的,是什么结论或行动方案。①

简而言之,研究过往的思想家们说了些什么,只不过完成了两项解释任务中的第一项,解释任务的第二项——而且如果我们的宗旨是要获得对于思想史片段的历史性理解的话,那常常是更加重要的一项——则是要力图了解作者的意图,而这一任务只有通过对作者发表某一番言论时的历史语境的考察才有可能完成。这其中牵涉到的语境,乃是多重的。语言的语境(linguistic context)是必须考虑到的。一方面,语词会随时间而改变意义,比如,贝克莱的批评者们经常指责他的立场是"egoism",此词今天的含义是自我中心的利己主义,而在那个时代其含义则相当于今天的"solipsism"(唯我论),今天意义上的"egoism"在那个时代的对应词则是"Hobbism"(霍布斯主义)。② 不考虑到语言语境的因素,对于某些文本即便是字面意义上的理解都会发生危险。另一方面,考察某一文本时不对当时的语言常规(linguistic convention)③有所了解,就无法对该文本的思想史意

---

① Quentin Skinner, "The Idea of Negative Liberty: Machiavellian and Modern Perspectives", in *Visions of Politics*, Vol.2, p.194.

② Quentin Skinner, "Meaning and Understanding in the History of Ideas", *Visions of Politics*, Vol.1, p.80.

③ 此种 linguistic convention,既包含了特定思想家在写作时可能利用的现成的概念工具、表达方式等,又包含了同一时代性质相类的论著在相似问题上的一般倾向等等。

义做出准确的判断。比如,《君主论》中明确提出,君主应该知道什么时候表现得没有德性。研究者只有考察了大量当时同类的"君王宝鉴"一类的论著,看到几乎所有这类论著都在鼓励君主应该时时表现出德性,才可能深入了解马基雅维里这一论点的内涵。诚如斯金纳的入室弟子塔利(James Tully)所说,史学家要想了解某一言语行为在多大程度上是原创性的或不过是俗套,脱离语境孤立考察文本或者考察语境时不考虑语言常规者是做不到的,而要了解当时的常规或常态,就必须不仅考察思想史上的大人物,还必须考察大量名不见经传的小人物。①

遵循柯林武德的问答逻辑,对任何思想立场和命题的理解,就都要求我们必须追溯到它所力图解决的问题,而问题的确定,离不开对具体思想语境的把握。斯金纳以晚近以来笛卡儿研究中所取得的进展为例说明了这一点:关于笛卡儿在《沉思》中对确定性的讨论,传统的哲学史对此的处理无法让人餍足,用柯林武德的话来说,它不能让我们了解笛卡儿以其确定性学说所要解答的问题。而新近的研究表明,笛卡儿所针对的是16世纪后期古代皮浪主义文本的重新获得和传播。这种解释不仅提供了一种考察《沉思》的方式,而且对很多细节提供了有效的说明,如文本为何以某种方式来组织,为何使用某些词汇,为何特别强

---

① 见塔利:《笔为利剑:昆廷·斯金纳对政治的分析》,载其所编《意义和语境:昆廷·斯金纳及其批评者》(James Tully, "The Pen is a Mighty Sword: Quentin Skinner's Analysis of Politics", in James Tully ed., *Meaning and Context: Quentin Skinner and His Critics*, London: Polity Press, 1988)。

调某些论点等等。①

很多时候,只有对社会、政治语境的考察,才能使我们对思想家在发表某种学说或言论时的意图达到真正的理解。14世纪意大利的法学家巴托鲁斯(Bartolus)的盛名,来自于他挑战了罗马法注释法学派(the glossatorial school of Roman law)的传统观点——事实必须依据法律来调整,因为罗马法乃是不变的标准。巴托鲁斯在14世纪20年代反对此种成说,明确提出在法律和事实相冲突时,需调整法律来适应事实,为后注释法学派的法学研究提供了方法论基础。这一理论立场潜在的语境在于,此时北意大利的各公社已在事实上独立于神圣罗马帝国,而论争中所涉及的法律乃是罗马帝国皇帝可据之认定自己对北意大利享有治权的罗马法。法学观点论战的双方分别是在维护和否认北意大利的独立。② 可见,对现实社会、政治语境的考量,就是我们力图把握思想学说和命题蕴涵时须臾不可离弃的重要环节。

这类例子数不胜数,它们表明,单纯反复细致地研读文本,是无法解决思想史研究中的一些重大问题的。修正派的思想史研究号称,对特定文本的专注而精心的研读就能揭示其真实内涵。然而,它们对霍布斯和培尔(Pierre Bayle)的解释就提供了一个很好的例证表明此路不通。霍布斯讨论自然法时称自然法

---

① Quentin Skinner, "Meaning and Understanding in the History of Ideas", in *Visions of Politics*, Vol.1, p.83.

② Quentin Skinner, *The Foundations of Modern Political Thought*, Vol,1, *The Renaissance*, pp.9-12.

乃是上帝法,因而我们必须遵守。传统上人们认为这是一个怀疑论者在以大家都最熟悉不过的词语来服务于异端的用途。修正派则认定这是霍布斯的真实信仰,并把他视为一个基督教义务论(Christian deontology)的鼓吹者。培尔的《哲学辞典》中颇多激进的加尔文教派神学的内容,修正派一反传统观点,认为培尔绝非稍后于他的嬉笑怒骂的启蒙哲人的原型,而是信仰笃实,对他的文字应该按照字面来理解。在斯金纳看来,修正派似乎没有意识到,他们的解释同时就包含了对于霍布斯、培尔以及他们生活时代的一些令人感觉很奇怪的假设。这两位思想家都被启蒙时代的哲人们视为怀疑论的伟大前驱,同时代的批评者和同情者也都如此看待他们,没有人怀疑他们的意图是要抨击当时的宗教正统。当然,修正派还有可能坚持认为,所有这些人都弄错了。然而,此种说法导致的是解释霍布斯和培尔的态度时进一步的困难。他们两人都有足够的理由认识到,宗教上的非正统是桩危险事。霍布斯有相当一段时间担心主教们把他当作异端送上火刑柱,培尔则因为反天主教而被色当大学解除了教授职位,后来又因为不够反天主教被鹿特丹大学解除了教授职位。倘若真如修正派所说,二人在论著中真诚地想要传布正统的宗教情感的话,我们就无法理解,他们为何不从他们著作较晚的版本中删除或修改那些显然是被严重误解了的部分?两人都有大量的机会来做这件事,培尔还曾被人催促着这样去做,而他们却都没有花力气去消除这种"误解"。① 修正派的解释无法解

---

① Quentin Skinner, "Meaning and Understanding in the History of Ideas", in *Visions of Politics*, Vol.1, p.81.

决这样的问题,相反,这样的例子说明,"语境本身因而可以作为某种上诉法庭,来裁断不相容的对于意图的推想的相对合理性"。①

斯金纳这样一种"跨文本的、语境论"的研究取向,"旨在对任何在文本与语境之间的截然分别提出挑战"。② 这样的研究路数,即便探讨的对象是某个在传统思想史花名册上地位毋庸置疑的大思想家(斯金纳本人主要研究的人物就是马基雅维里和霍布斯),研究的过程也绝不仅仅是对其本人文本的考察,而更多的是将其置入具体的语言学的、思想的、社会政治的语境来加以定位。斯金纳自己是这样概括此种研究取向的特点的:

> ……我所勾勒的研究方法令传统的作者形象大为失色。个别的作者们一般所做的是复述、强调和维护常识性的见解,他们……不过是他们语境的体现。我的研究方法当然就具有这样的蕴涵:我们的注意力不应放在个别作者身上,而应放在更具普遍性的他们那个时代的话语之上。③

这样的研究所展示出来的思想家的思想建构和表达方式,就不会是凌空出世,而是渊源有自。对思想家原创性的展示,也因为有同时代语境的参照而更加具有说服力。反过来,单个思想家也为我们更加了解特定时代思想气候的具体状况和变迁提供了

---

① Quentin Skinner, "Meaning and Understanding in the History of Ideas", in *Visions of Politics*, Vol,1, p.81.

② Quentin Skinner, "Interpretation and the Understanding of Speech Acts", in *Visions of Politics*, Vol,1, p.117.

③ Ibid., p.118.

例证。在斯金纳近年来霍布斯研究的力作《霍布斯哲学中的修辞与理性》①中,近半篇幅是在考察文艺复兴时期的英国对古典修辞学的接受。在都铎时代的修辞家们看来,理性必须得到雄辩(eloquence)的支持才能真正说服人。斯金纳利用霍布斯的大量手稿和文献表明,霍布斯的"公民科学"的形成过程,受到他对于这一论断的态度前后不一的影响。在其早期著作中,霍布斯一反他所受到的人文主义教育,试图建立起一套精确而形式化的政治科学。但在《利维坦》等著作中,他不仅主张在政治科学中要利用雄辩术,而且在写作过程中也大量运用了修辞策略。于是,霍布斯思想建构的原创性和表达方式,不仅被置入一个有着各方面丰富细节的语境之中,而且欧洲道德和政治思想由人文主义向科学主义所发生的重大转变,也通过这一个案研究得到了具体的展现和说明。

四

斯金纳所力倡的语境论的研究(contextualist approach)的理论前提之一,是思想史上并不存在永恒不变的问题,也不存在对这些问题做出解答的永恒的智慧,存在的只是变化不断的问题和变化不断的对这些问题的答案。他的这一基本立场来自于柯林武德。柯林武德认为,哲学面对的是永恒的问题这样一种观点,"不过是一个粗劣的错误,是对历史缺乏辨别能力的结果"。

---

① Quentin Skinner, *Reason and Rhetoric in the Philosophy of Hobbes*, Cambridge: Cambridge University Press, 1996.

在政治思想的领域中也是同样的情形,许多人认为,霍布斯的《利维坦》和柏拉图的《理想国》都同样是在提出一套关于国家的理论,而在柯林武德看来,真实的情况乃是:

> 他们理解的"国家"不仅有表面的差异,而且从根本上就是不同的……"国家的本质"在柏拉图的时代与在霍布斯的时代是很不相同的,这里的差异是指国家的观念属性而不是国家的经验属性。那些最优秀、最睿智的从政者们所努力追求的东西已经有了改变。柏拉图的《理想国》试图为一种东西构建一套理论;而霍布斯的《利维坦》则试图为另一种东西构建另一套理论。……我很快认识到,政治学说史记载的并不是对同一个问题的不同回答,而是一个不断变化着的问题,随着问题的变化,对问题的解答也发生了相应的变化。①

斯金纳秉承此种立场,对于那种围绕着"永恒问题"(如"正义国家的性质")而编排的思想史提出了质疑:

> 我对于此种历史的怀疑的理由……不仅在于每一个思想家都是以他自身的方式来回答关于正义的问题,还因为表述这一问题时所使用的词语("国家""正义""性质")在他们不同的理论中是以如此之相去甚远的方式体现出来的,认为可以从中挑出任何稳定的概念来,不过是明显的混乱。简而言之,错误在于假定存在着某一组问题,是不同的

---

① 柯林武德:《柯林武德自传》,第62—63页。

思想家都会向自己提出来的。①

在柯林武德和斯金纳的眼中,即便是相同的概念,在不同思想家那里也不可避免地具有不同的蕴涵,而此种具体蕴涵是只有诉诸各种语境才能澄清的。的确,貌似相同的概念在不同场合和不同思想家那里,不可能具有完全相同的意义。然而,用维特根斯坦的术语来说,它们之间毕竟总有着程度不一的"家族相似性",这还是不能轻易否认的。不同时代不同人面临的问题可能有所不同,前代的问题可能对后世而言不再成其为问题,后世又可能提出一些前人不可能碰到的问题。不同信仰、不同种族之间如何能够建立一个和谐的共同体,乃是西方在现代早期才真正开始碰到的问题②,全球化与主权国家之间的关系更是新近才凸显出来的论题。但是,从更宽泛的角度来看,许多根本问题还是保持了足够的连续性。柏拉图和霍布斯所设想的国家确实相去甚远(以至于柯林武德和很多人一样,认为将希腊"城邦"一词译为"国家"这一现代字眼是不恰当的),但无论如何,换一个更加宽泛些的概念范畴来说,两人所探讨的总还都是人类政治组织的基本原则。又比如,在伦理学的讨论中,"幸福"一词人言言殊,但无论如何,对于理想人生状态的追求乃是众多伦理学家所致力于探求的问题。斯金纳过于强调不同

---

① Quentin Skinner, "Meaning and Understanding in the History of Ideas", in *Visions of Politics*, Vol.1, p.86.

② 有趣的是,施特劳斯有名的弟子阿兰·布鲁姆(Allan Bloom)将莎士比亚引入政治思想史的研究,并以为莎士比亚政治观念的核心之一就在于探讨跨信仰、跨种族的政治共同体的可能性。参见其《巨人与侏儒——布鲁姆文集》(张辉选编,秦露等译,北京:华夏出版社,2003年)中讨论莎士比亚的章节。

场合不同思想家所提出的问题和所使用的概念的差异性,而无视其相通的和共同的层面,难免就带上了过于浓厚的唯名论的思想色彩。

与这种理论立场适成相反的另一个极端,乃是施特劳斯在这个问题上的观点。施特劳斯认定了人类思想所面临的根本问题乃是相同的,针对有人会提出的质疑——亚里士多德不会提出关于世界国家(world state)的构想,施特劳斯分辩说:

> 有人会说,那他毕竟不会设想一个世界国度。可是这是为什么呢?世界国度的出现需要以某种技术的发展作为前提,而这是亚里士多德做梦也想不到的。技术的发展,反过来又要求科学在本质上要被视作是服务于"征服自然"的,而且,还必须把技术从任何道德的和政治的支配下解放出来。亚里士多德不能构想一个世界国度,那是因为他坚定不移地认为,科学在本质上乃是理论性的,而将技术从道德和政治的控制之下解放出来,将会导致灾难性的后果。科学与艺术的融合,再加上不受约束、漫无节制的技术进步,已经使得普遍而持久的暴政的出现具有严重的可能性。只有鲁莽之士才会认为,亚里士多德的观点——以及他对于这些问题的答案:科学在本质上是否理论性的,技术进步是否需要严格的道德和政治的控制——已经被人驳倒了。然而,无论人们对于他的答案看法如何,可以确定的是那些他所要解答的问题与我们今天所紧密关切的根本问题并无

二致。①

可是,这番滔滔雄辩并不能消除读者的疑惑。毕竟,尽管世界国家的问题与科学是否是理论性的、技术进步是否需要受到伦理和政治考虑的限制的问题紧密相关,但要把前一个问题完全等同于(或者说还原成)后一个问题,未免走得太远了些。思想史中究竟是存在着永恒的、相同的问题,还是问题永远在变化,因时、因人、因地而异,就此或许我们可以说,对这一问题的答案有赖于我们观察问题时视角的不同。"自其异者视之,肝胆楚越也;自其同者视之,万物皆一也。"②"盖自其变者而观之,则天地曾不能以一瞬;自其不变者而观之,则物与我皆无尽也。"③准此而论,斯金纳可谓是有见于异,无见于同,有见于变,无见于常;而施特劳斯则是有见于同,无见于异,有见于常,无见于变。

其实,差异和变化、同一和不变始终是互为前提的,斯金纳也未必就能够始终一贯地像他有时所表现出的那样,将思想史上的问题和概念视作仿佛是其差异和变化的程度达到了不可通约的地步。那样的话,我们就根本无从谈论思想史的连续性了。而斯金纳并不能、也没有否认此种连续性:

> 当历史学家研究遥远时代不同话语共同体内的不同理论时,我想,他或她总会碰到两种相反的事态。一方面,我们当然会在即便是渺远的前人和我们自己之间找到概念上的连续性。对于非常深邃的概念如自由、权利、权威、义务

---

① 施特劳斯:《自然权利与历史》,第 24 页。
② 《庄子·德充符》。
③ 苏轼:《前赤壁赋》。

等等而言就是这样的情形。另一方面,这些概念汇拢起来构成为理论的方式确有着巨大的差异。再想一下我举的作为限制之阈如的自由概念。现代自由主义传统认为,能够被认定为限制的乃是个体受到别的个体或群体的实际强制。而某种更早的传统则对限制的概念有着不同的构想,并提出,个体倘若生活在依赖于他人的善意的条件下,他们也同样受到了限制。我们在这里看到的是,虽然两个思想流派都确确实实在讨论我们关于自由的概念,然而在涉及某个行为人是否自由的问题的大量事例上,他们却并不一致。这在我看来确实就是在哲学史上常见的连续性中的非连续性。①

这里的表述,似乎将思想史的连续性置于个别概念上的连续性,而思想史的变化乃是这些概念组合成为理论的方式上的变化,这样的论点似乎与斯金纳所一直尖锐批评的拉夫乔伊相去不远了。只不过在他看来,既然过往思想史研究关于永恒问题的假设是错误的,思想史的写作就不应该再围绕着追踪"单元观念"来组织,也不应将焦点放在个别思想家关于"永恒问题"所发表的见解上。这样说,并不是要否认西方道德、社会和政治哲学中存在长期的连续性,并且这种连续性就反映在许多关键概念和论证模式的稳定性之上。"要说的只是,有足够的理由不再围绕对此种连续性的研究来编排我们的历史,如此一来,我们就不再会有类似于比如说阐明并比较柏拉图、奥古斯丁、霍布斯和马

---

① 玛丽亚·露西娅·帕特蕾丝-伯克编:《新史学:自白与对话》,第294—295页。

克思关于'正义国家之性质'的观点的研究。"①换言之,斯金纳在激烈批判过往基于此种连续性的思想史研究(施特劳斯和拉夫乔伊的研究都属于此列)之后,又回过头来在很大程度上承认了其合法性。

孟子尝言:"颂其诗,读其书,不知其人可乎?"②照此思路,知人论世,似乎是研究各种文本所必需的前提条件。追溯和还原经典文本的语境,在斯金纳看来是思想史研究的不二法门。此种跨文本、语境论的研究取向所具有的优长之处,此处毋需再论。可以提出异议的是,斯金纳似乎完全没有从理论上来考虑这样的可能性,也即经典文本具有并非具体语境所能局限的普遍性和超越性。一方面,语境的还原并不就能够囊括和穷尽经典文本所具有的全部蕴涵。我们对于自然科学命题的理解,除了科学史性质的研究之外,大概是毋需考虑到某个科学成就所出现的具体语境的。比如,阿基米得为了在不破坏金冠的情况下判断其是否掺假,终于在浴室中灵感突发,找到了解决之道。知道这一背景(其中当然包括了他取得这一科学成就的原初意图),并无助于(也无损于)我们对浮力定理的理解。就文学艺术作品而言,了解贝多芬和曹雪芹当时的创作语境,固然可以满足我们的好奇心,并在一定程度上帮助我们理解《英雄交响曲》和《红楼梦》,但我们照样可以脱离这一切,而将其作品作为独立自足的整体来加以体验。思想史上的经典文本,既有其从中

---

① Quentin Skinner, "Meaning and Understanding in the History of Ideas", *Visions of Politics*, Vol.1, p.85.
② 《孟子·万章下》。

产生的特定的语境并因而反映了这一语境,然而它一经产生,也在很大程度上具有超越具体语境的独立性。超越具体语境而进行普遍性的思考,本身就是众多思想家在从事思想活动时所具有的原初的意图。无论这一意图在实践上和原则上能否达成,思想史研究需要确认的一条原则就是,思想家的创造性活动是无法完全化约为对其语境的反映的。另一方面,斯金纳似乎有一种倾向,即将他所要处理的所有思想史文本都视为是同质的。他在受到拉斯莱特的洛克研究巨大影响的同时,也指出拉斯莱特的失误在于,他将霍布斯视作与洛克根本性质有异的研究对象,并认为对于前者,研究者应该主要就其内在的理论结构来进行考察。斯金纳的考虑当然有其充分的合理性,他的思想史理论和实践的辉煌成就,就在于贯穿了此种语境论的原则。然而,思想史文本就其所具有的抽象性和普遍性而言,往往处于不同的层次。如有的论者[1]所言,我们完全可以分辨出三种不同层次的政治思想史文本:(1)各种针对具体事项提出抗议或要求的小册子,如法国革命前的各种"陈情书";(2)在稍高一些的层次上,虽然针对特定事件和受众,但提出了更加抽象、精致的理论原则的论著,如柏克的《法国革命论》;(3)代表了政治哲学所可能具有的最高的抽象性层次,受到其自身历史条件的拘束而

---

[1] Bhikhu Parekh & R. N. Berki, "The History of Political Ideas: A Critique of Q. Skinner's Methodology", *Journal of the History of Ideas*, Vol. 34, No. 2, 1973, p.173. 两位作者认为,属于最高层次的霍布斯的《利维坦》或亚里士多德的《政治学》思考的是与所有地方所有时代的人都相关的基本问题,因而具有普遍性价值。这样的立场虽然是斯金纳所不可能接受的,但思想史文本所具有的多样性和异质性却的确是斯金纳的理论反思所没有注意到的。

不受其局限(circumscribed but not limited)的文本,如霍布斯的《利维坦》。这三个层次的文本与它们特定的历史语境、各自作者个人与社会经历发生关联的方式有着很大的差异。对待不同层次的文本,语境论的研究取向适用的范围、程度和方式恐怕也会有所不同,而传统思想史研究路数的合法性体现于不同层次的文本,也会有所差异。这些似乎都是斯金纳所没有能够认真考虑的。

如里希特所说,政治思想史家中很少有人在哲学才智上能够与斯金纳相媲美。① 斯金纳本人也曾明确表示过,就思想史研究所能达到的理想境界而论,"最激动人心的可能性乃是哲学分析与历史证据之间的一场对话"。② 当然,按照他的理论立场,思想史研究的价值,不可能是找寻对于永恒问题的历史性追索中所可能包含的永恒智慧。可是,这绝不意味着,思想史的研究就没有哲学价值。斯金纳说:

> 在我看来,经典文本关注的是它们自身的问题而并不必定是我们的问题这一事实,恰恰赋予了它们以它们的"相关性"和对于当前的哲学意义。尤其是道德、社会和政治理论方面的经典文本,能够帮助我们揭示的……不是本质上的相同,而是可行的道德预设和政治信念的多样性,而

---

① Melvin Richter, "Reconstructing the Language of Politics: Pocock, Skinner and the Geschichtliche Grundbegriffe", *History and Theory*, Vol. 29, No.1(1990), p.59.

② Quentin Skinner, "Meaning and Understanding in the History of Ideas", in *Visions of Politics*, Vol,1, p.87.

这可以说正是它们的哲学甚至是道德价值之所在。①

于是,在斯金纳看来,思想史研究的价值就在于它给我们展示了多种多样的可能性,使得我们可以了解自身思想信念和社会政治制度安排的偶然性,从而使我们更加宽容,更加开放。思想史研究所展示的各种在历史演进中被从中心挤压到边缘甚而隐匿不彰的思想资源,也可能给我们的思考带来新的可能性。② 也正是在这个意义上,在传统的模式之外,斯金纳思想史研究的理论和实践,也给我们提供了这一领域学术发展的别样的可能性。

---

① Quentin Skinner, "Meaning and Understanding in the History of Ideas", in *Visions of Politics*, Vol.1, p.88.

② 斯金纳本人从对于马基雅维里和文艺复兴时期自由观念的追溯,发掘出了共和主义的自由观念。此种自由观念与霍布斯、洛克一系后来占据主导地位的思想传统不同,并不以"权利"概念作为自己的核心,而强调公民对于政治生活的积极参与以及公民为着实现理想的政治生活所应该具有的品德。斯金纳以思想史研究的方式,直接参与了当代政治理论中由伯林所引发的有关"消极自由"和"积极自由"的论争,参见斯金纳讨论此问题的专题论文的修订本,"The Idea of Negative Liberty: Machiavellian and Modern Perspectives", *Visions of Politics*, Vol.2。斯金纳本人也因其对于"自由"等问题的考察和思想史研究的理论反思等等层面的思想贡献,在其思想史家的身份之外,成为当代政治思想领域的一位重要理论家。见 Kari Palonen, *Quentin Skinner: History, Politics, Rhetoric*, Cambridge: Polity Press, 2003。

第四章　史料、事实与解释：20世纪西方史学理论视野下的考察

一

长期以来，在历史学的发展过程中，历史学家的自我期许和社会各色人等对于历史学家的期待，都是要他们用历史事实来说话，还原历史的本来面目。然而，倘若说历史学所要追索的乃是过去所发生的事情，那过去的事情本身已经一劳永逸地消失、往而不返了。人们之所以还能够对过去有所了解，是因为过往的人和事中，有相当一部分留下了能为我们所发现和解读的痕迹。过去遗存到现今的文字记载、宫室器皿、考古发现，在在都向我们表明，过去真实不妄地存在过。过去留之于现在的这一切痕迹，在现代史学日益扩展的视野之中，都是历史学赖以解读过去时所依凭的史料。英国史学家埃尔顿就此认为："历史研究不是研究过去，而是研究过去所存留至今的痕迹。如若人们的所说、所思、所为或所经受的任何东西没有留下痕迹的话，就

等于这些事实没有发生过。"①从这个意义上来说,过去所发生过的一切东西之中,在原则上,只有留下了痕迹的那些部分才是我们有可能了解的。太多的"事如春梦了无痕"的情形,便是我们永远无法以任何方式触知的了。

虽然史料并没有、也绝无可能替我们保全过往所发生的一切,然而,长久以来人们总是以为,史料中包含了有关过去的最为重要的信息,只要历史学家严格地利用和不断发展完善其考订史料的种种技艺,过去真正重要的那些层面以及它们所具有的意义,自然就会呈现出来。在使得历史学成为一门现代专业学科的历程中厥功至伟的19世纪德国兰克学派,就是以竭泽而渔地掌握相关主题的第一手档案材料和精密细致的考订功夫,而令人称道的。兰克固然并非如同后世异域中许多人所想象的那样,只知史料的搜集与考订而无形而上学关怀。然而爱德华·卡尔以戏谑的语调所说的,"兰克虔诚地相信,如果他自己照管着事实,老天爷就会照管着历史的意义"②,却大致不差。史料在现代史学中具有无上崇高的地位,历史事实就蕴藏在史料之中,历史学家只要对史料进行精心的研读、搜集和考订,越来越多的可靠的历史事实就会呈现出来,事实之间的相互关联和意义也就自然会向人们彰显。事实的发现和积累就意味着史学的进步。然而从理论上来说,过去某个时段留之于现在而能够成其为史料的遗存物,只

---

① G. R. Elton, *The Practice of History*, Malden: Blackwell Publishing, 2002, p. 8.
② 爱德华·卡尔:《历史学家和历史学家的事实》,载刘北成、陈新编:《史学理论读本》,北京:北京大学出版社,2006年,第45页。

能是越来越少而不可能越来越多,虽然人们仍然不断有所发现,但这些新的发现物却同样是过去遗存到现在,而非现在新添加在过去之上的。正因为如此,在他们那本最能体现19、20世纪之交的实证主义史学信念的《史学原论》中,朗格诺瓦(Charles V. Langlois)和瑟诺博司(Charles Seignobos)才有充分的信心来宣称:

> 现存的(倘若不是已知的)档案的数量是给定了的;尽管人们如今已经谨慎戒备,时间总是在让它不断减少,它绝不会增长。历史学能够处理的是有限的档案材料;这一处境限制了历史科学所可能取得的进步。当所有档案都被知晓,并经过人们恰如其分的使用,批判性的学术工作就完成了。就某些古代时期的情形而论,因其档案稀少,我们可以看到,在一两代人之内,就可以结束这样的工作了。①

史料数量终归有限,史料的丰瘠多寡,决定了特定领域研究者需要投入的精力的多少。照此看来,不同领域的历史学家面临的任务或有分别,但他们研究的最终鹄的,却都是要最大程度地复原人类所经历的同一个过去。只要他们都尽心竭力于各自领域史料的搜集考订,人类历史的全盘面貌,终究是人们可以向往有朝一日能够获致的。这正是萦绕于阿克顿爵士心目之中的"终

---

① 转引自彼得·诺维克:《那高贵的梦想:"客观性问题"与美国历史学界》(Peter Novick, *That Noble Dream: The "Objectivity Question" and the American Historical Profession*, Cambridge:Cambridge University Press, 1993, p.39)。

极历史"(the ultimate history)的理想。①

19世纪后期至20世纪初欧美历史学界高度的职业化和乐观主义情绪,正是奠基于这样的信念之上的。法国史家豪塞(Henri Houssaye)在1900年巴黎首届国际历史学家大会上断言:"倘若说19世纪是以歌德、拜伦勋爵、拉马丹和维克多·雨果,以想象和诗歌为开端的……它就是以巴斯德、泰纳和蒙森,以科学和历史为终结的……我们不再想要近似的假设、无用的体系、光彩夺目却欺瞒人的理论,以及浮华的道德。事实、事实、事实——它们本身就具备了教训和哲学。真相,全部的真相,除了真相,还是真相。"②从史料中考索出事实和真相,就成了历史学的唯一使命。而照彼得·诺维克的描述,第一次世界大战之前的美国史学界尚处在一个原始积累的阶段,历史学家们的全部心思都花在各自领域史料的搜集考订上,用某位历史学家的话来说,史学家只管一心制砖,而不操心建筑师会怎么使用它。这就仿佛人们在刚开始玩一千个纸块构成的拼图游戏时,不会因为无法预见到某一块该用在全图的哪个位置而操心。③大致而论,这类的论调包含了以下这样一些预设:首先,历史事实就蕴藏在史料之中,对史料的搜集、解读和考订,会将准确无

---

① 阿克顿曾写道:"在我们这一代还不可能有终极的历史。然而我们能够抛弃因袭的历史。既然一切情报资料都可能得到,每一问题都有可能加以解决,我们也就能够指出从这一历史过渡到另一历史的道路上,我们已经到达的境地。"(转引自刘北成、陈新编:《史学理论读本》,第37页)

② Peter Novick, *That Noble Dream: The "Objectivity Question" and the American Historical Profession*, pp. 37-38.

③ Ibid., p. 206.

误的事实越来越多地发掘出来;其次,无论各个具体的历史研究的领域多么纷繁歧异,历史学家如何随着史学的专业化而变得彼此日益隔膜,史学内部"隔行如隔山"的情形如何日益显著,人类终归只有一个单一的、统一的过去(a single, unified past);再就是,由以上两点很自然地可以推论,事实的积累最终将会呈现出越来越宏观的乃至于整体的过去,对过去或过去的某个片断或层面的理解,也就随之自动地呈现出来。

然而,这样一些未经反省和质疑的前提,并非想当然地就能成立。比如其间最要紧的史料与事实之间的关联,就并非如此简单明了。立足于常识的角度,人们常常把历史区分为三个不同的层面:客观的历史,史料中的历史和作为历史学家研究成果的历史。与此相应,历史事实也可以区分为过去真实客观地发生过的事实、史料中所蕴涵的事实以及历史学家所认可和运用于其研究之中的事实。这三者之间的传递过程,并不清晰透明,而是充满了暧昧复杂的因素。

过往历史中所发生的事情里面,能够留存下来痕迹的不过沧海一粟,因而人们无法纤毫毕至地还原过往的一切。这固然并不意味着,过去是人们无从真正把握的,毕竟,诚如埃尔顿所说,"无法知晓全部的真相与全然无法认识真相是两码事"。[①] 然而,兰克关于全部历史过程的意义终究会呈现出来的信念和阿克顿"终极历史"这样的梦想,似乎预先就需要断定,真正重要和有意义的过去的那些片断,终归是人们有办法触摸得到的。可是,意大利史学家卡洛·金兹堡就发出了这

---

① G. R. Elton, *The Practice of History*, p. 46.

样一番感慨:

> 细想"已发生"的万事万物……我们可以保存下来的又有多少,几乎完全没有!而且,我们也无法保证我们所知道的历史就是重要的历史。以我们自身为例,我们甚至不知道我们所记得的,在我们拥有的生活中是否真值得记忆。还有,我们真正记得的关于我们自身的一切是否正确。细想所有我们从未想过、我们从未完全理解、对我们而言极具重要性的事。大部分世界上真正重要的事可能从未传递下来,也从未被记得过。①

一旦认定了实情真有可能如此,我们就得承认,历史学家所能够知晓的过去终究只是残缺不全的,而且此种残缺不全并非只是由于人们无法了解全部的细枝末节,更是因为构成我们特定历史图景的成分,很可能缺失了某些关键性的要素。历史学家因此需要具备苏格拉底一样的哲学家的智慧,对于自己无知的东西保持警醒。

史料成其为史料,有着极大的偶然性。一则如金兹堡所提示的,许多曾经发生过重要影响的事件,也许根本就没有机会留下痕迹,从而永远成为过眼云烟。再就是,史料一经形成,并非就能顺利流传下来。中国历史上曾经出现过的文献古籍,十之八九已不存于今日。许多对后世史学研究产生过重大效应的史料,能够存留下来实属侥幸。譬如清末宣统即位后,监国的醇亲

---

① 陈建守主编:《史家的诞生:探访西方史学殿堂的十扇窗》,台北:时英出版社,第280—281页。

王因为未能在清初档案中查到摄政典礼的旧档,下令销毁明清内阁大库档案,若非由于后来罗振玉、陈垣等人的努力,这八千麻袋对于研究明清历史极为重要的档案材料,恐早已被焚毁或化为纸浆。① 又如2008年清华大学收藏的一批战国竹简,其中包括了《尚书》若干未传世的篇目和类似于《竹书纪年》的古史记载。② 如此重要的古史史料,若非墓主是一位对历史材料情有独钟的历史学家,若非墓中墓外环境能够将竹简保留至今,若非从出土、流失到收藏保护种种环节的环环相扣,大概就无缘于今日学者了。美国史家罗伯特·达恩顿能够写成《启蒙运动的生意:〈百科全书〉出版史》,很大程度上改变了人们对于启蒙运动的若干认识,全因为他侥幸走入了"历史学家的梦境",由于偶然的机缘在瑞士一家印刷公司看到了《百科全书》印行、销售的相关档案。③

除却史料形成、流传、抵达史家手中所遭逢的各种偶然性之外,我们尚需注意到,史料本身并非事实透明清晰的反映。卡尔·贝克尔(Carl Becker)说过:

> 史学家又如何能叙述已经消失了的客观事实呢? 他所以能这样做,就是因为这些已经消失了的客观事实被关于

---

① 参见王汎森:《什么可以成为历史证据:近代中国新旧史料观点的冲突》,载其《中国近代思想与学术的系谱》,石家庄:河北教育出版社,2001年,第354页;又见郑天挺:《深切怀念陈援庵先生》,载陈智超编:《励耘书屋问学记:史学家陈垣的治学》,北京:三联书店,第15页。
② 参见李学勤:《初识清华简》,《光明日报》2008年12月1日。
③ 参见玛丽亚·露西娅·帕拉蕾丝—伯克编:《新史学:自白与对话》中编者对达恩顿的访谈。

它们的暗淡的反映和模糊的印象或观念所代替,而且这些触摸不到的、暗淡模糊的反映和印象就是发生过的真实事件所留下的全部东西。所有这些就是史学家所叙述的,这些就是他的材料,而他不得不对这些感到满足,最根本的原因是,除此之外他一无所知。①

兰克史学的要义之一,就在于区分原始材料与第二手材料(或直接材料与间接材料),认为前者才是史学研究可靠而权威的起点。然而,是否原始材料或直接材料就最清晰不过地呈现了历史事实呢？美国史学理论家拉卡普拉就曾反复指出,史料总是从特定人的视角,为着特定目的,带着对读者的期待和想象而写成的。如果不注意到这些因素,史家就容易被史料所误导,把史料内容视作单纯包含了过往的信息的东西,从而导致对文本和档案的化约式使用(reductive use)。② 单就文字记载形式的史料而言,即便是当事人自身的描述,也必然出现因其个人因素所导致的种种强调、弱化、疏忽、扭曲等情形。方苞尝言:"一室之事,言者三人,而其传各异","言语可曲附而成,事迹可凿空而构,其传而播之者未必皆直道之行也,其闻而书之者未必有裁别之识也"。方孝孺也说:"同时而仕,同堂而语,十人书之,则其事各异。盖闻有详略,辞有工拙,而意之所向,好恶不同。以

---

① 卡尔·贝克尔:《什么是历史事实》,载张文杰编:《历史的话语:现代西方历史哲学译文集》,桂林:广西师范大学出版社,2002年,第289页。
② 拉卡普拉:《历史与批判》(Dominick LaCapra, *History and Criticism*, Ithaca: Cornell University Press,1985, pp.35,47)。参见理查德·艾文斯:《捍卫历史》,张仲民、潘玮琳、章可等译,桂林:广西师范大学出版社,2009年,第80页。

好恶之私,持不审之论,而其词又不足以发之,能不失其真者鲜矣。"①可以说,史料作者本人的视角、情感、立场、能力等因素渗透弥漫于史料构成的过程,使得史料在作为史家抵达过去实在的唯一凭藉的同时,在一定程度上又给史家深入过往带来了先入为主的屏障。

后现代思潮中的后结构主义和多元文化论,在揭示史料构成过程中权力关系的作用方面用力尤多。启蒙运动以来以"理性""自由""进步"等概念为主题,力图将人类历史视作一个连贯的、有目的的、有意义的过程的观念,被后现代主义斥为虚妄无边而要加以解构的"宏大叙事"或"伟大故事"。而在伯克霍甫(Robert F. Berkhofer, Jr.)看来,福柯等人着眼于以权力关系来解读知识建构和社会体制的理论取向,实质上也构成另一种新的"伟大故事"。"它揭示了,从前的伟大故事乃是将世界表现为一个整体的尝试,这一目标乃是虚幻的,在历史上也是西方社会所独具的。与此同时,新的伟大故事表明,这一幻觉乃是西方的各种权力在建构一个世界支配体系时所运用的权力。这就是福柯通过其规训史、性史和认识型的历史所要讲述的伟大故事。"将这一思路转移到史料构成的具体问题上,则"从这种权力无所不在的观点出发,史学实践中就会发生若干相互叠加的难题。首先就是,无所不在的权力这一概念对于作为证据的史料和档案的性质而言意味着什么?最明显不过的就是,什么东西可以从过去保留下来作为证据,被'留存'下来、置身于档案

---

① 转引自王学典主编:《史学引论》,北京:北京大学出版社,2009年,第170页。

中,就系于过往和当今社会的权力关系"。①

确实,在档案材料和其他史料(即如宫室器皿、考古发现之类)的形成过程中,有资格、有能力留下文字记录或能够留存到后世的物质遗存,毕竟只是历史活动参与者中的一部分。史料本身也是由特定的人从特定的视角出发而传达出来的声音,而不是直接、清晰、透明地让我们看到过去的玻璃窗。事实上,对于后现代主义所着力揭橥的史料的这些特性,在历史学技艺的发展过程中,许多充满反省精神的史家在其史学实践中也有着不同程度的意识。卡尔就曾评论道:

> 我们所知道的关于公元前 5 世纪希腊的情景是有缺点的,这主要不是因为许多部分已偶尔丧失,而是因为大体说来这种叙述是由雅典一小部分人做出的。5 世纪时的希腊在雅典公民看来是怎样的,我们知道得很多,可是从斯巴达人、哥林多人、须卜兹人看来它是怎样的,我们几乎一无所知,更别提对于波斯人,对于奴隶,或者居住在雅典的非公民它是怎样的了。我们看到的这幅图景是为我们预先选择好、决定好了的,而且与其说是偶尔选择决定的,倒不如说是由一些人选择决定的。这些人有意无意地受一特定观点的影响,并且认为支持这一特定观点的一些事实是有保存价值的。同样,当我在一本现代人写的中世纪历史中读到

---

① 伯克霍甫:《超越伟大故事:作为文本和话语的历史》(Robert F. Berkhofer, Jr., *Beyond the Great Story: History as Text and Discourse*, Cambridge:The Belknap Press of Harvard University Press, 1995, p.222)。参见中译本,邢立军译,北京:北京师范大学出版社,2008 年。

中世纪人对宗教十分虔诚时,我就在揣度我们是怎么知道的,其真实性如何。我们所知道的这些中世纪历史的事实,差不多全是由历代的编年史家为我们选择的。他们的专业就是从事宗教理论工作和实际工作的,因此,他们认为宗教最为重要,便把有关宗教的每一件事都记载下来,而别的东西便记载得极少。把俄国农民描绘成虔诚地信奉宗教的这种形象,被1917年的革命摧毁了。中世纪人虔诚地信奉宗教的形象,不管是否真实,都是摧毁不了的,因为关于中世纪人的一切已知的事实都是人家预先为我们选择好了的。①

史料是由人书写出来的,有权力书写并且有能力使之流传下来的人,大多处在特定权力关系中的有利位置。文字记载之外的广义的史料,如考古发现中所发掘的古墓,能够传存下来并藏有大量文物,足以在很大程度上反映特定时代社会关系、礼仪轨则的,其墓主绝非一般平民百姓。其中即便有反映民众日常生活的器物画面,其视角眼光也必定受到整体墓制的拘限。赵世瑜在研究民间宗教时就注意到,宦官比之文士,与民间宗教有着远为密切亲近的关系。他进而提出:"从这一点来说,我们有理由对我们通常研究宦官时所依据的史料进行反思:历代史书对宦官的大张挞伐是有文人的意识形态在起作用的,它本身就是一种知识精英的历史版本。由于这些知识精英掌握了记录历史的

---

① 爱德华·卡尔:《历史学家和历史学家的事实》,载刘北成、陈新编:《史学理论读本》,第41—42页。

霸权，与他们的道德认知相悖的历史就必然被排除或至少被简化。"①

史料能否进入史学家的视野，往往取决于史学家的问题意识和内心关切。史学史上屡见不鲜的现象，就是历史学的进步，不仅是由于新史料的发现，在很多情形下，更是因为史学家提出了新问题而将新的视角投射到原本就存在的史料之中，从而得出了改变人们旧有观念的新的历史图景。比尔德(Charles Austin Beard)从经济利益的角度来解释美国宪法；开辟了儿童史研究领域的阿里耶斯(Philippe Aries)，把早期现代欧洲画作中的儿童形象作为部分证据，来阐释儿童作为人生一个特殊阶段的观念的诞生；竺可桢以传统习见史料中的种种物候来研究气象史；这一切都表明，人们总是从当下的问题和关切出发，来将自己思想的光亮投射到原本混沌一片的史料之中。克罗齐"一切历史都是当代史"的命题的题中应有之义，就包含了这一层意思在内。如此看来，贝克尔的论断就是言之成理的了：

> 现在就是这样影响着我们对过去的看法，而我们对过去的看法又影响着现在。我们习惯于说："现在是全部过去的产物。"……但这种看法只有一半是正确的。因为说过去(我们关于过去的想象的图景)是全部现在的产物也同样是真实的。②

---

① 赵世瑜：《历史学即史料学：关于后现代史学的反思》，《学术研究》2004年第4期，第14页。
② 卡尔·贝克尔：《什么是历史事实》，载张文杰编：《历史的话语：现代西方历史哲学译文集》，第295页。

照此说来,虽然说事实蕴藏在史料之中,但一方面,史料并不直接等于事实,历史学家需要施展自己的各种技艺来挖掘、比较、确定事实①;另一方面,"很显然,一份材料文献中所能提供的'证据',和它自身所指向的那个'事实',并不永远是一对一的对应关系"。② 卡尔曾经断言:"没有一个文献能告诉我们比文献的作者想到的更多的东西。"③然而,情形绝非如此。史料暧昧复杂,一方面,优秀的史家能够意识到史料中因为各种因素被忽略、遗漏或扭曲了的东西。④ 以卡尔借以得出上述结论时所使用的例证而言,魏玛德国外交部长施特雷泽曼的外交档案中,

---

① 吴宗国提出,历史研究的出发点并非史料而是事实,主要就是从这一层面来立论的。见其《材料、问题、假设与历史研究》,载《史学月刊》2009 年第 1 期。
② 理查德·艾文斯:《捍卫历史》,第 83 页。
③ 刘北成、陈新编:《史学理论读本》,第 43 页。
④ 桑兵将此称为"史料的相对性",并有精到的论述:"按照傅斯年的标准,日记、书信等无疑是第一手资料,尤其是当事人的相关日记书信,往往成为判断的依据。但也不可一概而论。有的日记写作时即为了给人看,或给皇帝看(李慈铭日记)、或给上司看(驻外使节呈交刊刻的日记)、或给后人看(胡适日记即是要留作史料);也有的日记写给自己看,多记私密性琐事,公事大事要事反而疏于记录;还有的日记怕人看,所以只记事不议论,或事后加以删削。因此,要通过日记看清主人的风格习惯,有的不仅要看记什么,更要留意不记什么,为何不记。清季戊戌庚子间史料相对稀疏,日记尤为明显,显然因为清廷文网严密,朝野人士或事先留空,或事后处理。胡适则于日记中不记于其不利之事(或事后删削)。书信亦然。汪康年师友书札反映清季史事极多,但其人三教九流无所不交,给不同人写信态度各异,须将同一时期关于同一事件的不同信札前后左右看,才能把握汪康年本人的态度和作为。近代报刊多有党派背景,还有编辑者的立场。档案同样如此,外交档案涉及对方,常有夸张与掩饰,须将各方记录比勘。其实档案与其说是史料的一种类型,不如说是保存材料的一种方式。其中各类材料都有,官样文章尤多。如果不能善用,反易为所误。……以此为准,所有的史料都具相对性。"(桑兵:《傅斯年"史学只是史料学"再析》,载《近代史研究》2007 年第 5 期)

有关德苏关系的为数极少,这是因为他在这方面虽付出努力但得到的结果乏善可陈,档案编定者主要关注的是其貌似获得了辉煌成就的西方政策,从而给人以一种错误的印象,那就是德苏关系对当时的德国外交而言似乎并不重要,而这一点正是卡尔所敏锐地意识到了的;另一方面,逆作者之意而从史料中发现史料作者所根本不曾有过企图、也万万不曾预料到的证据,也是史学实践中习见的现象。瑞士纳沙泰尔印刷公司所保留的全部关于《百科全书》编订、印制、销售、读者反映、书商与官方的妥协和默契等史料的制造者中,大概绝不会有人想要借此留下证据,让后来的研究者如达恩顿就启蒙思想接受者的成分、旧制度对新思想的暧昧态度、商业因素在启蒙观念传播中的作用等论题得出自己的结论。倘若真有有关曹冲称象的史料,其记载者也绝不会意在让后人推测当时中原的气候和植被状况。

史料形成、流传过程中的偶然性,权力关系在其中的作用导致史料的视角与声音的限制,史家当下的问题意识所产生的对史料的聚焦作用,史料本身的暧昧性和复杂性,都使得史料与事实之间的关系呈现出比之人们通常所以为的更加复杂的情形。

二

历史一词在中文、西文中都有两重内涵,一是常识意义上过去真实发生过的事情,或者说历史实在(historical reality);再就是对这些事情的记载、考订、描述和解释。历史实在只能通过它留下的遗迹才能为人们所触及,历史学家所做的工作,就是针对这些遗迹的发现、搜集、考订、编排、解释和写作。可以说,人们总是通过历史学家所提供的第二重意义上的历史,来对第一重意义上的过去实在有所了解的。大致说来,就第二重意义上的历史与第一重意义上的历史的关联、就历史学家通过史料来对历史实在所做的工作的性质来论,20世纪西方史学理论家和实践的史学家们有着以下三种不同的立场[①]:重构论(reconstuctionist)、建构论(constructionist)以及解构论(deconstructionist)。

重构论的观点认为,历史学的任务就是还原历史的本来面貌,兰克的名言"如实直书"就是此种信念最典型的表达。在重构论者们看来,过去的真相就蕴藏在史料之中,只要史家排除自己的偏见,使自己能够不偏不倚而又秉持史学家法来处理史料,过去的某个层面或片断自会呈现在我们眼前。不仅对个别的事实,我们可以确凿无疑地断定,它是以何种形态存在于过去实在之中的;更大规模的事实之间的关联以及无数具体事实构成的综合体(如启蒙运动或工业革命),也是人们可以在史料中发现并校正对于它们的描述的。重构论的前提,一是史料中蕴涵着史家能够辨识出来的真实过去,二是史家需要在自己的工作中排除自己的主观因素。兰克说过,一部成功的宗教改革史应该

---

① 对这三种路数的分类,参考了詹金斯和玛斯罗为《历史的性质读本》(Keith Jenkins & Alun Munslow ed., *The Nature of History Reader*, London: Routledge, 2004)所写导论中的提法,但内涵和论述有所不同。比如,此书编者以社会科学化的史学作为建构论的主要体现,提出建构论的特点"就是经验主义与不同层面上的社会理论和解释的概念化……形式的联姻"(第11页),就与本文中的论述有所差异而稍嫌狭隘,而与重构论和解构论难以构成严格意义上的逻辑并列关系。我这里所说的建构论与重构论之间的实质性区别,在于前者是从某种视角出发来在证据基础上建立历史构图,这样的构图是史料与历史学家主体交互作用的产物;后者则是强调,历史学家的工作是让事实自动呈现出它原本如是的模样和原本就具备的意义模式。

让新教徒和天主教徒都能满意。阿克顿在主持《剑桥现代史》时,则明确提出,滑铁卢之战要写得让法国人、英国人和荷兰人都满意;不查阅作者名单,读者无法单从字面内容看出作者是谁,是否从某个章节起开始换了人。① 这两位现代史学的祭酒人物,似乎都觉得,既然史料中蕴藏着真实过去这一点毫无疑义,最要紧的就不过是史家的客观中立和对事实的忠实了。

建构论的观点认为,单单重构论那种朴素的经验主义路数,并不足以揭示过去的真实,历史学家也做不到像一面虚己以待的镜子那般客观中立,而且消极地避免历史学家个人的创造性因素,并不足以成就、反而是妨碍了过往历史的呈现(presence)。历史学是对过往实在的表现或再度呈现(representation),但此种表现的对象是已经消失、不在现场的东西(absence)。历史学家面对史料时,一方面,他必定是有所选择的,而他的选择又会受到其价值观念、政治立场、个人气质、问题意识等各种交互缠绕的个人因素的影响,他对过去的表现因而不可能是没有其特定视角的(perspectival);另一方面,从克罗齐到柯林武德,从前者"一切历史都是当代史"到后者"一切历史都是思想史"的命题,前者强调对研究对象的"再现"(re-appear)、"重新复活"(re-live),后者则着力阐扬对历史当事人思想的"重演"(re-enact)。二者都强调历史学家的历史想象力、知人论世的愿望、对人性和世界运转方式的深入体悟等因素对于史家理解过去的重要性。第二次世界大战之后勃兴的史学社会科学化的浪潮,更是强调社会理论、解释性的概念框架对于理解历

---

① 刘北成、陈新编:《史学理论读本》,第38—39页。

史不可或缺。因此,可以把建构论理解为不那么"朴素"的重构论,亦即这样一种看法:缺乏理论把握能力和深入研究对象内心能力的历史学家,并不能真正做到对过去实在的"重构",严格意义上的"重构"需要史家精神、社会理论和解释工具的介入。历史学家的工作,就是凭借史家的理论观照、概念工具、个人能力,在历史证据的基础上,建构出一幅关于过去某个片断的画面来。

后现代主义思潮在史学领域的一大效应,就是在原有的重构论与建构论之外,引发了历史学领域的解构论的论点。这是我们需要在这里重点加以阐述的。西方史学理论在20世纪70年代以来发生了语言学的转向(又有人称之为叙事的转向或者修辞的转向),很大程度上,这一转向将史学理论的关注点,由分析的历史哲学所萦心的历史解释的模式,转移到了贯穿于历史学家工作之始终的历史学的文本性特征。[①] 这样的思路就将历史文本化了。历史学家无法直接面对过去,而总是通过各种史料来触及过去。史家所利用的史料,除了各种各样的文字记载之外,也包含了宫室器皿、考古发现等其他形态的史料,后者也可以被纳入广义的文本(text)之列。它们和文字形态的史料一样,都是经人手制作而流传下来的过往的痕迹。历史研究依赖于、并不断生产出各种文本。解构论的要义就在于,史料和史家工作产品的文本性(textuality),使得我们无从真正接触到过去。历史学研究的终极产品——历史学文本及其中所包含的历史解释——并不是对于过去的忠实再现,而是与文学家工作的产物一样,同为文学制品。历史学文本在其产生过程中,除却受

---

① 见本书第一章。

制于历史学的家法与技艺(这其中当然最首要的就是史料的约束作用)之外,其虚构、创造、想象的因素与文学并无二致。用怀特的话来说,历史著作就不过是一种"言辞结构,其内容在同等程度上既是被发现的,又是被发明的"。①历史学家制作其历史文本时所采用的文学形式,是与他赋予其历史构图的意识形态立场、审美倾向等内在因素密切相关的,历史学文本的形式本身就与内容具有同等的重要性,二者水乳交融,无法截然分离开来。倘若说,在重构论看来,历史学家的历史是尽可能逼近历史实在;在建构论看来,历史学家的历史是以特定历史学家的特定视角呈现史家对历史某个面相的理解;解构论则认定,人们无从突破史料的限制或者说是文本性的限制而触及过去本身。重构论和建构论将历史实在和历史学家的历史这二者之间的区分认之为当然前提,解构论却对此提出了质疑,甚至取消了这种区分。詹金斯的解说颇能表明这一论点的论证方式:

> ……我们可以把"过去本身"看作是一种不在场的研究对象,它的在场(它的缺席的在场[absent presence])要由它所留存下来的踪迹来显明,那是我们所唯一拥有的"实在的过去",这些踪迹并不是在确乎是某种超出话语之外的实在(extra-discursive reality)的意义上发挥作用,成为历史学家所指涉的东西。……当然,这一点也不是要去怀疑过去确实存在过,而毋宁是说,就在史学争论中成其为问

---

① 见海登·怀特《作为文学制品的历史文本》一文,载其《话语的转义》(Hayden White, "The Historical Text as Literary Artifact", in *Tropics of Discourse*)。这里的"literary artifact",也可理解为"文字制品"。

题以及争议进行的方式而言,"可以将其晾在一边——实际情形便是如此"。在这种最为直截了当地看待事物的方式中,"实在的过去"除了以修辞的方式——除了在理论层面上之外——就没有真正进入史学之中,在此种意义上,我们就可以在很大程度上理解德里达是如何得出了他那著名的(臭名昭著的)命题:"文本之外别无它物","超出文本之物"(extra text)并不存在。①

这样的论点并非没有其理路可寻。沿袭詹金斯的用语来说,倘若历史研究中的争议需要找到一个最高上诉法庭、而那只能是由过往的踪迹来承担的话,这个法庭也并非文本或话语之外的历史实在,而只能是内在于话语之中的(intra-discursive)。因为,除却史料之外,我们无从直接触及历史实在。从这个意义上,我们的确可以说,广义上的文本囊括了历史学家全部的工作范围。对于历史研究而言,文本性确乎成了詹金斯所谓"独此一家,别无分店"(the only game in town)②,因而无法逃逸出去的樊笼。

"历史学家将文本当作历史来读,而文学理论家将历史当作文本来读。"③历史学的文本化确乎受到当代文学理论极大的影响。传统上,历史学家虽然并不就把历史文本径直等于历史

---

① Keith Jenkins, *On "What is History": From Carr and Elton to Rorty and White*, pp. 18-19.
② Ibid., p. 34.
③ Robert F. Berkhofer, Jr., *Beyond the Great Story: History as Text and Discourse*, p. 70.

实在,然而在他们眼中,历史实在却确定无疑地蕴藏于历史文本之中,历史文本指涉着历史实在,同时也清晰地反映出历史学家对历史的认识。安克斯密特将此称为传统史学的两种"透明性"(transparency)的假设,他写道:

> 传统史学奠基于可以说是一种双重透明性的假设之上。首先,历史文本被认为相对于潜藏的历史实在而言是"透明的",后者是文本实际上首先要去揭示出来的。其次,历史文本相对于历史学家对于过去的相关部分的判断而言,或者换句话说,相对于历史学家书写文本时的(史学的)意图而言,是"透明的"。根据第一个透明性的假设,文本给我们提供了"透过文本"看到过去实在的视野;根据第二个假设,文本对于史学家的史学观点或意图来说是一个完全合宜的工具。①

当代西方文学理论中,如新批评学派,对于文本清晰反映作者意图、而此意图能够原原本本传达到读者那里的传统观点,提出了根本性的质疑。法国哲学家利科也说过:"读者从写作行动中缺席,而作者从阅读行动中缺席……文本因是制造出对读者和作者的一个双重遮蔽。"②文本相对于作者意图而具有的相对的独立性,这是很多职业史家也能够在一定程度上认可的,前面所提到的对史料的逆意解读就是以此为前提的,虽然他们往往拒

---

① 安克斯密特:《历史写作中的实在性效果:史学构造中的动力学》,载其《历史与转义学:隐喻的兴衰》(F. R. Ankersmit, "The Reality Effect in the Writing of History, The Dynamics of Historiographical Topology", in *History and Tropolgy*, p. 126)。

② 转引自艾文斯:《捍卫历史》,第103页。

绝因此就将作者意图与文本截然分别开来。对这第二种透明性假设,在此我们毋庸多说。① 就安克斯密特所提及的第一种透明性假设而言,对后来的叙事主义史学理论有着巨大影响的法国理论家罗兰·巴特(Roland Barthes),通过对历史话语的分析,否定了历史文本与历史实在之间存在指涉关系。在他看来,历史学家的工作在表现(represent)过去时,表面上却显得似乎是在指涉(refer to)过去。历史学文本中往往呈现大量的甚至是过多的事实,使用逐字逐句的引文和大批量的注释,其目的是达到一种"实在性效果"(reality effect),让作者自己和读者都信以为真,认为历史文本给人们呈现出来的就是历史实在本身。究其实而论,认为历史文本对应于历史实在,不过是一种"指涉性的幻觉"(referential illusion),误以为过去就在某个地方等着我们去发现它。历史话语和历史文本并不指向任何这样的过去,而不过是自我指涉(self-referential)而已。巴特断言:"历史话语大概是针对着实际上永远不可能达到的自身'之外'的所指物的唯一的一种话语。"②

国内学者在评论后现代史学思潮时,常有人认为,后现代主

---

① 比如,艾文斯就指出,"认识到文本所具有的多重意义,以及它们之于作者意图所具有的相对独立性,这在历史学家那里早已司空见惯"。(《捍卫历史》,第102页)在他看来,"深信文本语言乃是通向其作者心灵的透明窗户的历史学家",纯然是后现代主义想象出来的;但是,后现代主义"提出来与之相抗衡的,是一幅同样不真实的画面:作者与文本内容了无关联"(同上书,第103页,此处中译文有误,引文据原文有所改动)。

② 罗兰·巴特:《历史的话语》,载张文杰编:《历史的话语:现代西方历史哲学译文集》,第122页。参见 Robert F. Berkhofer, Jr., *Beyond the Great Story*, p.60 对巴特论点的解说。

义者完全否认了过去的客观存在。① 其实,承认过去的客观存在与将历史文本化并非不能相容,即如詹金斯所说:

>……据我所知,没有任何后现代主义者——本内特、安克斯密特、怀特、罗蒂、德里达,甚至鲍德里亚都没有——在他们的论点中否认过去或现在的实际存在。他们无时无刻不把这一点当作是"给定"了的东西:的的确确有一个实际的世界"在那儿",而且已经在那儿很长时间了,它有一个过去。……换言之,后现代主义者并非观念论者。……后现代主义并没有假设不存在一个实实在在的过去,然而,却坚定地认为……我们只能通过文本才能抵达实实在在的过去,因而它就是一种"解读"。②

---

① 我国学界对于后现代史学思潮的讨论中,也常常有人认为,后现代史学理论完全将历史与文学、历史叙事与小说等同起来,抹杀了其间的区别。其实,一方面,后现代史学理论秉承当代文学理论的观点,认为文学并非没有认识功能,文学的虚构(fiction,小说也是此词)也是以各种方式反映了实在中的某些面相,没有完全不观照实在世界的文学作品;另一方面,史学文本也和文学作品一样是一种语言结构,其中必定也包含了史家价值观、政治立场、审美情趣、想象力等虚构的(也即创造性)因素。就此而论,"历史、历史虚构(historical fiction,也即历史小说——引者注)、虚构的历史、虚构形成了一个光谱,它的范围是从对原原本本的历史真相的纯粹事实性的表现,到对于幻想的纯然不实的、创造性和虚构性的表现。从来没有哪一部历史著作单单通过事实来原原本本地传递原原本本的真相,也难得有小说,即便是科幻小说,只描述纯粹的幻想"。(Robert F. Berkhofer, Jr., *Beyond the Great Story*, p.60)然而就我所见,在强调历史学的文学特性的同时,当代西方重要的后现代主义史学理论家中,并没有人认为,历史学可以摆脱史料和史学技艺的限制,而完全与文学作品失去分别。上述的理解偏差,很大程度上源于将 fiction 只按照中文"虚构""小说"来理解,而忽视了其中"创造""想象"的意涵。

② Keith Jenkins, *On "What is History": From Carr and Elton to Rorty and White*, p.29.

就前面所说第一重意义上的历史(客观实在的过去)和第二重意义上的历史(历史学家所书写的历史)的关联而言,解构论虽并不否定真实过去的存在,却断定我们无从接触到它,我们所具有的历史,只能是历史学家所书写的历史。汉斯·凯尔纳就明确地表示:"历史就是人们写作并称之为历史的书籍。"[1]既然真实过去矗立在文本之外,是我们无从触及的,假定在历史学家各个不同的历史书写版本之先存在着一种历史(a putative history-before-all historiographical versions)[2],就纯属徒劳无益之举了。就历史学家通过史料而进行历史研究的工作性质而论,解构论虽不否认历史学家要受到史料的束缚和史学家法的制约[3],但认为历史学家的工作是提出一套叙事或解释的结构,这套叙事或解释的结构并非过往历史本身的结构,而是我们赋予混沌过去的形式(怀特),或者是我们自己创造出来作为真实过去的替代品的东西(安克斯密特)。[4] 在怀特、安克斯密特等人看来,不仅未来是对人们开放的,过去也同样是不确定的,人们可以根据

---

[1] 这是凯尔纳在接受埃娃·多曼斯卡的访谈时提到的。见埃娃·多曼斯卡编:《邂逅:后现代主义之后的历史哲学》,第50页。

[2] Keith Jenkins, On "What is History", From Carr and Elton to Rorty and White, p.63.

[3] 比如,海登·怀特并不否认历史学是一门技艺式的(craft-like)学科,历史研究要服从于史料运用的规则。见其《答阿瑟·马维克》,载《当代史杂志》(Hayden White, "Response to Arthur Marwick", Journal of Contemporary History, Vol. 30, No. 2 [April, 1995], p.243)。这是怀特对 Arthur Marwick, "Two Approaches to Historical Study: The Metaphysical (Including 'Postmodernism') and the Historical" (Journal of Contemporary History, Vol. 30, No. 1) 一文的回应。

[4] 见本书第一章和第二章。

自己的道德关怀和政治立场来选择和创造不同的过去(虽然,这并不意味着就此可以将史料和史学家法对史家的束缚弃之不顾)。在后现代主义者身上,"这里没有对于丧失了的'实在'过去的乡愁,没有对于更具确定性的时光的依依不舍的眷恋;对于知识并不具备比之终究不过是修辞性的对话更加稳固的基础也没有恐慌。"①真实、客观、确定性等这些传统史学的"高贵的梦想",在很大程度上就不过是现代主义遗留给人们的永远无法兑现的乌托邦了。

以上对于历史学家工作宗旨和历史学性质的三种不同思路的描述,更类似于马克斯·韦伯所谓的"理想类型",它们有助于我们更好地了解历史学领域中涉及"历史学是什么?""历史学家在干什么?"这样一些基本问题时,各种不同立场的大致面貌。但具体而论,许多史学理论家和实践的历史学家的观点,并不一定就能完全纳入三者之中的某一个范畴,而是呈现出相当复杂的情形。比如,卡洛·金兹堡就说过:"当然,历史的书写是一种'建构'(construction)。我们将那些经过长时间代代相传留下的碎片过往兜拢在一起,就是为了建立一幅过去可信的图像,但这幅图像却同样是'再建构'(reconstruction,即重构——引者)的。就是这种内在张力——这两种原则之间难以驾驭、且通常难以预测的互动——赋予历史研究独特的性质。"②这样看来,历史学的生命力就在于重构与建构之间的张

---

① Keith Jenkins, *On "What is History": From Carr and Elton to Rorty and White*, p. 63.

② 陈建守主编:《史家的诞生:探访西方史学殿堂的十扇窗》,第274页。

力。但是,金兹堡虽然在根本立场上并不接受怀特等人的论点①,他的史学观念却又受到后者思路的深刻影响。在金兹堡看来,在历史学家的工作与外在的事实之间,存在着两种过滤机制——史料和文学形式。② 文本性之笼罩着历史研究的方方面面,又是他所不否认的。当然,是否以及在多大程度上承认和强调历史实在对于史学研究的约束作用,又将他与解构论者区分开来。三种立场在他身上,微妙地结合在了一起。在具有浓厚的后现代倾向或自我标举为后现代主义者的史学理论家那里③,这不同立场的折衷、组合有时也呈现出纷繁复杂的而非整齐划一的情形。而对于三种立场的阐释和分殊,给我们把握20世纪西方史学理论中对于历史事实与历史解释之间的关联的看法,提供

---

① 金兹堡在涉及纳粹对犹太人大屠杀的历史表现的问题上,与怀特展开过论战,两人的论文都收入了《探索表现的极限:纳粹主义与"最终解决"》一书。

② 金兹堡的原话是:"每一种文学形式迫使我们去发现一种事物而忽略其他。……历史学家所利用的文学形式,总是会成为分离历史工作与其着手描绘的事实的两种主要过滤机制其中一种。另外一种过滤机制则是史料本身。这两种过滤机制实际上包含了无数潜在的扭曲因素。"(陈建守主编:《史家的诞生:探访西方史学殿堂的十扇窗》,第277页)

③ 不同于福柯的知识考古学和微观权力分析、德里达的解构论、后殖民主义、多元文化论等后现代思潮在史学领域内所产生的效应,叙事主义史学理论是植根于史学内部来进行理论阐发的史学理论范式,尽管它也必定受到了前述宽泛范围内的后现代思潮的影响。在我看来,叙事主义乃是后现代主义思潮在史学理论专门领域内的理论形态。即以这一理论范式最具影响力的人物海登·怀特和安克斯密特来说,后者鲜明地站在后现代立场上,前者虽被广泛视为后现代史学理论的奠基者,却不大情愿以后现代主义者自居。他在接受詹金斯的访谈时,就曾表示:"我只是现代主义者,我已经太老了,没办法当个后现代主义者。……我对历史的态度,和某些后现代主义者十分类似,但要说我是个后现代史家并不正确。"(陈建守主编:《史家的诞生:探访西方史学殿堂的十扇窗》,第80页)

了一个理论平台。

三

　　传统的史学观念认为,历史学是通过考订史料、重建事实,从而还原历史的本来面目。事实发生在过去,但它们保留在史料中。史料虽然可能有偏差,但这一切却可以通过历史学家的技艺而得到弥补。取消了外在客观的事实的概念,否认了人们可以达到对于所有不同立场的人而言都具有公共性、并无二致的事实的认识,就等于否认了历史知识的可能性。人们对于事实也许会产生不同的认识,历史学中充满了种种争议,但这一切并不能导致对于客观独立的事实的怀疑和否认。文化史名家彼得·盖伊就鲜明地表达了这样的观点:

> 历史学家研究的对象就正是存在于那个真实而单一的过去之中。历史学的争议对于它们存在论意义上的完整性毫发无损。过去之林中的树木只以一种方式倒下,无论有关它的倒下的报道会有多么零碎片断或者如何彼此抵牾,无论在它倒下之后是没有历史学家、只有一个历史学家或者是有若干个争执不休的历史学家对此进行了记录并且展开辩驳。[①]

事实就"在那里",等着历史学家去发现。卡尔评论说:"这可以

---

　　① 彼得·盖伊:《历史学的风格》(Peter Gay, *Style in History*, New York: Basic Books, 1974, p.210)。

说是对历史的一种普通常识的看法。历史包括一个确定了的事实的主体。历史学家可以从文献、碑文等等获得事实,就像获得鱼贩案板上的鱼一样。历史学家搜集它们,把它们拿回家,按他们喜爱的方式加以烹调,摆上餐桌。"①然而,倘若人们所依赖的史料,不过是过去留下的遗迹,不过是事实的片断、零散的残骸,而不是过去和事实本身的话,我们又何从断定历史事实外在于历史学家的独立性呢?克罗齐"一切历史都是当代史"这一著名命题的一个蕴涵,就是说,历史总是人们以自己的思想活动加之于既有的史料之上,从而在内心思想中"复活"过往的历史事实。就好像鸿门宴这一事实本身已经一去不返了,然而,我们借助于司马迁的描述——而这种描述的可信性在很大程度上是得到了一再的验证核实的——在自己的头脑中再现了历史上的那一幕。既然一切思想活动都是当下发生的,一切真历史都是当代史,就是再自然不过的推论了。② 卡尔·贝克尔采取的也是相近的思路,在他看来"(过去的)事件已经不复存在,所以,史学家也就不可能直接与事件本身打交道。他所能接触的仅仅是这一事件的有关记载……仅是一份证实发生过某个事件的材料"。他由此出发,提出"历史事实就不是过去发生的事情,而是可以使人们想象地再现这一事件的一个象征"。对于"历史事实存在于何处"这一问题,贝克尔的回答是:"历史事实在某

---

① 刘北成、陈新编:《史学理论读本》,第38页。
② 参见拙作《精神、自由与历史:克罗齐历史哲学研究》,北京:清华大学出版社,1999年,第三章。

些人的头脑中,不然就不存在于任何地方。"①

类似的思路看似有悖于常识,却并非没有其理路可寻。试看这样的论述:历史事实在过去实实在在地发生过,并且其中的一部分留下了各种我们可以借以探寻它们的痕迹;而历史学家除却凭借这些痕迹之外,无从直接接触到它们,历史学家是通过自己的精神活动与史料的交互作用来产生历史认识的。以上这样的论点大概是人们几乎都可以接受的。像盖伊那样的历史实在论者强调的是这一论点的前一部分,突出的是历史事实真实不妄地发生过。历史唯心论者克罗齐和相对主义者贝克尔则侧重于同一论点的后一部分,强调的是历史学家的思想活动在认识历史过程中的主导性作用。后一种思路并不一定要否认历史事实的实在性,但却认为,既然这样实实在在发生过的事实是我们所无从直接接触的,历史学家既然无从挣脱史料的束缚,如同人无法走出自己的皮肤,侈谈事实的实在性就毫无意义了。究其实而论,后现代思潮将史学文本化的同时,绝大多数后现代主义史学理论家也并不否认真有实在的过去存在过,或者说他们把过去的实在性当作一种必要的假设,只不过他们强调文本性给历史学设置了无法逾越的疆界。倘若说,前一种思路是历史学的重构论的基本信条的话,后一种思路则是建构论与解构论所共有的立场了。

重构论将历史事实与历史解释截然分离开来,诺维克是这样来总结这种信条的:

---

① 张文杰编:《历史的话语:现代西方历史哲学译文集》,第287页。

历史事实被视为先于并且独立于解释:解释的价值是根据它对事实表述得有多好来判定的;倘若与事实相冲突,就必须将它抛弃。真相只有一个,而非依视角而异(perspectival)。历史中存在的无论何种模式,都是"被发现的",而非"被制造"出来的。尽管接下来的若干代学者随着视角的转移会给过去的事件赋予不同的重要性(significance),但那些事件的意义(meaning)是不变的。①

搜集考订尽可能多的历史事实,那么,它们之间的关联,大规模的历史事实所组成的历史图景的意义,便会自然地得以呈现。历史解释是搜集考订历史事实的自然成果,历史解释的进步,根本上来自于历史事实日复一日的不断积累和更加精详细密的考订。换言之,历史事实本身会说话,历史学家所要做的,就是让事实及其关联和意义,通过史家技艺施展于史料之上而不断地展现出来。

然而,史家绝非像是尼采以戏谑的笔调所描写的"客观的人"那样,如同一面虚己以待的镜子。② 历史学家总是以特定的视角来与史料打交道的。史料中的事实要受到历史学家的关注并被纳入历史学家的历史构图,其中的前提必须是历史学家思想的光亮投射到了原本一片暗寂的史料之中的某个部分。在很大程度上,确如卡尔所言:

> 事实本身要说话,只有历史学家要它们说,它们才能

---

① Peter Novick, *That Noble Dream*, The "Question of Objectivity" and The American Historical Profession, p. 2.
② 参见张文杰编:《历史的话语:现代西方历史哲学译文集》,第291—292页。

说；让哪些事实登上讲坛说话，按什么次第讲什么内容，这都是由历史学家决定的。……正是历史学家，按照他自己的理由来决定恺撒渡过那条小河卢比孔是一个历史事件，而在此前后，成百万的其他的人渡过这条河，却丝毫没有引起任何人的兴趣。……相信历史事实的硬核客观地独立地存在于历史学家的解释之外，这是一种可笑的谬论，然而这也是一种不易根除的谬论。①

史料以及其中所蕴藏的事实对于历史学家历史构图所具有的约束力，在这样的看法中被严重淡化了。而历史学家在选取历史事实和赋予其意义时所具有的主动性和创造性，却在这一论证中得以凸显。

一方面，历史学家在研究过程中当然要受到史料的束缚，研究过程中打破历史学家原有设想的史料的出现，是史学研究过程中最常见不过的现象，而"一个严肃的历史研究者的首要前提在于，在面对史实之反对时，他必须有能力舍弃那些他曾热情抱有的诠释"。② 另一方面，一件事实之所以受到历史学家的关注，一件从来没有人利用过的史料中所蕴涵着的历史事实进入特定历史学家的视野（比如，卡尔所举的例子，1850 年英国某地一个小贩在与人发生冲突后被刺死），这其中必定渗透了历史学家的问题意识、主观立场、个人情趣等因素。就以卡尔上述例子而论，如若不是特定的史学家（Kitson Clark）对于维多利亚时代的暴力现象发生了兴趣，这一事实在此之前从来没有被历

---

① 刘北成、陈新编：《史学理论读本》，第 40 页。
② 艾文斯：《捍卫历史》，第 120 页。

史学家注意过。艾文斯就此评论说:"至少就这个例子而言,历史学家的工作其实不是从看到档案才发端的,它早就开始了。历史学家首先确定一个论题,然后由此出发去寻找论据,从而发现事实。"①从这个意义上来说,选择和确定历史事实的过程就已经是历史解释的开始。倘若说,历史研究的实质就是要提出历史解释的话,那么,历史学家的工作程序就并非先搜集历史事实,然后对事实作出解释。相反,按照柯林武德的说法:

> 过去可以解释现在,然而人们只有通过分析它在现在的踪迹(证据)才能认识过去。常识的观点似乎认为,历史学家首先发现这些踪迹(它们是些什么),尔后再发现从它们可以得出什么对于过去的推论;辨识"它是什么"(确定事实是什么),然后确定"为什么如此"(发现可以对此作出解释的过去)。……这大概是错的。……发现什么是证据,就已经是在对它提出解释。②

于是,从事实与解释的关系来说,二者就并非可以截然分离的,事实就包含了解释的因素在内。诚如李剑鸣所言:

> ……史家从无数的事实中选取某些事实,或从真伪混淆的材料中辨明事实的"真相",都离不开他个人的判断,并包含了他对事实的意义的理解。因此,研究者从选题、收集材料开始,就进入了建构解释的过程。他对原因的解说,

---

① 艾文斯:《捍卫历史》,第77页。
② 柯林武德:《史学原理》(R. G. Collingwood, *The Principles of History*, W. H. Dray & W. J. van der Dussen eds., Oxford:Oxford University Press, 2002, p.140)。

对意义的阐述,对事件来龙去脉的叙述,都必须通过对事实的陈述来进行,而不是纯粹的理论分析。离开了事实和对事实的陈述,史家就无法展开论说,无法形成解释。所以说,确定事实的工作不仅属于解释的范畴,而且是一切历史解释的基础。①

以上论证旨在表明事实无法脱离解释的论点。下面,我们再立足于历史事实的语言学属性和结构性来做一番讨论。这一层面正是有关历史学的解构论所着力阐扬之处。

海登·怀特区分了事件(event)与事实(fact)。在他看来,"事件"发生于过去,对于历史学家而言是"给定的",而非历史学家可以建构出来的;事实则大不一样:

> 它们是被建构出来的:在见证了事件发生的档案中,由对事件或档案进行评论的相关各方,由历史学家——他们的兴趣在于对过去真实发生过的事情给出真确的记述,并将其与可能只不过貌似发生过的东西区分开来——来建构。正是"事实"才是不稳固的,要受到修正和进一步的解释,并且甚至在有了充足根据的情况下被清除一旁。因此,巴特的断言"事实只有语言学意义上的存在"(linguistic existence),在我看来就是断定,"事实"——不同于"事件"——是语言学意义上的存在体(linguistic entity);并且就此我指的是,正如哲学家阿瑟·丹图所说的,"事实"乃

---

① 李剑鸣:《历史学家的修养和技艺》,上海:上海三联书店,2007年,第279页。

是"置于某种描述之下的事件"。①

怀特这里赋予"事件"的内涵有别于其一般意义,而相当于人们惯常所说的"客观外在的事实"。他的"事实"概念则除了其存在论含义之外,和罗兰·巴特一样,着重于强调历史学家手中"事实"的语言学属性。的确,历史事实终归是以语言结构的形式出现的,既然语言对于传达实在的过去而言是不透明的,(历史学家文本中的)历史事实就并非单纯的事实的呈现。达恩顿曾经说过:"所有历史学家都应该有一段时间来为报纸报道强奸、谋杀和持械抢劫。目的只有一个,必须把事实搞对。……踏踏实实的研究和对于准确性的尊重至为关键,然而,许多研究生却认为历史全然就只与话语有关,是对于他者的后现代主义的建构。我不是说这是些愚蠢的看法,但我认为,确实必须得练就历史研究的技艺性的那个方面。那是它全部的基础所在。"②然而,同一个达恩顿在别的场合又说:"……所谓的事实并不存在,至少不是自然形成的事实聚合体","所谓的事实在相当程度上只能是再现","你在报纸中读到的东西,并不真的就是发生的事情,而是有关发生之事的报导"。③ 可以说,二者并不矛盾。一方面,真实不妄的过往通过史料对历史学家产生着束缚和限制;另一方面,历史学家的事实既然只能是依视角而异、并

---

① Hayden White,"Response to Arthur Marwick",*Journal of Contemporary History*, Vol. 30, No. 2 (April, 1995), p. 238.
② 《新史学:自白与对话》,第 199 页。
③ 陈建守主编:《史家的诞生:探访西方史学殿堂的十扇窗》,第 222、238、230 页。引文中的"再现",原文是 representation,并非复原真相之义。

且以语言结构的形式表达出来,它们就不过是真实的不同版本。① 借用前面盖伊的例证,我们可以说,一方面,虽则过往森林中的大树只以一种方式倒下,毕竟我们后来拥有的只能是对于大树倒下一事的不同版本的记录和解说;另一方面,虽则记录和解说绝非漫无限制,毕竟其间视角的差异乃至表述和解说的遗漏和偏差,还是会出现。

事实以语言结构的形式出现在历史学之中,而语言并非透明的对于单纯事实的呈现。解释性的因素因此就是历史事实所无从避免的了。比如,"1492年哥伦布发现了新大陆",这一陈述貌似在表述一个单纯的历史事实,然而细加分析,情形并非如此简单。至少,这样的表述完全对作为原住民的印第安人视若无睹。"2008年11月,巴拉克·奥巴马当选为美国历史上首位非裔美国人总统",也并非一个纯粹自然的对于某一事实的表述。至少,没有多年来民权运动和反种族歧视运动的努力,"非裔美国人"这样"政治正确"而带有特定意识形态内涵的词语就不会出现。在这样一些表面上纯然以中立客观的姿态来表述的历史事实中,解释的因素依然潜藏其中。当然,(历史文本中的或历史学家手中的)历史事实所蕴含的解释性成分以及对于此种事实的表述能够得到人们认同的程度,并非是整齐划一的。比如,"1770年12月,贝多芬出生于德国波恩",与"1793年,法国革命进入了雅各宾派的恐怖统治阶段",二者都是对于事实的表述。相形之下,比之后者,前者虽然也带有历史学家关切和

---

① 怀特的说法是:"我并不是说没有真实这件事,只是我们对真实总有不同的版本。"同上书,第62页。

选择的因素在内(比方说,大概不会有历史学家去讨论这样的问题:1770年12月首位出生在波恩的人是谁?即便这样的问题原则上并非不能解决),却更少解释性的成分,而能够得到更加广泛的认同。但无论如何,作为"语言学存在体"的历史事实,与生俱来地就与解释不可分离。

对这一论题的讨论,还可以从事实的结构性的角度来有所推进。历史事实并非都处在一个单一的层面上,而是有其结构性。大事实统御和包含着小事实,构成为小事实的背景。比如说,楚汉战争、垓下之围和霸王别姬就处在三个不同的层次上。① 而再细小的事实,理论上说都无限可分为更小的作为其构成成分的事实。如何将更小的事实统御成为一个有着明确轮廓的单一的事实,就有历史学家主观的、解释性的因素介入其中了。②

分析的历史哲学把历史解释的模式作为其讨论的主题。在它看来,历史解释是历史学家工作的根本任务。理论模型、问题意识、史家能力(史家的想象力、人生体验、价值关怀等当然都包括在内)介入到历史学家在史料上所施展的功夫之中,才可

---

① 参见本书第五章第六部分。
② 吕思勉在其1945年问世的《史学方法论》中说:"真正客观的事实,是世界上所没有的。真正客观的事实,只是一个一个绝不相联属之感觉,和作影戏所用的片子一般,不把他联属起来,试问有何意义?岂复成为事实?所谓事实,总是合许多小情节而成,而其所谓小情节,又是合许多更小的情节而成,如此递推,至于最小,仍是如此。其能成为事实,总是我们用主观的意见,把它联属起来的。"(转引自张耕华:《历史哲学引论》,上海:复旦大学出版社,2004年,第74页)张耕华并指出,这段文字"几乎与后现代主义的理论殊途同归,异曲同工"。

能产生对于过往的真正理解。分析学派形成了两个不同的传统。一个是源自亨佩尔和波普尔的覆盖律模式,一个是继承柯林武德的传统而在德雷等人手上得到大力阐扬的逻辑关联论证(Logical Connection Argument)模式。前者认为,历史解释和自然科学领域内的解释并无实质性分别,任何对于具体问题的解释都要诉诸一个普遍规律才能完成。后者则认为,只有深入历史中行动者的动机、意图并将其行动关联起来,才能理解具体的历史过程。不管这两种相互论战的模式之间有何抵牾,它们都有一个共同点:解释的结构要与事实的结构相一致。可以说,历史解释正确与否端赖于其是否符合于历史事实,成功的历史解释必定与实在历史中的特定过程或片断相吻合,是建构论与重构论的共同基础,只不过在达到历史解释的途径上,二者的主张有所不同而已。

叙事主义史学理论与此前分析的历史哲学的理论取向的根本不同,就在于它将理论关注的焦点,放在了历史学家工作的最终产品——作为整体的历史文本——之上。在我看来,就其最重要的两位代表人物而论,怀特着重发挥的是一套关于历史文本的形态学分析,安克斯密特理论的要旨,则在于发掘作为整体的历史文本所具备、而为其构成成分所阙如的诸种特性。同样是关注历史叙事,对于叙事中所呈现的过往历史中的故事,或历史解释中所呈现的过往历史的模式或结构的性质,却出现了两种截然不同的看法。保罗·利科、戴维·卡尔等人坚持叙事实在论(narrative realism)的立场,认为历史过程本身就有模式和结构潜藏其中,或者说,历史本身就有"故事性"(story-like)的特性,历史叙事的结构并非人们强加于过去之上,事实之间的关

第四章 史料、事实与解释:20世纪西方史学理论视野下的考察

联和意义并非史家所能够自由创造的。而在路易斯·明克、怀特、安克斯密特等人的叙事观念论(narrative idealism)的立场看来,过去之中真实地发生过若干事实,这一点不可否认。然而,过去的若干事实并不存在任何意义和结构,历史实在本身是一片没有形式的混沌。在混沌中创造出意义和结构,正是史家之所为。历史叙事的结构、历史学家所讲述的故事,是史家施加于过往事实之上的。明克的说法是,故事是被人们讲述的,而非人们生活过的。怀特认为,史家可以给同样的事实系列赋予不同的理解、不同的文学形式以及不同的意识形态立场。比如,米什莱和托克维尔笔下的法国革命,就分别是带有自由主义色彩的喜剧和充满保守情怀的悲剧。怀特论证的是,历史叙事中被创造、虚构、发明出来的成分,不亚于其中被发现的成分。安克斯密特则区分了文本整体(他始则称之为"叙事实体",后来更倾向于称之为"叙事性解释"或"历史表现")与其最基本的构成成分——历史陈述。历史学家在进行研究时,可以作出关于过去的真实的陈述,这些陈述的真伪是我们能够判别的,因为它指涉的是过去所实际发生过的事实,我们能够以其是否与史料所包含的事实相吻合来作出判断。由诸多单个陈述构成的一个叙事性解释或者说是文本整体,即便其中每个陈述的真实性都无可置疑,然而,整体中所具备的某些因素却是其中任何单个陈述都不可能具有的,比如说各个事实之间的关联,作者隐含的却能够让读者感受到的倾向性,等等。① 在安克斯密特看来,"叙事性解释运用于过去,然而并不(像[某

---

① 参见本书第五章第四部分。

些]陈述那样)对应或指涉它"。"叙事性语言以并不指涉(refer)或对应(correspond)于过去的某些部分或层面的方式来展示(show)过去。"①

由安克斯密特的这一观点出发,我们可以提出这样一个问题:"文艺复兴""工业革命""冷战",这样一些历史学家所习用的术语,究竟是历史事实还是历史解释,抑或二者兼而有之? 提到"冷战",毫无疑问人们大都会想起诸如这样一些事实:丘吉尔关于东西方之间那一道"铁幕"的著名演说、朝鲜战争、古巴导弹危机、北约和华约两大对立的军事集团之间的军备竞赛,等等。人们也常常在指陈一个大范围的事实的意义上使用"冷战"一词,比如说,"冷战时期,局部战争和冲突不断,但毕竟没有发生威胁到整个人类文明的全局性的对抗"。然而,如果我们下这样的论断——"将卢梭解说为某种极权主义民主(totalitarian democracy)的思想家是冷战时期西方学界盛行的一种论调"——时,"冷战"一词似乎就具有更多的解释性的意义:两大阵营在意识形态、社会制度、军事力量等方面的对抗,促使很多人形成了非黑即白、非友即敌这样的"冷战思维"。诸如"冷战"等这样一些安克斯密特所谓的"叙事实体",其中包含了诸多事实,然而,对于事实的不同选择,对于事实之间关联及其意义的不同构想,却可能使同一个"叙事实体"在不同史家那里具有非常不一样的内涵。我们对此可以做这样一番解说:

一个关于文艺复兴的历史叙事,它的构成成分是诸多与14

---

① Frank Ankersmit, "Six Theses on Narrative Philosophy of History", in *History and Tropology*, pp. 36, 37.

世纪到 16 世纪意大利文明相关的单个陈述,诸如某幅画作的风格、某个人物(如达·芬奇或者马基雅维里)的一桩事迹、某个政治事件的细节等等。可是,一旦我们观照的是这一整体的历史叙事本身,我们就会发现,它所要做的,是精心选择若干可用的陈述,将其勾连成为一幅有意义的图景。同样是关于文艺复兴的历史图景,同样基于真实性无可怀疑的若干单个陈述,其基本蕴涵却可以大为不同。有的图景向我们展示的是古典文化的再生,有的图景铺陈的是中世纪后期文化在文艺复兴中的延续和发展,有的把文艺复兴主要展示为某种文学和艺术的风格,有的则更多从现实人生和政治来凸显某种人生哲学的出现,如此等等,不一而足。①

在安克斯密特而言,叙事实体这样的特性,似乎就足以表明,它不像作为其基本成分的陈述那样指涉过去、要与过去相符合,而是给我们提供了一个从某个角度来看待过去的"提议"(proposal)。② 既然如此,对于同一个对象的不同的叙事实体或历史解释之间的冲突,就无法以是否与过去相吻合而得到裁决,因为它们并不直接关涉过去。既然"历史解释将一种结构投射(projects)到过去之上,而非去发现(discover)它,仿佛这一结构就存在于过去本身之中一样",那么,"在叙事性语言中,语言和实在之间的关联彻头彻尾地'被动摇了'"。③

---

① 参见本书第二章第二部分。

② Frank Ankersmit, "Six Theses on Narrative Philosophy of History", in *History and Tropology*, p.37.

③ Ibid., p.36-37.

在安克斯密特这里,叙事实体(或"历史表现")必定包含着若干事实,但更主要的是历史学家观照过去的一种视角,它虽然要受到史料的制约,并非任意武断,却与过去实在并无直接关联。"我们对于过去的言说被一层厚厚的壳所覆盖,这层壳关系到的不是过去本身,而是历史解释以及就相互竞争的历史解释而进行的争议。叙事性语言并不透明,不像是一个玻璃镇纸,我们可以透过它而毫无阻碍地看到过去本身。"① 过往的文本提出了对于某一主题的历史解释,新的历史研究和历史写作所要做的,就是在以往的文本上添加新的文本。历史学的历史就是新文本不断覆盖在旧文本之上的过程。我们或许可以说,照这样的思路,史学史就成了历史解释层累地叠加的历史,而历史事实在很大程度上变成了历史解释的仆役。安克斯密特是这样的思路,凯尔纳也是由这样的思路进而提出:

> 有关历史、史料和语言,有着两种极端的观点。一方面有这样一种看法,认为历史的实质建立在构成为其史料的材料之上,并且,我们对于过去的见解中任何重要的变化,都将是因为发现新的事实而在研究中取得进展的结果。这种取向将研究程式视作基础,而将人们写作出来的历史文本视作上层建筑。另一种立场则大相径庭。在它看来,在其根基处总是语言性的思想的运作乃是基础性的,而事实乃是上层建筑的材料,用来创造出对于此种结构性见识的某种表达。如果我们认定,修辞的、或者

---

① Frank Ankersmit, "Six Theses on Narrative Philosophy of History", in *History and Tropology*, p. 38.

更一般而论思想的和语言的成规是首要的,并且因此它们乃是历史工作的实际源泉,就会出现大不一样的画面。这样的解读表明,历史不是"关于"过去本身,而毋宁是关于我们从自己身边发现的零散而毫无意义的碎片中创造出意义来的方式。①

凯尔纳虽然没有否定曾经有过过去的存在,没有否认过去有许多碎片遗存在我们身边,但是,历史已经无关"过去本身",事实是意义结构运用的材料,而非决定意义结构的基础了。倘若说,史料的暧昧性导致史料与历史事实关系的复杂性,后现代史学理论对此虽在诸多方面比之以往有了更为深入的理论阐述,但这些问题在史学实践中并未为史学家所忽视。历史研究过程中对史料因为各种因素所导致的对于历史事实的遗漏、忽视、抹杀、扭曲的警觉和意识,乃是历史学作为一门传统学科的根本技艺之所在;那么,后现代思潮在历史事实与历史解释问题上与传统史学产生根本歧异之处,就在于后现代主义史学理论将解释凌驾于事实之上了。

一方面,事实蕴涵着解释,事实与解释难以截然分离,甚至于在安克斯密特和凯尔纳等人的思路那里,解释支配着事实。②另一方面,事实与解释又是可以相互转化的。照安克斯密特的

---

① Hans Kellner, *Language and Historical Representation: Getting the Story Crooked*, Madison: The University of Wisconsin Press, 1989, p. 10.

② 怀特的情形稍有不同。就其认为史家可以根据同样的事实建构出蕴涵完全不同的历史构图而论,可以说他那里也有了以解释支配事实的倾向。但比之安克斯密特、凯尔纳等人,他又更多地强调史家要受到证据规则、史学技艺的制约。

立场,"叙事性解释没有存在论上的蕴涵","比如说,工业革命并非历史实在中一个巨大的与人无关的力量,直到1884年阿诺德·汤因比写作《英国的工业革命》之前,它一直没被人们注意和发现,它不过是人们为了理解过去而提出的一个解释性工具"。但安克斯密特又指出,"倘若一个叙事性解释在长时期内都没有遭到质疑,为所有人所接受,并且成为日常语言的一部分(从而丧失了其历史学的特性),它可能就转化为某个(或某类)事物的概念。叙事之物就成为实在之物"。① 这倒的确是史学史上一个引人注目而此前人们没有能够充分赋予理论意义的现象。这里的"工业革命"是一个彰明较著的例证。日本学者内藤湖南的"唐宋变革论",可说是中国史研究领域中的又一个例证。内藤最早在20世纪初提出这一假说,历经他本人及其后世学者的阐扬、质疑和辩难,"可以说,在今天,唐宋变革说已被视为符合历史实际的综合判断而为学界所接受。质言之,如果不涉及宋代是中国的中世还是近世这一时代性格的判断问题,而单就唐宋之际曾经发生重大变革这一点立论,似乎只有个别学者持审慎态度,而没有哪位学者提出异议或相反意见。"②也就是说,唐宋变革论在提出一种历史解释的同时,也日渐成为学者心目中的一桩"事实"。

粗略地说,在重构论看来,事实的积累自会呈现出意义和模

---

① Frank Ankersmit, "Six Theses on Narrative Philosophy of History", in *History and Tropology*, p. 39.

② 张广达:《内藤湖南的唐宋变革说及其影响》,见其《史家、史学与现代学术》,桂林:广西师范大学出版社,2008年,第59页。

式,历史解释出自历史事实;在建构论看来,事实并非解释所要围绕的"硬核",事实进入历史学家的视野和工作程序,本身就包含了解释的因素在其中,而解释的结构符合于事实的结构,乃是解释成功的标准;在解构论看来,事实没有独立于文本之外的实在性,解释主导和支配着事实,但解释和事实之间在没有截然分界线的同时,却又可以相互转换。

四

人们能够认识过去,这是历史学得以成立的前提。然而,人们所要求于历史学家的,并不是简单地从史料中挖掘出历史事实,而是要帮助人们达到对于过往的某个层面或者某个片断的理解。因而,对于史学理论而言,正如艾文斯所说,"真正构成问题的是,历史学家利用文献不是为了建立具体的事实,而是将它们作为论据去建立更大的、能够将事实联系起来的模式。那么,这种模式这些联系,是早已存在,只等着人们以不偏不倚的认知取向去发现它们,还是由历史学家自己构建出来的呢?"[①] 倘若对这个问题的回答是肯定的,那么,对于同一个历史现象或历史过程,理论上就只有一种解释才是最好的或正确的。盖伊由坚持事实及其关联的实在性和独立性出发,就认为,尽管史学实践中针对同一论题往往会出现不同的解释,然而,只要并非谬误,它们就不会出现相互冲突的情形,深入的考察会表明它们所探讨的乃是不同层次、不同等级的原因,它们其实可以相互补

---

① 艾文斯:《捍卫历史》,第79页。

充。他说:"对历史学家来说,一种解释就是对事件的总的解释,它几乎总会提供各种等级的原因(a hierarchy of causes)。就其为正确的那个范围而论,所有与之相矛盾的解释就都是错误的。"①这种观点可以称之为历史解释的一元论。历史解释的多元论则"承认两个或多个正确解释之间的不可公度性(incommensurability)"②。这样的立场清晰地呈现在柯林武德经常被人引用的一段话中:

> 圣奥古斯丁从一个早期基督徒的观点来看待罗马的历史;提累蒙特是从一个17世纪法国人的观点来看;吉本是从一个18世纪英国人的观点来看;而蒙森则从一个19世纪的德国人的观点来看。问哪一种观点是正确的,那是没有意义的。每种观点对于采用它的人来说,都只是唯一的

---

① Peter Gay, *Style in History*, p. 211. 盖伊因此还表示,很遗憾将自己关于启蒙运动的名作《启蒙运动的一种解释:现代异教的兴起》(Peter Gay, *The Enlightenment: An Interpretation*, *The Rise of Modern Paganism*, New York: Alfred. A. Knopf, 1966)的标题写成了"一种解释"(an interpretation)而非"解释"(the interpretation)。

② Robert F. Berkhofer, Jr., *Beyond the Great Story*, p. 304, note 19. 有人(如伯克霍甫所援引的克劳茨)将解释的一元论视为只有一个最佳或正确的解释,多元论则既包括两个或多个解释不可公度的情形,也包括多个解释相互补充,最终百川归海(full convergence),达到更有效的解释的情形。见其《史学实践中的观念性与存在论》,载《客观性、方法与视角》(Michael Krausz, "Ideality and Ontology in the Practice of History", in W. J. Van Der Dussen & Lionel Rubinoff eds., *Objectivity*, *Method and Point of View*, Leiden, E. J. Brill, 1991, p. 99)。但在我看来,这后一种情形实际上可以归于一元论,一元论不见得要在单个解释中达到最佳或正确,但一元论相信,所有合理的解释都会在不同层面上相互补充,从而为最理想的解释做好铺垫。就仿佛阿克顿并不认为任何具体的研究就是终极历史,然而,无数具体可靠的研究却是终极历史得以最终达成的前提。

一种可能。①

解释的多元并非源自对事实认定的不一致。同样一个人们都能认可的确定的事实,也可能引发人们完全不同的解释。杜森就谈到过霍斯巴赫备忘录(Hossbach Memorandum)的例子。那是1937年11月希特勒与他的国防部长、外交部长、海陆空三军总司令举行一次会议时,他的副官霍斯巴赫所做的一份记录。在这份文件中,希特勒谈到了德国的长期政策,强调德国需要获取"生存空间"。其中明确提到要占领奥地利和捷克斯洛伐克,还谈到与英法开战的可能性。在二战结束后的纽伦堡审判中以及在不少史学家那里,这份备忘录被当作希特勒有着明确的战争计划的证据。而研究二战史的名家泰勒(A. J. P. Taylor)和其他一些史家则不以为然,认为那场会议旨在解决内政问题,有关战争的言论不过是一场白日梦,是秉性偏执的希特勒力图解决手下大员之间的争吵时一番照例的胡言乱语,不过这一次恰好与后来的事态演变有更多吻合而已。② 一个事实可能产生不同的解释,对于同一领域内事实的不同选择,更是完全可能组合出蕴涵大为不同的历史图景来。虽则,史料本身的限制和历史学

---

① 柯林武德:《历史的观念》,何兆武、张文杰译,北京:商务印书馆,1997年,第10页。这段话出自《历史的观念》较早版本的编者诺克斯所作编者序中引用的柯林武德1936年的一份手稿。然而,这段话所反映出来的相对主义倾向是否就是柯林武德史学理论的基本取向,还是一个不断引起人们讨论的问题。

② 杜森:《历史学家与他的证据》,载《客观性、方法与视角》(W. J. Van Der Dussen, "The Historian and His Evidence", in *Objectivity, Method and Point of View*, W. J. Van Der Dussen and Liond Robinoff eds., Leiden: E. J. Brill, 1991, pp. 163-167)。杜森虽然认为,撇开这份备忘录的可靠性问题不论,这些不同的解释之间还是能作出高下优劣之别的,但它们却毫无疑问都有其合理性。

长期发展起来的学科规则,并没有使得这样的选择就变得可以是完全任意而自由的。两次世界大战之间美国历史学界争论的一个重大主题,就是第一次世界大战的战争责任问题。相互论辩的两派中一方的代表人物施密特(Bernadotte Schmitt),在谈到自己和另一方的代表人物费伊(Sidney Fay)的分歧时,感慨道:

> 这一直让我困惑不已。我们都在名牌大学拿到高等学位……在准备我们各自的论著时,我们使用同样的档案,阅读同一些传记和回忆录——却得出了大相径庭的解释……两个学者从同样的证据得出了如此水火不容的结论,历史研究和训练的方法中出了什么问题吗?①

赫克斯特提出的史家所应遵循的实在性准则(reality rule)是说,历史学家应该讲述"相关的现有证据所能支撑的最有可能的故事"。② 问题在于,最有可能的故事经常不止一个。怀特在《元史学》中所明确发挥的结论,其要旨就在于,对于同样的研究领域,历史学家可以提出若干可能的模式,这些模式中没有一种能够宣称比之别的具有更多的"实在性"的基础。进而,"我们……注定了要在相互竞争的解释策略之间做出选择……由此得出的推论是,选择某种历史图景而非另外一种的最好的理由,归根结底乃是审美的或道德的,而非认识论的"。③ 安克

---

① Peter Novick, *That Noble Dream: The "Question of Objectivity" and The American Historical Profession*, pp. 223-224.

② Ibid., p.595.

③ Hayden White, *Metahistory*, p. xii.

斯密特也认为,"史学争论归根结底不是旨在达成一致,而是解释性论旨的繁荣滋长"①,而史学的进步就是对于同一论题的新的解释不断出现。②

在伯克霍甫看来,后现代主义由于标举出表现的危机(the crisis of representation),而给当代史学带来了双重的挑战:一方面,历史的文本化使得历史的双重内涵——实际存在的过去与对它的表现——之间的分别不再具有意义,历史实在变成了人们无法触及的东西;另一方面,后结构主义与多元文化论通过追问"历史中是谁在说话? 在为谁说话?"从而拒绝了知识和观点的普遍性,历史学的碎片化由此大大加剧。"如果说表现的第一个危机质疑的是历史真实是否以及如何能够重现,表现的第二个危机则削弱了传统史学的权威性和客观性。表现的第一个危机浓缩在'质疑实在'的口号中,第二个危机则对应着另一个口号——'抵抗权威'。"③可以说,就前者而论,林·亨特的评论可谓切中肯綮:"对历史学家而言,后现代主义一般来说意味着这样一种观点:历史学家不能洞穿语言给历史事实蒙上的面纱,换言之,历史学家仅能书写文学文本,而非真相。"④这样的文本虽然受到史料的制约,却无从窥见真正的过去(比如,安克斯密

---

① Frank Ankersmit, "Six Theses on Narrative Philosophy of History", in *History and Tropology*, p. 41.

② Frank Ankersmit, "On Historiographical Progress", *Storia della Storiagrafia*, 22 (1992), pp. 103-107.

③ Robert F. Berlzhofer, Jr., *Beyond the Great Story: History as Text and Discourse*, pp. 2-3.

④ 艾文斯:《捍卫历史》,第 276 页。

特的"叙事实体"虽由指涉过去的陈述所构成,本身却不指涉或对应过去,而只是有关[about]过去);就后者来说,统一而单一的过去的消失,使得历史学家们那种原本以为大家是在研究同一个过去的信念,受到了极大的动摇,这似乎预示着历史学的碎片化将永无止境,人们对于越来越小的事情知道得越来越多的时候,综合的可能性却离我们渐行渐远了。

对于重构论者而言,事实及其诸多事实所形成的模式只有一个,正确的解释也只有一个。最终的解释虽然不一定在当下就能达到,但史学实践中对于同一对象不断出现的各种新的解释,只要有其合理性,最终都会作为要素纳入到更加健全的解释中。对于建构论者而言,人们使用不同的理论工具、史家各自施展身手而产生出来的对于同一历史断面的解释,可能会大不一样,然而,只要这些解释并非谬误,而是奠基于史学家法和证据规则之上,它们就不会在同一层面上发生真正的冲突。历史学家们由各自的视角切入同一个历史实在,"各得大道之一端"。或者,用伯克霍甫的说法,历史学家可以用盲人摸象的寓言来与他们对过去的研究做类比,"尽管六个盲人把大象的不同部位误认为整头大象,至少他们全都是在摸同一头大象"。这样一来,所有出自不同视角的解释,都是在对人们把握同一个对象做出贡献。而对于解构论者来说,盲人摸象这样的比喻,"蕴含了历史学家从他们的实践中所无法得知的东西:所有的历史学家研究的都是同一个过去"。① 如果一个单一而统一的过去不复

---

① Robert F. Berkhofer, Jr., *Beyond the Great Story: History as Text and Discourse*, p. 49.

存在,历史学家所做的就只能是捡拾起各种零散而片断的碎片,尝试着拼合起各自那一幅可以辨识出轮廓的图景。既然在解构论这里,人们面对的本非同一个过去,而解释又主导和支配着事实,解释的多元论就是其无法避免的推论了。

后现代主义以其在历史学性质问题上的解构论取向,在对史料性质的暧昧复杂性有了超越前人而更为深入的理论认识的同时,由于将历史文本化,从而导致以解释来主导和支配事实,以及历史解释上的多元论立场。它在动摇了传统史学的若干基础的同时,也为我们更加自觉地以反思精神来对待历史学的理论问题,提供了一个难得的契机。

第五章　相对主义、叙事主义与历史学客观性问题

一

历史学19世纪在西方开始成为一门专业学科之时，就是以还历史本来面目、揭示历史的真相作为自身鹄的和学科合法性的来源的。一代史学宗师兰克最为人所知的训诫，就是要"如实直书"（wie es eigentlich gewesen）。那个时代的历史学家们满怀信心，认为历史事实就蕴藏于史料之中，而历史学在长期的发展过程中，拥有了从希罗多德和修昔底德开始代代相传、并在他们自己的时代得到了长足进步的搜集史料和批判考辨的一整套史学技艺，只要秉持这一家法，过往历史的真相自然就会从史料中呈现出来。但凡不怀偏见的历史学家正确地运用了这一套史家技艺，就会得出所有同样不怀偏见的人们都一定能够接受的历史图景。19世纪后期，法国史学家古朗治（Foustel de Coulange）针对公众发表的一系列历史讲演深受欢迎。他在听众的欢呼声中说道："请不要为我鼓掌；不是我在向你们讲话，而是

历史通过我的口在讲话。"① 存在一个客观、统一的历史,历史学家则通过正确地对待史料而将那一历史的某一片段或层面如实地呈现出来,这样一种信念在古朗治这里最为鲜明不过地表现出来。

将过往的历史如实地呈现出来,这一过程所蕴含的客观性涉及史学和史家这两个方面的品质。彼得·诺维克是这样来总结这种客观性的信念的:

> [客观性]建立于其上的假设包含了对于过去实在的忠实、对于与那一实在相吻合的真理的忠实;在知者与所知、事实与价值,而且尤其是历史与虚构之间的分野。历史事实被视为先于并且独立于解释:解释的价值是根据它对事实表述得有多好来判定的;倘若与事实相冲突,就必须将它抛弃。真相只有一个,而非依视角而异(perspectival)。历史中存在的无论何种模式,都是"被发现的",而非"被制造"出来的。②

如果说上面一段话描述的是史学研究与其对象的关系的话,以下则是对于"客观的"历史学家所应该具有的基本品质的概括了:

> 客观的历史学家的角色乃是一个中立的、不偏不倚的法官;绝对不能堕落到辩护人或者——在更糟糕的情形

---

① 乔治·皮博迪·古奇:《十九世纪历史学与历史学家》,耿淡如译,北京:商务印书馆,1989年,上册,第368页。

② Peter Novick, *That Noble Dream: The "Objectivity Question" and the American Historical Profession*, pp. 1-2.

下——宣传鼓动家的角色。人们期望着,历史学家的结论展现出公正持平的标准的司法品质。就像司法的情形一样,这些品质得到保障,靠的是史家这个行当与社会压力或政治影响相隔绝,靠的是单个的历史学家不私不党——他不会因为得出某一个结论而比之得出另一个结论更加受益。当历史学是为着功利的目的而写作出来的时候,客观性就处于严重的危险之中。这一切的一个推论就是,历史学家作为历史学家,必须从自己身上驱除对外在东西的忠诚:历史学家首要的忠诚,其对象是"客观的历史真理"和他那些共同致力于以齐心协力、日积月累的努力而朝着那一目标推进的同行。①

从这样的角度来看,历史学客观性的基本保证就来自两个方面:一方面是经由批判性的检验而确保史料的可靠;另一方面则是史学家要在研究过程中剔除个人的和主观的因素,而保持严格的中立和不偏不倚的态度。

然而,在20世纪西方史学和史学理论的发展进程之中,这种客观性的信念在维系了众多史家的工作伦理的同时,也经受了来自各个方向的冲击。还在20世纪二三十年代,史学相对主义就曾经来势汹汹,卡尔·贝克尔径直宣称,"人人都是他自己的历史学家"②,查尔斯·比尔德则断言,客观性对于历史学家

---

① Peter Novick, *That Noble Dream: The "Objectivity Question" and the American Historical Profession*, p. 2.
② 卡尔·贝克尔:《人人都是他自己的历史学家》,载何兆武主编:《历史理论与史学理论:近现代西方史学著作选》,北京:商务印书馆,1999年。

而言,是一个高贵而永远不可能达到的梦想。① 第二次世界大战之后,随着历史学的社会科学化,客观性似乎得到了一定程度上的维护和还原(尽管那已经不可能是前面那种绝对意义上的客观性②)。可是,20世纪70年代以来,后现代主义思潮愈演愈烈,它在史学和史学理论领域内所产生的巨大效应,使得客观性再度处于风雨飘摇之中,遭受到了前所未有的巨大挑战。③ 20世纪历史学客观性所遭逢的这两次冲击,在危及长期以来历史学家们的核心价值和信念的同时,也为我们更加深入地反思和维护历史学客观性提供了新的契机。

---

① 查尔斯·比尔德:《那个高贵的梦想》,载斯特恩编:《史学集锦》(Charles A. Beard, "That Noble Dream", in Fritz Stern ed. , *The Varieties of History*, New York: Meridian Books, 1957)。

② 阿兰·梅吉尔在其《客观性的四种含义》一文中,区分了当代学术语境下四种不同内涵的客观性:绝对的(absolute),指的是在如实地表征外在对象这一意义上的客观性;学科的(disciplinary),指的是能够在特定的学科共同体内部就客观性标准达成共识;互动的(interactional)或辩证的(dialectical),指对象或客体是在主客(认识者与认识对象)互动的过程中建构出来的,从而认识者的主观性就成其为客观性中不可离弃的成分;程序的(procedural),指的是依靠研究过程中不带个人色彩的方法或程式而达到的客观性。这样的区分对于我们下面的讨论很有启发。此文是梅吉尔为其所编《重思客观性》一书所写的导言(Allan Megill, "Four Senses of Objectivity", in Allan Megill ed. , *Rethinking Objectivity*, Durham and London: Duke University Press, 1994),后又收入其《历史知识,历史谬误:当代实践指南》一书(Allan Megill, *Historical Knowledge, Historical Error: A Contemporary Guide to Practice*, Chicago: The University of Chicago Press, 2007)。

③ 史学史名家伊格尔斯有关20世纪史学的著作,副标题就是"从科学的客观性到后现代的挑战",参见格奥尔格·伊格尔斯:《二十世纪的历史学:从科学的客观性到后现代的挑战》,何兆武译,济南:山东大学出版社,2006年。诺维克《那高贵的梦想》一书,讨论20世纪60、70年代以来美国史学界情形的部分,也名之为"危机之中的客观性"。

二

真实可靠的史料会自动呈现出历史的本来面目,而历史学家在研究和写作过程中的中立不倚,则有效地保证了历史真相不被歪曲。这是传统意义上历史学客观性的两个要件。然而,认真的反思足以表明,这两点并非表面上看起来那样理所当然。

我们先从后面一点说起。一方面,历史学家在一定程度上可以通过抑制自己的好恶、克服自己的个人局限,来试图更加公正地对待史料;但他是否真的完全可以变成一面虚己以待的镜子,完全不带主观色彩地接纳和反映研究对象呢?历史学家固然可以在自己所写就的文本中,尽可能地清除掉带有价值判断、伦理倾向、政治立场、审美趣味等具有主观个人色彩的因素;然而,历史研究中最常见不过的一个现象就是,除了相关史料极其有限的例外情形,在历史研究以及它的最终产品历史文本中,相关的史料,或者说对于相关的史实的记述,必定要经过历史学家的选择和淘汰,而不可能全盘呈现在人们的面前。仅仅是此种对于史料的主动选择,就使得历史学家主观的和个人的因素不可避免地渗透到历史研究的过程之中。我们完全可以设想这样的情形:同样是以中立客观的笔调来写作的两部法国革命史,一部浓墨重彩地渲染罗伯斯庇尔、丹东和拿破仑等人一呼百应、金戈铁马的政治和军事行动,另一部则以极大的篇幅来讨论卢梭、伏尔泰的思想言论与法国革命中各种现象的关联;这当中,是政治家的行动成为历史事件的核心成分,还是历史的航线终究是由思想观念所指引着的,这样一些有关历史进程中不同因素扮演何种角色的观点,这样一些与史家个人的立场和倾向不可分割的东西,不期然地就进入到了历史学之中。诚如比尔德所言,"无论历史学家会采取何种行动来纯化自己,他都依然还是人,一个有着时间、地点、环境、关切、偏好和文化的生灵。无论多大程度上的抑制自身,都不可能让安德鲁·怀特变成特纳,或者将他们当中的任何一位变成一面中立的镜子。"①

另一方面,史家的主观因素对于历史认识而言,就终究不过是一种无法摆脱的累赘吗?对于现代学科意义上的历史学的成立,德国历史主义传统功莫大焉。在历史主义看来,历史研究的主体和对象都是同样的人类精神,史家不能像自然科学家那样将自己与研究对象对立起来,而是要力图把握历史事件中精神之所在;因此,历史理解仅靠理智是不够的,它还有赖于创造性的想象力,让历史学家设身处地地来了解历史当事人的所思所感,为其行动得出合理性的解释。因而,发历史主义之端绪的洪堡就已经明确地提出,"一切历史理解都有赖于研究者将自己同化于研究对象"。② 在兰克看来,"每一事件,无论是一般的还是个别的,都是精神生命的一种表现",只有直觉性的认识(intuitive recognition)才能真正达到对它的把握。③ 狄尔泰更是明确指出,由于历史研究的主客体都是人类精神,因而历史理解就

---

① Charles A. Beard, "That Noble Dream", in Fritz Stern ed., *The Varieties of History*, p. 324.

② 转引自威廉·克鲁巴克:《威廉·狄尔泰的历史哲学》(William Kluback, *Wilhelm Dilthey's Philosophy of History*, New York: Columbia University Press, 1956, p. 27)。

③ Friderich Meinecke, *Historism: The Rise of A Historical Outlook*, p. 502.

只能通过内心的体验才能完成。于是,直觉、想象、心通意会的移情(empathy),就都是历史研究中不可或缺的要素和手段。20世纪史学理论中,克罗齐所强调的要重新复活(re-live)历史当事人的心灵,以及作为柯林武德历史哲学核心概念的对于他人思想的重演(re-enactment),其要旨都不外乎此。"世事洞明、人情练达"的人生阅历和体验①,感同身受地了解不同时代、不同地域、不同文化下他人处境的能力,有类于艺术家创造性的、而又为现实感和分寸感所节制的想象力,悲天悯人的人道情怀,"究天人之际,明古今之变"的学术追求,这样一些充满主观性和个人色彩的因素,就成为史学史上那些大师们所共有的特质。缺少了这样一些能力和要素,过往历史对于我们而言,就难免成为克罗齐意义上的"编年史",不过是一些缺乏生气的僵死的史料而已,而无法真正为我们所触及和把握。史学史上的诸多经典著作,在其诸多史料被更新、诸多观点被修正的情形下,依然葆有魅力,也许其中一个重要原因,就在于它们蕴藏了史学大家们这些常人难以比肩的品质。就此而论,可以说,历史学的客观性就应该包括历史学家的主观性在内,真正的客观必须是承认主观因素的客观。历史学论著品质的高下取决于历史学家精神境界和思想水平的高下。在一定意义上来说,历史学家的主观

---

① 汤因比就说过,自己是在亲历第一次世界大战之时,才真正理解了修昔底德笔下的伯罗奔尼撒战争(参见何兆武主编:《历史理论与史学理论:近现代西方史学著作选》,第772页);陈寅恪也说,自己是在抗战初期,"苍黄逃死之际,取一巾箱坊本建炎以来系年要录,抱持诵读。……然其中颇复有不甚可解者,乃取当日身历目睹之事,以相印证,则忽豁然心通意会。平生读史凡四十年,从无似此亲切有味之快感……"(陈寅恪:《金明馆丛稿二编》,上海:上海古籍出版社,1982年,第234页)

精神因素越是强有力,他的历史认识和历史理解也才能越是"客观"。① 在这个意义上,历史学的客观性就是梅吉尔所说的那种包含和认可了主观性的"互动的"或"辩证的"客观性。虽然,这其中并非没有困难存在。作为历史理解重要手段的内心体验和心理置换,如果在不同史家运用于同一对象时产生冲突和差异,我们如何来对其中的高下优劣做出评判?这其中未必就没有合理性标准可寻(比如,对各种造成特定处境的相关史实的恰切把握,史家推论对于历史过程解释的有效性,等等);然而,确如狄尔泰所说,只要历史学家的方法还依赖于对于动机的确定,历史怀疑主义就无法从根本上被克服。但无论如何,主观因素之无法离弃,以及主观性并不见得总会成为客观性的障碍,而相反却可以是成就客观性的要素,当是我们都应该加以承认的。

再来看看史料问题。前面我们的讨论涉及了史学家对史料进行的主动选择。可以说,史料到达史家手中,还要经历一个被动选择的过程。戴维·克拉克将最终到达考古学家手中的遗物的形成,分成了四个不断"取样"的过程:在大量的人类活动中,只有少数可以留下样本和痕迹;少数样本和痕迹可以形成埋藏;少数埋藏可以保存至今;少数被保存的能够得到发掘。②(其实,这里我们还可以加上一句:少数被发掘的能够得到确凿可靠的解释。)考古学的这番情形,对于宽泛意义上的历史学来说,也并无二致。倘若说,历史指的是过去所发生的一切,那么,我

---

① 参见拙著《精神、自由与历史:克罗齐历史哲学研究》,第110—111页。
② 徐坚:《告别纯真:向戴维·克拉克致敬》,《文景》2008年第5期,第45页。

们原则上所能了解的过去,就已经是过去所发生的如此这般的无数事情当中,留下了踪迹(文字记载、宫室器皿、考古发现等)并将其传递到今天的那些。我们只能是通过踪迹的中介来了解过去的。我们可以断定,历史上所曾发生过的更多的事情,因为没有给我们留下任何踪迹,已经一劳永逸地消失在我们的把握之外了。而我们真正能够认识并纳入自己的历史知识的,又只是留下了踪迹的那部分当中极其微小的一部分。对于历史学家所力图了解的历史的某个片段或层面而言,也是同样的情形。因此,可以说,无论历史学如何以追求客观、还原真相自勉,它真正处理的,只能是经过层层折扣而剩下的残缺不全的过去的某个层面。

仅仅因为史料经历了被动的选择,我们就无法在绝对的、完整的、纤毫必至的意义上,还原过去或者过去的某个片段或层面。然而,这是不是就意味着客观性也完全丧失了根基呢?比尔德似乎就是这样来推论的:

> 不仅史料是不完全的。只有在很少见的情形下,历史学家能够有理由确认,他搜集到了有关某一特定时期、地区或片段的全部史料。在绝大多数情况下,对于他所处理的实在之中的无数人和事,他不过是对有关它们的不完全的记录进行了不完全的选择或者不完全的解读。……既然有关任何时期的历史都包含了它所涉及的全部实在,而且,既然史料和研究都是不完全的,随之而来的就是,完整的实在是任何历史学家实际上都不可能知晓的,无论他在研究过程中如何勤勉、公正或诚实。如其所是的历史——它当然有

别于具体的历史事实——是人们不知晓也不可知的,无论人们是如何热忱地追求着"努力达到客观真理的理想"。①

这样的论点很难令人信服。毕竟,人类的知识形式中,没有哪一种是可以毫厘不爽地完整反映和刻画它的研究对象的。几何学在解决现实问题时,只会关注研究对象的几何特征而不会涉及其颜色和气味;审美心理学在关注"夏天最后一朵玫瑰"所引发的审美心理时,也不会考虑到它作为植物生殖器官的功能。可以说,以一种知识形式不能完全地把握对象而取消其客观性,是对各种知识形式的功能和客观性的内涵作了不恰当的理解。内格尔针对那种因为历史学的选择性而否认其客观性的论点评论说:

> 只有根据如下假定,一切历史论述都是内在任意的和主观的这一看法才是可理解的,这个假定就是:对一个题材的知识必须等同于那个题材,或者必须以某种方式再现它;这个假定,以及与此伴随的看法,必定会因为荒谬而受到拒斥。这样,无法合理地把一张地图表征为是对它所表示的区域的歪曲翻版,只因为这张地图并不符合那个区域,或者并不提及在那个区域中可能实际存在的每个东西;相反,一张按比例绘制但不略去任何东西的"地图",才是一个全然没有目的的怪物。……如果一个历史说明无法陈述"自人文开始它漫长的历程以来,这个星球上的一切所说、所做和

---

① Charles A. Beard, "That Noble Dream", in Fritz Stern ed., *The Varieties of History*, p. 324.

所思",就要把这个说明表征为"主观的",那么,这不仅是客观性的一个无法实现的理想,也是一个荒谬的理想。因此,历史研究处理过去那些经过选择的方面,或历史说明并不认为每个东西都与别的每个东西因果相关,单是这一事实并不是怀疑能够得到客观上有保证的人类历史的恰当理由。①

内格尔的评论颇为中肯,但其中以地图为例所提出的论点中,也有我们可以提出异议之处。细节虽小,却涉及历史学的特殊性所在。近年来,论者每每像内格尔那样以地图为例来表明,历史学所具有的选择和建构的特征,并不意味着它就无法客观地认知历史实在;因为在地图的绘制过程中就充满了选择和建构的因素,但是,地图与其特定目的相适应,客观地反映了地貌,乃是不争的事实。② 然而,在我看来,在这个极具启发意义的转义中,也颇有可以商议之处。在地图绘制工作当中,人们可以有把握地说,针对地图所要服务的特定目的(如指示交通道路、表征山川地形、标明加油站的分布等),我们了解我们所需要的一切信息;在人类知识的诸多形式(如至少是大多数自然科学的各

---

① 欧内斯特·内格尔:《科学的结构:科学说明的逻辑问题》,徐向东译,上海:上海译文出版社,2002年,第694—695页。

② 例如,在卡罗尔(Noël Carroll)对海登·怀特和哈斯基尔(Thomas Haskell)对利奥塔等法国后现代主义者的批评中,都以地图为例来表明此种立场。卡罗尔的《解释、历史与叙事》("Interpretation, History and Narrative")和哈斯基尔的《客观性并非中立》("Objectivity is not Neutrality"),都收入了《历史与理论:当代读本》(Brian Fay, Philip Pomper and Richard T. Vann ed., *History and Theory: Contemporary Readings*)一书中。

个门类)之中,人们也至少在原则上能够搜集汇总种种与其研究主题和目的相关的要素。而在历史学中,却有很多有价值的或重要的东西是我们不曾拥有过或者无可挽回地失去了而又无法弥补的。

面对这样的情形,人们往往会自我安慰,仿佛凡是真正值得留存下来的东西,都是会留存下来的。大浪淘沙,真金自会被保留下来。可是,真实的情形未必如此。宇文所安在谈到文学史的编撰时就举过这样一个例子:李绅是唐朝"新乐府"运动和元和时期诗歌革新运动中的重要人物,元稹的《莺莺传》就是与他已失传了的《莺莺歌》相配的,他应该是一个很有趣而活跃的诗人。然而今天很少有人关注李绅,因为他现存的诗作绝大部分都是他晚年相当平庸的一些作品,我们无从知道他早年充满生气的作品是什么样子。又一个例子是,现有孟郊的诗集是北宋宋敏求所编,宋敏求自承他剔除了其中那些"体制不类"的作品。我们今天读到的孟郊诗作,其风格高度一致,然而,我们不知道在何种程度上这应该归功于孟郊还是宋敏求。宇文所安的一个结论就是:"[对于文学史]我们的理解比以前更加完善,这不仅是就我们所知道些什么来说的,而且是指我们知道自己不知道什么,并且知道这些我们不知道的东西的重要性。"[①]只从这样的例子,就可以揣想,有多少要紧的、应该和值得知道的过去的某些层面,已经不复能够呈现在我们的眼前。准此而论,一方面,我们不能期望历史学在绝对的包罗无遗的意义上还原过

[①] 宇文所安:《史中有史——从编辑〈剑桥中国文学史〉谈起》,《读书》2008年第5、6期。

去,但即便是在选择性地重建过去之时,也常常会出现关键性的要素和史实我们暂时或永远无从知晓的情形,常常会出现事件或事态的重要链条和环节是我们无从根据确凿证据来进行填补的情形。真相的还原和本来面目的重建,经常会遭逢重要因素和环节出现缺失的情形。另一方面,在历史学的研究中,苏格拉底式的"知道自己的无知"(the knowledge of one's own ignorance)的古典智慧,不啻是让史学家对自己的研究始终保持警惕和自省的清醒剂。历史学的进步,不仅在于知道得更多更深入,还在于对于不知道的东西及其重要性有着清晰的意识。历史学的选择性并没有将史学家与过去隔离开来,然而,对于我们了解过去时所受到的限制和难以弥补的欠缺,在过往的史学传统中却没有得到足够的重视。

相对主义正是从历史学的选择性和历史学家的主观性这两个层面,来质疑和攻击历史学的客观性的。我们以上的讨论试图表明,这样的攻击和质疑本身很成问题。历史学的选择性,历史学家主观性之无可避免地渗透进历史学家的工作流程,并构成为历史学认知过去的一个条件,虽然并不见得危及了客观性本身,然而,我们确实无法再维系那种绝对意义上的客观性,而只能以更加谨慎和更多限制的方式来探讨客观性问题,来理解历史学"还历史以本来面目""讲述历史真相"的使命。

三

后现代主义思潮在历史学领域产生的效应,在使得启蒙运动以来,以理性、自由、民主、革命等"大词"来组织编排历史的

"宏大叙事"退出前台的同时,也严重地冲击和动摇了历史学的客观性。叙事主义作为后现代主义思潮影响下的历史哲学和史学理论的主要形态[①],一方面更加有力地挑战了客观性,另一方面也为我们反思和重建客观性提供了新的契机。

1973 年,海登·怀特《元史学:19 世纪欧洲的历史想象》一书问世,奠定了叙事主义史学理论的基本思路。怀特的出发点是考察历史学的最终产品——历史文本。在他看来,历史学不像自然科学或某些社会科学那样有着自身的专业语言,它使用的就是日常有教养的语言(ordinary educated speech),因而,历史学文本就具备了其作为文学作品的某些特质。[②] 在《元史学》中,怀特提出了一套高度程式化的理论模式来考察历史学文本。他指出,历史学家是依靠语言和思维的各种转义模式来建构其研究对象的。在语言和思维的这种深层结构的支配下,历史叙事的概念化就具备了三个基本的层面:情节化模式、论证模式和意识形态蕴涵模式。一个历史叙事,要以特定文化的文学传统中既有的情节化模式(如喜剧、悲剧等)来编排历史过程,要以各种方式来说明和解释研究对象(比如,有机论的解释模式,就是要以各种相互关联的因素来说明特定的历史现象),并且,它

---

① 叙事主义史学理论两位最主要的人物中,海登·怀特虽然有时与后现代主义保持一定的距离,却被广泛视为后现代主义在历史哲学领域的始作俑者;安克斯密特则鲜明地标示出自己后现代主义者的立场。在波兰学者埃娃·多曼斯卡对多位史学理论家的访谈中,可以清楚地看到这一点。见埃娃·多曼斯卡编:《邂逅:后现代主义之后的历史哲学》。

② Hayden White, "The Historical Text as Literary Artifact", in *Tropics of Discourse*.

还必定包含了史家政治立场和伦理观点的因素。对于过去的同一个片段，人们完全可以用不同的情节化模式来对其进行编排，以不同的论证模式来对其做出解释，并且赋予其不同的意识形态蕴涵。我们一般总认为，因为还可以不断做出自由的选择，将来对我们而言是开放的和不确定的。而在怀特这里，人们在面对过去时，也有着按照自己所喜好的方式来编排和理解它的自由，过去并非如人们所设想的那样一成不变，相反，人们在很大程度上是可以选择怎么来看待它的，因而，可以说，在怀特这里，过去也成为不确定的了。① 过往的史学理论（比如说克罗齐和柯林武德）也在强调，过去并非已经僵死的过去，而是还在活着的过去（living past），但其要旨，一方面是指，人们总是以自己当下的精神活动来还原和重构过去；另一方面是说，过去构成为现在的要素，正如黑格尔所说的，"我们之所以是我们，乃是因为我们有历史"，过去就鲜活地保存在现在之中。在他们那里，过去并不因为依然鲜活就失去了其确定性。而叙事主义者如怀特则赋予了人们编排、把握和理解过去的自由，那么，不仅将来是什么样子，而且过去是什么样子都在很大程度上取决于我们的自由选择。

由这样的立场出发，怀特得出了如下的结论："没有什么确定无疑的理论基础能够让人们有理由声称，［历史学的］这些模式中的任何一种具有比其他模式更加"实在"的权威性；……其结果就是，我们在致力于反思一般历史时，注定了要在相互竞争的解释策略之间做出选择；……由此得出的推论是，选择某种历

---

① 参见本书第一章。

史图景而非另外一种的最好的理由,归根结底乃是审美的或道德的,而非认识论的……"①人们都熟知审美领域内"趣味无争辩""诗无达诂"这样的命题,当代社会更是呈现出政治伦理观点多元化的面相。倘若照怀特的思路,审美或道德的因素决定了人们对历史图景的选择的话,客观性和一致性就不是历史学所应该追求和自许的理想了。在怀特看来,人们写作和接受什么样的历史,取决于他们是什么样的人,具有什么样的个性色彩、伦理立场和审美取向。既然人们无法在不同历史模式的取舍之间,展开真正有意义的争辩,那么"史无达诂"就是他史学理论的归宿了。怀特否定了有任何实在的和认知的基础,可以在对于同一对象的不同历史叙事之间做出评判和选择,他在"解构所谓历史科学的神话"②的同时,也就否定了历史学的客观性。

怀特的立场危及历史学的科学性和客观性,是许多职业历史学家所无法接受的。然而,若非触及历史学文本当中某些人们过往没有能够深入探究的特性,他所产生的巨大影响也就不大容易得到解释了。在怀特所着重分析的19世纪历史学家中,同样一场法国革命,在自由主义立场的米什莱那里,呈现为一场高奏自由凯歌的喜剧,而在具有保守色彩的托克维尔那里,则成了一场让人欷歔不已的悲剧。而这二位,又都是后世所公认的史学大师。在都不违背历史学家法亦即历

---

① Hayden White, *Metahistory*, p. xii.
② 这是怀特在接受埃娃·多曼斯卡访谈时所表明的《元史学》一书的旨意。见《邂逅:后现代主义之后的历史哲学》,第18页。

史学在有关史料考订和提出解释等方面所形成的传统学术规则的同时,对于同一对象形成差异甚大,甚至彼此冲突、不能相容的历史图景,这样的情形在史学史上实在是屡见不鲜。我们再来看一个例证:同样是研究同一历史现象(20世纪30年代美国南部大平原上发生的尘暴及其带来的大干旱)的两部著作,书名几乎相同,两位作者研究时所使用的档案材料绝大部分也相同,他们在绝大多数有关史实的问题上并无二致,而得出的解释和结论却大相径庭。① 博尼菲尔德(Paul Bonnifield)总体的论点是:

> 说到底,尘暴的故事乃是人的故事——有能力有才干的人,随机应变、执著勇敢的人。……尘暴袭击的不是受到挫败、丧失了希望的一贫如洗的人。他们是明天的建设者。在那些艰难岁月里,他们继续建设和经营他们的教会、生意、中小学、大学和他们的社区。他们靠上帝与这片土地的开拓者们更接近了。他们的过去都经历了艰难岁月,然而将来属于那些做好了准备抓住这个瞬间的人们……因为他们在那些艰难岁月中坚持下来,在土地上劳作,开发上面的资源,上百万的人有了更好的食物,在更卫生的地方工作,

---

① 见克罗农:《故事的所在:自然、历史与叙事》,《美国史杂志》(William Cronon, "A Place for Stories: Nature, History, and Narrative", *The Journal of American History*, 1992, Vol. 78, Iss. 4),以下两段引文也转引自此文。这里提到的两本著作分别是博尼菲尔德的《尘暴:人、污物和萧条》(Paul Bonnifield, *The Dust Bowl: Men, Dirt, and Depression*, Albuquerque: University of New Mexico Press, 1979)和沃斯特的《尘暴:20世纪30年代的南部大平原》(Donald Worster, *Dust Bowl: The Southern Plains in the 1930s*, New York: Oxford University Press, 1979)。

享用了更加温暖的住房。由于那些坚韧不拔的人没有在一场危机中逃离这片多灾多难的土地,今天这个国家有了更高的生活水平。

而构成沃斯特(Donald Worster)著作主线的则是这样的思路和结论:

> 尘暴是20世纪南部大平原生活中最黑暗的时光。这个名号就标示着一个地方——其边界像沙丘一样变化不定的一个地区。然而,这也是一个有着全国性、甚至全球性意义的事件。在世界粮食问题上广受尊重的权威乔治·博克斯特罗姆将尘暴的发生列为历史上人类铸成大错的三个最糟糕的生态灾难之一。……无法将其归咎于无知、人口过多或者社会混乱。它之所以到来,是由于那种文化按照人们设想的方式在运行……尘暴……是某种自觉故意地以主宰和剥夺土地上的全部财富为己任的文化的必然后果。

于是,在前者那里是一个人类勇敢地战胜自然灾害的具有史诗传奇意味的喜剧故事,在后者那里,却呈现为一出以逐利为核心价值的资本主义文化使得人类无法与自然相协调而造成的悲剧。在这样两幅高度重叠却又互不相容的历史图景之间,读者又该何去何从呢?

海登·怀特之后,叙事主义领域内风头最健的理论家安克斯密特曾经评论说,既然两幅历史构图中包含着同样真确的对于史实的陈述,那为什么一种历史构图会比另一种更加易于让历史学家接纳,这是史学理论长期忽视的一个问题。①对于历史著作的优劣高下,历史学家的学术共同体之间大体总是能够达成一致的,如果不否认这一现象的普遍存在,就得承认这其中必定存在着某种合理性标准。而完全否定了客观性观念,我们就无从探讨这样的标准,也无从解释这种学科内部的一致性。

四

历史学的传统向来以追索历史真相、"还过去以本来面目"为鹄的。寻常的观点认为,历史研究要达到这样的"客观性",只需要满足两个条件:一是历史学家要精心考辨史实,做到经自己之手写出来的论著,"无一字一句无来历",经受得住历史学家法的锤炼,表述出来的都是真实发生过的历史事实(如果碰到了只能以或然的方式来言说的东西、带有猜测和想象成分的东西,也必须在语言运用中将这一层内涵表达出来);再就是,对于历史真实的表述,要不带任何主观色彩,避免将个人情感、好恶、价值判断等因素掺杂进去。客观中立的史料,自然会将其意义显露出来,而任何带有党派或其他偏见的人们,都无法找到合理的根据来拒斥它。兰克说过,他自己写的宗教改革史,要让天主教徒和新教徒都能够接受,这种论述就表达了类似的信念。虽然,兰克本人的思想蕴涵,远比他那被实证主义化了的形象要深邃复杂许多。我们今天在书页报端当中,随处可见"让历史

---

① Frank Ankersmit, *Narrative Logic*, Introduction.

事实说话"的说法。倘若历史事实本身自动地就会呈现出意义和结论来的话,傅斯年的那句名言"史料就是史学",便应该是不刊之论了。然而,叙事主义理论视野下历史学文本所呈现出来的某些特性,却令我们不得不对这样的看法发生疑问。也许,做一个小小的文本实验,可以帮助我们在叙事主义思路的基础上,更加深入地了解历史文本的特性,更加贴近历史文本地探讨客观性问题。①

这里所要做的文本实验的主人公,是颇具传奇色彩、别号"呵呵勋爵"的威廉·乔伊斯(William Joyce),第二次世界大战时期德国对英国广播的首席播音员。在从不同角度对这位传奇人物有所了解之后,这里试对乔伊斯之死进行简单的历史表述。在现有史料的基础上,我们可以肯定(或者至少暂时这么假定),其中的每一句都是确定无疑的,都是历史上真实发生过的事情,而且对这些史实的表述,我们都小心翼翼地避免让其带上任何主观色彩。于是,我们有了如下这样一段文本:

(甲)(1)按其1933年申请英国护照时的说法,威廉·乔伊斯生于爱尔兰。(2)但按其受审时的说法,乔伊斯生于纽约,父亲是入籍的美国公民。(3)乔伊斯从未正式申请过英国国籍,尽管他一生中大部分时间在英国

---

① 本节内容部分见之于拙文《呵呵勋爵与历史文本的游戏》,《读书》2008年第7期。其中的文本案例出自英国学者戈尔曼《历史学中的客观性和真》(J. L. Gorman, "Objectivity and Truth in History", in *History and Theory: Contemporary Readings*)一文而有所变化,讨论方式和立场也有所不同。

度过,并被人视为爱国者。(4)他成为一个法西斯分子,和他比起来,连"吸血鬼"奥斯瓦尔德·莫斯莱(一个有名的法西斯分子)都显得太温和了一些。(5)1938年,乔伊斯申请并拿到英国护照,当时他伪称自己为英国公民。(6)1939年8月,战争爆发前几天,他去了德国,为德国宣传部工作。(7)倘若乔伊斯没有撒谎并拿到英国护照,他就不会被绞死。对此种谎言的通常刑罚是一小笔罚金。(8)1940年9月,他加入了德国籍。(9)乔伊斯在德国为德国宣传部工作,他是德国首席的英文广播员,并赢得了"呵呵爵士"的称号(因为他说话时爱清嗓子)。(10)很多被归到乔伊斯名下的广播内容,其实他和任何人都没有说过。比如说,没有一个德国广播员宣布过德国轰炸机第二天会轰炸的城市的名字,或者说过某个地方的钟慢了十分钟。(11)这些传奇式的说法是战争时期人们神经太过紧张的产物。(12)后来他以叛国者的罪名被处死。

这一段文字,完全满足了前面所列的关于客观真实的历史学的基本要求。除了相关史料极其有限的例外情形,在历史研究以及它的最终产品历史文本中,相关的史料,或者说对于相关的史实的记述,必定要经过历史学家的选择,而不可能全盘呈现在人们的面前。可是,是不是真像很多人所认为的那样,尽管选择的因素是历史学无从回避的,但只要每一字每一句都是可以被确立的历史事实,一份历史文本就必定是不管持有什么立场的所有人都必须接受的呢?

继续我们的文本游戏。假定文本(甲)中已经包含了我们关于乔伊斯之死所能说的全部内容,现在,将文本(甲)中的要素(1)、(4)、(6)、(9)、(12)编排在一起,我们可以得到一个虽短小却完整的历史叙事:

> (乙)按其1933年申请英国护照时的说法,乔伊斯生于爱尔兰。他成为一个法西斯分子,和他比起来,连"吸血鬼"奥斯瓦尔德·莫斯莱都显得太温和了一些。1939年8月,战争爆发前几天,他去了德国,为德国宣传部工作。他是德国首席的对英广播员(因为他说话时爱清嗓子,人称"呵呵爵士")。后来他以叛国者的罪名而被处死。

再将(2)、(3)、(8)、(9)、(11)、(12)组合在一起,也同样构成了一个有头有尾的完整的叙事文本:

> (丙)按乔伊斯受审时的证词,他生于纽约,父亲是入了籍的美国公民。乔伊斯从未正式申请过英国国籍,尽管他一生中大部分时间在英国度过,并被人视为爱国者。1940年9月他加入德国籍。他是德国对英广播的首席播音员,并赢得了"呵呵爵士"的称号。关于他的某些传奇是战争时期人们神经太过紧张的产物。后来他以叛国者的罪名被处死。

除了为着文气连贯而在文字上所作的轻微变动之外,(乙)、(丙)两个文本所包含的,都是我们认为可以确立的史实,而且,对这些史实的陈述也避免了任何主观的色彩。然而,这两个针对同一主题、完全由客观中立的史实陈述所构成的文本之间,却发生了严重的冲突。这大概是读者马上就能强烈地感受到的。这就验证了内格尔所揭示过的现象:"有关同一时期的两个历史记述,其中都只包含了对于特定(或'简单')事实的无可置疑的正确陈述,然而其中每一个都明显地带上了偏见的印迹,这并非不可想象之事。因为在它们提到或没有提到的东西上,在它们并列它们报告的同样事件的方式上,或者在它们对它们允许起作用的各种因素的强调上,这两个论述可能会有所不同。"①只看文本(乙),我们得到的印象是,乔伊斯是一个罪有应得的叛国者。只看文本(丙),我们会觉得,加之于乔伊斯的叛国罪名很有些可疑,而且,在他身上,罚与罪似乎太不相称。而如果事先有了文本(甲)的印象,恐怕很多人都会觉得,(乙)和(丙)都太过偏颇,让人无法接受。尽管事实上,文本(甲)是否就足够客观中立,恐怕也让人心怀疑虑。

　　三个文本对照之下,或许我们可以得出几层看法。

　　首先是,史料或者说历史事实要说话,靠的是历史学家将它们编排为有机的整体。单纯的互不关联的史料堆积在一起,不过是克罗齐贬义上的"编年"或者中国传统说法的"断烂朝报",并不会自动呈现出意义来。一系列相关的史料构成一个可理解、有意义的历史图景,才成其为真正意义上的历史学。单个陈述构成的历史文本,其意义并非从其组成成分就能分析出来。

---

① 欧内斯特·内格尔:《科学的结构:科学说明的逻辑问题》,第699页注释1。译文有改动。

用大家烂熟于耳的话来说,就历史文本而论,确实是整体大于部分之和。像是文本(丙)的情形,其中的每个句子都是中立地表达出来的史实,可是,六个句子构成的文本中,前后事件之间的关联,文本作者的态度(对当事人乔伊斯的同情甚至为其辩解和叫屈)等这样一些因素明显地出现了。而在构成它的六个句子的任何一句当中,都无法找到这些成分。或许可以说,是历史学家让史料说话的,虽然,历史学家说话的时候,并非可以恣意妄为,而是要受到史料的束缚。在这个例证中,我们可以真切地感受到,史学理论关注的是史实陈述或文本的构成部分,还是关注文本整体,其间的视野和问题意识大不一样。由前者向后者的转移,正是海登·怀特以来史学理论转向的蕴涵之所在。安克斯密特则将当代西方历史哲学由分析的历史哲学到叙事主义历史哲学的转型,解释为前者关注的是历史研究,后者关注的是历史写作。历史研究涉及的是对于事实的单个陈述,而历史写作则涉及作为整体的历史文本或叙事性解释。"历史研究的结果以陈述表达;叙事解释则是成系列的陈述。"一系列彼此具有内在关联的陈述构成为一个叙事性解释,其特性就并非单个陈述所可能具有的了。如安克斯密特所言,"仅当就其整体而论的历史叙事的(隐喻性)意义,超出了其单个陈述的总和的(字面)意义之时,历史叙事才成其为历史叙事"。而"历史叙事就像脚手架:在攀登上了其单个陈述的台阶之后,人们的视野之所及,远远超出台阶建基于其上的那片地域"。[1] 由这样的视角出

---

[1] Frank Ankersmit,"Six Theses on Narrativist Philosophy of History", in *History and Tropology*.

发,对历史学客观性的探究,就不能仅仅在甚至主要不应该在(安克斯密特意义上的)历史研究和史实陈述的层面上来展开,而应该充分考虑到历史文本或历史叙事的特性。

再就是,通常我们要求于一个历史文本的,是要它传达历史的真实。可是,在上面的例证中,每一个句子、对于史实的每一项陈述都是真的,然而,由真的陈述构成的整体画面,却难免有片面和歪曲的嫌疑。在前面的例证中,即便(乙)或(丙)两个文本中的每个句子都是我们所能够接受的,但这些句子所组成的那个小小的文本整体,却无法同样让人接受。也许,我们可以说,"真""假"这样的标准,对于历史学来说,只能适用于对单个的历史事实的陈述,而无法适用于整体文本(这正好是安克斯密特的核心论点之一)。比如,我们可以说(乙)或者(丙)中的某个陈述是真的或者假的,却无法说(乙)和(丙)相比较,其中一个比另一个更真。然而,我们可以说,(甲)比(乙)或(丙)更恰当、更能让人接受。传统的看法往往将"客观"与"真"相等同。也许,我们可以将其修正为这样的提法:"客观性"在较低(也是最基本)的层面上,要求单个史实陈述的"真",在较高的层面上,要求整个文本的"恰当性"和"可接受性"。①

更进一步,文本的"恰当性"或"可接受性",又该如何来界定呢?这样的标准是否意味着退回到主观感受和偏好而失去了

---

① 戈尔曼说,对他而言,"客观的就意味着可以被合理接受的"(rationally acceptible),见 J. L. Gorman, "Objectivity and Truth in History", *History and Theory: Contemporary Readings*, p.333。安克斯密特则提出,要以合理性(plausibility)标准来取代真实性这一概念,见 Frank Ankersmit, *Historical Representation*, p.238。

约束力呢?紧贴着上面的文本实例,倒也暂时可以先说上几句。对于认定乔伊斯罪有应得的文本(乙),人们完全可以指责它忽略了若干重要的史实,比如说,若干涉及他是否可以以叛国罪论处的事项。对于多少想为其开脱的文本(丙),也可以同样指责它无视若干不应该省略掉的史实,比如,乔伊斯是以狂热的法西斯分子的身份在战争前夕跑到德国去的。也就是说,虽然,在历史学家针对某一个主题选择史实时,可能有主观性和自由度,其间也并非就全然不带有一定强制性的约束。比如,一部论述英国工业革命的论著,如果忽略了蒸汽机的改良或者英国当时可利用的煤炭资源的特点,大概就是人们所难以接受的。换个说法,对于某个主题,若干历史事实所具有的相关性和重要性,人们是可以达成共识的。而一个历史文本(或者说一幅历史构图),如果无法容纳具有较大相关性和重要性的史实,比方说,文本(乙)不能容纳让乔伊斯的叛国罪罪名变得可疑的史实,人们也就有了不接受它的理由。也许,从这一点出发,在谨慎得多的意义上来讨论历史学的客观性,才是一条可行的途径。

五

海登·怀特认为历史学的概念化包含了认知的、伦理的和审美的三个层面,这在史学理论家中是得到了广泛认同的。[①]

[①] 对怀特颇多批评的德国史学理论家吕森也提出,历史文化具有三个彼此息息相关的维度——认知、政治和审美。见埃娃·多曼斯卡对吕森的访谈,《邂逅:后现代主义之后的历史哲学》,第 191 页。

然而，怀特在其理论展开的过程中，却有意无意地忽略了认知的层面，而更多地从后面两个层面来进行发挥。怀特是不谈客观性的，安克斯密特对他所提到过的历史表现的"合理性"标准也语焉不详，更没有将此与客观性联系起来。那么，在叙事主义所揭橥的历史文本或历史表现的层面上，是否客观性就没有了存身之处呢？换言之，我们还有没有什么合理标准，来对不同历史构图的优劣高下做出评判呢？

仅就认知的层面而论，上一节针对叙事主义立场而对客观性进行的讨论还可以进一步深入下去。作为具体史学研究的最终产品，历史学文本首先自然是要在事实陈述方面做到史料可靠。然而，一旦从文本整体的角度着眼，我们就会看到这样的情形：倘若一个文本包含了不正确的史实，它至少就是有瑕疵的，尤其是当这样的史实构成历史解释中的关键环节时，此种解释是否能够成立，更是会遭到根本性的质疑；反过来，如果一个历史学文本中只包含了在对史料进行批判性研究之后的可靠的史实，也并不就能保证整个历史构图的正当性。换言之，"单纯的史实本身只能消极地反证一幅历史图像的不正确，但不能正面证明它的正确"。① 而史学研究中常见的情形是，一个包含了某些错误史实或者说对史料的错误运用的文本，照样可能具有很高的学术价值和对同行的说服力，甚至于超出了其他针对同一论题而史实把握更为准确可靠的文本。用戈尔曼的话来说就是，历史文本所包含的陈述都为真，是文本的绝对可接受性的必要条件。然而，对于文本的相对可接受性而论，它却既非充分条

---

① 何兆武：《可能性、现实性和历史构图》，《历史理性批判论集》，第62页。

件,也非必要条件。①

于是,在认知的层面上,从叙事主义视野来看,更关键的问题发生在对史实的选择和编排上。安克斯密特将对于诸多陈述的选择和编排称为历史学家的"政治",在他看来,在历史写作中,"所有根本性而有意思的东西都不是出现在单个陈述的层面上,而是在历史学家选择各个陈述……[以形成他们关于过去的图景]的政治之中"。② 然则,这种对于史实的选择完全(如海登·怀特经常所说的那样)是武断任意的吗?史实之间的关联是纯然出自历史学家创造性的思想活动吗?③ 首先,如前面我们在讨论有关"呵呵勋爵"的文本时所谈到的,历史学家在针对某一主题选择将要纳入其历史构图的史实时,虽然有着一定的自由度,其间并非就全然没有法度和约束可言。历史学家的学术共同体,对于哪些史实是有关特定主题的研究所必须包含而无法回避掉的,哪些史实较之别的史实对于这样的主题具有更大的重要性,往往是能够达成很大程度上的共识的。也许我们可以说,在构成一幅历史构图或者说一份历史学文本的诸多史实陈述中,事实上存在着一种重要性的等级制(hierarchy of

---

① J. L. Gorman, "Objectivity and Truth in History", *History and Theory: Contemporary Readings*, p. 327. 他所谓的绝对可接受性,指的是就单独一个文本而论的毫无瑕疵;相对可接受性则是就不同文本的比较而言。

② Frank Ankersmit, "Reply to Professor Zagorin", *History and Theory: Contemporary Readings*, p. 208.

③ 怀特曾经有过这样的极端之论,"历史不仅有关事件,而且有关事件之间的关系。这些关系并非内在于事件本身,而只存在于反思这些事件的历史学家的心灵之中"。Hayden White, "The Historical Text as Literary Artifact", in *Tropics of Discourse*, p. 94.

importance),是历史学家学术共同体中往往能够达到一定程度的共识的。① 梅吉尔所谓"学科的"客观性,在历史学中最重要的蕴涵就应该是此种共识的达成。违背了这种共识,历史学家的职业操守和专业水准就会受到质疑。其次,诸多史实被编排成为一个完整的历史构图,在认知的层面而论,也要求这样的历史构图必须内在地融贯一致,而不能出现不同陈述相互矛盾冲突的情形。"在不同的构图能够包容同样的史实的情况下,不同构图的优劣就取决于它们逻辑的严密性和简捷性。"再次,一幅历史构图,其解释效力必须具有足够的涵盖面,至少没有已知的重要史实是其所无法解释和容纳或者直接与其相冲突的。就此而论,则"如果一幅历史图像能够被纳入另一幅而成为它的一个组成部分,前一幅就是一个低层的,后一幅则是一个更高一层的历史图像"。② 最后,历史构图或文本的新颖或原创性(这

---

① 戈尔曼将具体史实对于一个历史文本而言的相关性(relevance)与其意义(significance)进行了区分,并举例说,就"呵呵勋爵"的叛国罪名是否成立的有关文本而论,他是否有过英国国籍,具有很大的相关性;而第二次世界大战的结果是盟军取得了胜利这一史实,虽然意义重大,但对这里讨论的文本而言却并不具有多大的相关性。照这样的说法,就仿佛是任何史实本身都有其内在而大小确定的意义(参见我《历史学中的客观与真》一文)。在我看来,意义和相关性一样,总是针对特定主题或对象而言的。同一个史实对于不同的历史构图而言,也可能具有不同的重要性和相关性(比如针对威廉斯的叛国罪名是否成立,他的出身地等有关史实就是具有重要意义和相关性的)。脱离具体语境而孤立评判史实意义的大小,并没有多大的意义。因此,这里所使用的"重要性"一词,可以说就兼摄了戈尔曼的"相关性"和"意义"的内涵。

② 何兆武:《可能性、现实性和历史构图》,《历史理性批判论集》,第64、65页。

第五章　相对主义、叙事主义与历史学客观性问题

当然是指在严守历史学家法基础上所产生出来的)①，也是我们相对于其他同一主题的文本或构图来判定其价值的重要考量因素。

如果说，在认知的层面，其实存在着诸多合理性的标准，来对单个历史构图的正当性以及不同构图之间相对的正当性和高下优劣作出评判的话，在审美的和政治与伦理的层面我们是否就完全无法做到这一点了呢？

沃尔什被安克斯密特视为叙事主义理论在怀特手中成型之前，最早脱离分析的历史哲学窠臼的先驱理论家之一。在沃尔什看来，历史学家注定了是从自身的视角来观照其研究对象的，个人的和集体的偏见、各种互相冲突的有关历史解说的理论、根本性的哲学冲突，都是造成历史学家之间不一致的因素。然而，沃尔什认为，这并不意味着客观性和真实性就不复存在了。沃尔什力图以一种视角论（perspectivism，也译为配景理论）的立场来解说历史学客观性的问题，他说：

　　……真实性和客观性这些概念在这一理论里，却仍然保持着一种对于历史学家的意义。它们之所以如此，是因为在任何给定的一组前提假设之内，历史著作都可以完成得好一些或者差一些。被党派宣传家用来鼓动信徒和感化

---

① 安克斯密特就提出，好的历史表现应该具有两个条件，一是涵盖面的最大化（scope-maximalization），二是原创性。马克·贝弗尔在准确性、一致性、整全性（comprehensiveness）之外，也将进步、新颖和开放作为客观的历史解释所应该满足的标准，见其《历史学中的客观性》一文，载《历史与理论》（Mark Bevir, "Objectivity in History", *History and Theory*, 1994, Vol.33, No.3）。

动摇分子的历史学是坏历史学,并非因为它是有偏见的(所有的历史学都是有偏见的),而是因为它是以一种错误的方式而有偏见。它以忽略所有有声望的历史学家都承认的某些基本规则为代价而建立它的结论:诸如,要详尽考订你的证据,只有当结论具有良好的证据时才能接受结论,在你的论证中要保持思想的诚实性,等等规则。凡是忽略这些规则的历史学家,只能写出一种坏的意义上的主观的著作;而凡是坚持这些规则的历史学家则处于一种可以达到真实性和客观性的地位,只要它们在历史学中是可以达到的。……这一点所得到的结论就是,按照这种配景理论[即视角论——引者],历史学中的客观性就只有在一种弱化了的或者次要的意义上才是可能的。……按这种看法,马克思主义对19世纪政治史的解说,将只对马克思主义者才是有效的;自由主义的解说则只对自由主义者才是有效的,如此等等。但是这并不妨碍马克思主义者或者自由主义者以一种可以称之为客观的姿态来写历史;那就是说,来试图在他们给定的前提假设之内构造出一种确实是对他们所承认的全部证据都做到了公平对待的叙述。于是就会有马克思主义的相对客观的和相对主观的叙述和以自由主义的观点而写出的相对客观的和相对主观的历史著作。但却不会有在科学的理论所要求的那种方式上的绝对客观的历史著作。①

---

① 沃尔什:《历史哲学导论》,何兆武、张文杰译,北京:北京大学出版社,2008年,第111页。

照沃尔什的这种视角论,历史学的客观性只能限制在历史学家法的范围之中来加以讨论,而不同视角之间是完全无法加以比较和衡量的。这似乎是说,过去之作为一个整体,是我们所无从达到的,历史学家所努力要做的,不过是"各得大道之一端"。只要都满足了对于史料加以公正对待的历史学家法,不同视角之间实际上是无法加以比较的;一个历史学家所创造出来的历史图景,只有在同一视角内部才具有其有效性。如果考虑到怀特虽然认为,对史家不同解释策略的选择主要是出于意识形态和审美的理由,但他并没有像有的极端后现代主义倾向的学者那样,走到否定证据的约束性和史学规范的地步,他的基本立场与沃尔什就并没有什么太大的根本性区别。

就此而论,我们可以说,一方面,不同的审美趣味和政治、伦理的立场倾向之间,并非全然就没有合理的标准来进行判别和估价。在审美层面上,"趣味无争辩"的同时,趣味有高下却也是不争的事实。贝多芬的交响曲与流行歌曲,《红楼梦》与网络小说,李商隐的"锦瑟无端五十弦,一弦一柱思华年"与"一去二三里,烟村四五家"的打油诗,其间的优劣高下,大概人们彼此还是能够达成一致的。怀特在认为史家可以以各种情节化模式来编排历史事件时,也说过,以某些情节化模式来编排特定事件,是在趣味上的堕落。① 在政治、伦理的层面上,更加深广的价值关怀,更加开阔的文化视野,总是人们所追求的目标。政治立场、伦理观念也并非就绝对没有高下之别。比方说,对笼罩中

---

① Hayden White, "Literary Theory and Historical Writing", *Figural Realism*, p.12.

国传统史学的正统观念的突破,或者,对华夷之别观念的抛弃,就标示着史学观念和史学研究的实质性进步。而西方史学界对殖民主义的反思、对欧洲中心论的批判、对女性和少数族裔历史身份和作用的重新审视,都是在拓宽人们视野的同时,更新了过往人们头脑中的历史图景。另一方面,审美的层面、政治与伦理的或意识形态的层面,虽然有别于认知的层面,却并不是彼此悬隔,而是交相缠绕、息息相关的。在我看来,审美趣味的高下,固然会影响到历史学认知层面内史学家意旨的传达,而且,既然艺术、诗歌和小说也具有认识的功能(这是当代美学和文论所着重阐述,而怀特和安克斯密特都一再强调的),审美因素之中也就包含了认知的成分,高品味的审美取向与更加强有力的认识功能也许就是密切关联在一起的。① 而政治、伦理的层面,更是包含了认知的功能在内。比方说,不同的意识形态或政治立场,就有着不同的解释功能和各自的盲点。霍布斯、洛克一系奠基于自然权利论之上的古典自由主义传统,就无法达到对于国家这一"尘世的神物"(黑格尔语)的某些特质的领会,难以真切把握马基雅维里以来的"国家理性"观念中所解释的政治实在中的某些面相。同样,自由主义的视野也无法预见和解释 20 世纪

---

① 怀特就曾认为,历史学的进步靠的是不断产生名著,而名著在史料被更新、观点被替代或修正之后之所以还能够流传下来,靠的是其文学品质。见 Hayden White,"Historical Emplotment and the Problem of Truth in Historical Representation", *Figural Realism*, p.5。然而,其中恢宏大气而又精细入微的解释框架即便受到重大修正,也未必就没有其不可替代的价值(比如布克哈特的文艺复兴研究和赫伊津哈的中世纪后期文化史的研究)。因此,在史学著作的审美趣味、文学品质与认知能力之间,未始没有值得进一步探讨的关联。

第五章　相对主义、叙事主义与历史学客观性问题　219

至今民族主义在国际政治生活中所扮演的重要角色。① 前面所举中西史学观念嬗变的若干例子,也是政治、伦理立场的变化导致史学视野和解释能力得以拓展和深化的彰明较著的例证。既然如此,沃尔什将各种视角视作彼此隔离,没有公度性存在于其间;海登·怀特由于伦理和审美层面的因素决定了人们对不同历史策略的选择,因此便否认此种选择之中有任何客观的基础;二者的论点就都并非无懈可击。其中的缺陷,就在于忽略了伦理、审美层面所具有的认知含义,以及伦理、审美层面并非没有判别高下优劣的合理性标准的存在。

六

20 世纪以来,历史学客观性在史学和史学理论内部所遭逢的这两场危机,以后现代主义在历史学和史学理论中的效应所导致的对于历史学客观性的挑战,来得更为剧烈,更深刻地撼动了历史学长久以来所秉持的追求客观和真实的理想。② 20 世纪前期相对主义赖以质疑客观性的主要依据——历史学在通过史料重建过去时主动的和被动的选择性、历史学家无可摆脱的主

---

① 参见以赛亚·伯林:《民族主义:往昔的被忽视和今日的威力》,见其《反潮流:观念史论文集》,冯克利译,南京:译林出版社,2002 年。

② 当代英国史学名家彼得·伯克认为,历史意识在现代分别经受了 17 世纪和当今后现代思潮的冲击下的两场危机,在这两场危机中,历史学作为获知事实真相的知识的地位都受到了动摇。他并没有将 20 世纪前期相对主义对历史学的冲击视作可与这两场危机相提并论。见其《历史意识的两场危机》,载《史学史》(Peter Burke, "Two Crises of Historical Consciousness", *Storia della Storiagrafia*, 33 [1998])。

观因素——都在叙事主义史学理论对历史文本的考察中再度凸显出来。然而，这些挑战在威胁着客观性的同时，也给我们重新审视客观性带来了新的契机。

一方面，在经受了这样一些理论反思的洗礼之后，我们应该承认，传统实证主义意义上那种"如实直书""还原真相"的绝对的客观性，那种认为包含在史料中的确凿可靠的史实就会自动呈现出历史本来面目的观点，是过于天真和乐观了些。我们应该在更加谨慎、更多限定的意义上来谈论客观性。另一方面，历史学的选择性和历史学家的主观性并没有就将客观性从此驱逐出历史学的领地之外；而叙事主义史学理论所揭示的，历史学家在建构历史文本时所拥有的自由度和创造性，历史学文本所具有的除却认知层面以外的审美的和伦理的层面，也并未让历史学丧失了让人们在不同文本之间做出评判和选择的合理性标准。

历史学无法直接面对历史实在、直接面对它所要探究的真实的过去，而注定了是要通过中介（文字记载、宫室器皿、考古发现等广义上的史料）来重构过去。相对于我们所力图了解的过去的某个片段或层面而言，史料固然一定是太多遗漏而不完全的，并且不会是中性的，而是在形成和流传过程中已经渗透了种种经手人的个人主观的因素；然而，离开了史料，我们就完全无从触及过去；而且，无论多么片段、零散和扭曲，过去的信息毕竟通过其中介到达了我们手中。叙事主义一如后现代主义的主导趋向一样，是将历史学文本化的，然而，文本之外是否别无一物呢？诚如彼得·伯克所指出的，"'实在'的概念尽管在哲学中引起了种种困难，对于历史学家的工作而言，就如对于我们每个人的日常生活一样,它依然不可或缺。……即便未经中介的实在是我们所无法达到的,那至少也有可能表明,某些表现比之别的表现距离它更为遥远"。① 无论如何强调历史学的文本性,史料对历史学家的约束和限制,却时时表明那个我们不能直接触及的实在的坚硬的存在。出乎历史学家意料的、对史家原有构图和解释取向造成障碍或者甚而是将其彻底破坏的史料的出现,是史学研究中常常发生的情形。再就是,史料之中所展示的诸多史实之间具有的关联,绝非怀特所认为的那样纯然就是历史学家思想的创造。历史事实具有其内在的结构性:一方面,历史事实具有不同的层次,大事实统御和包含着小事实,构成小事实的背景网络,比如,楚汉战争的大格局、垓下之围、霸王别姬的绝唱就分别是三个不同层次上的事实②;另一方面,事实之间的关联对于史家来说,也具有强制和约束力。③ 比如,要对"呵呵勋爵"以叛国罪名被处死这一事件进行历史表述,就必定要涉及他的国籍问题和他为纳粹德国效忠的时间和方式,这方面的重要史实,就不是史学家所可以刻意回避或者无意遗漏的。归根结底,历史实在虽无从直接触及,却真实不妄地存在着,它通过史料对史家的约束和强制,成其为历史学客观性的最终来源。

---

① Peter Burke, "Two Crises of Historical Consciousness", *Storia della Storiagrafia*, 33 [1998], p.15.

② 有关历史事实的结构性和层次性的问题,得益于与北京师范大学刘家和教授的讨论。

③ 其实,怀特也正是敏感地体察到了这一点,才会不避与自身理论观点的抵牾,而指出对某些事件(如肯尼迪被刺或纳粹德国对犹太人的大屠杀)而言,某些情节化模式(如喜剧或传奇)就应该被排除在外。参见本书第一章。

历史学家对史料的选择和编排,在确如叙事主义所强调的那样拥有一定程度上的创造性和自由度的同时,最终要受到历史实在通过史料而施加的强制和约束。正是面对这种强制和约束,历史学才"在它存在的漫长岁月中,逐渐形成了一些防止选择性沦为个人主观随意性的方式"。[①] 历史学家技艺和历史学学术规范,使得历史学家在进行研究和提出历史构图时,必须遵循一定的程序和方法,而这些程序和方法,正是历史学家达成一致的根本渠道。可以说,讨论历史学的客观性问题而忽视了梅吉尔这种"程序的"意义上的客观性,未免就太脱离历史学的学科实践了。

德国史学理论家吕森指出:"当前的史学理论中有一种精神分裂症。对于使历史学接近于文学的语言的、修辞的、叙事的程式,我们有着敏锐的意识和反思。我们还有着——然而在理论层面上没有这么着力强调——对于历史研究的技巧、量化、统计学、许许多多有助于历史学家从史料中获取有价值信息的辅助手段的认可。这两个方面之间没有让人信服的关联。"[②]这确实是击中了叙事主义史学理论的软肋。照彼得·伯克的说法,当前的西方历史学家之中已经很少有人认为历史学是科学了。[③] 但也许更加准确的说法是,很少还有人会认为历史学是自然科学那种意义上的科学了。美国史名家伯纳德·贝林认为,历史学"有时候是一种艺术,从来不是一种科学,永远是一

[①] 李剑鸣:《历史学家的修养和技艺》,第67页。
[②] 埃娃·多曼斯卡编:《邂逅:后现代主义之后的历史哲学》,第185页。
[③] 转引自李剑鸣:《历史学家的修养和技艺》,第36页。

门技艺(craft)"①,在历史学家当中,这样的看法也许更能得到普遍的接受。历史学作为一门传统悠久而日新又新的学科,在其发展过程中积累和形成了它所特有的学术规范、研究方法和学科共识。历史学家的技艺乃是历史学命脉之所系。而历史学的这一方面在叙事主义的视野下却受到了严重的忽视。史学理论在关注历史文本的同时,需要更加深入地对史学实践的规范、方法和程序进行考察和反思,更加注重历史学家技艺的层面。也许,只有将这样两个层面的考虑有机地结合在一起,历史学的客观性才能得到更加有力的维护和阐明。

---

① 参见厄科尔西对贝林的访谈:《有时候是一种艺术,从来不是一种科学,永远是一门技艺》,载《威廉与玛丽季刊》(A. R. Ekirch, "Sometimes an Art, Never a Science, Always a Craft: A Conversation with Bernard Bailyn", *The William and Marry Quarterly*, 3 rd. Ser., Vol. 51, No. 4 [1994])。

第六章　叙事主义:理论取向、问题意识和政治蕴含

后现代主义史学理论可以区分为广义和狭义的两种。[1]概要言之,广义的后现代主义史学理论,指的是宽泛意义上的后现代主义思潮在史学理论领域所产生的冲击和效应。狭义的后现代主义史学理论,则指的是植根于历史学内部、而在史学理论这一专门学科领域内产生的具有明显后现代主义取向和色彩的理论范式。可以说,以 1973 年海登·怀特的《元史学:19 世纪欧洲的历史想象》一书问世为标志而正式登场的叙事主义史学理论[2],就是后现代主义思潮体现于史学理论这一专门领域内的主要理论形态。以下各部分拟分别就叙事主义

---

[1] 见本书第七章第一部分。

[2] 安克斯密特在其《当代英语历史哲学的困境》一文中,详尽地梳理了叙事主义史学理论由微而显的学术史脉络。Frank Ankersmit, "The Dilemma of Contemporary Anglo-Saxon Philosophy of History", in his *History and Tropology*, *The Rise and Fall of Metaphor*.

史学理论的理论取向、问题意识和政治蕴涵稍作梳理和辨析。

一

20世纪70年代,在历史学和史学理论领域所发生的这一场学术范式的转换,通常被称为"语言学的转向",或者是"叙事的转向""修辞的转向"。这三种指称虽则侧重点有所不同,内涵却大同小异,标示出叙事主义史学理论与此前思辨的和分析的史学理论的不同取向。如果说,思辨的史学理论的路数是要以比如黑格尔那种玄思的哲学纲领,或者汤因比那种气度恢宏但更多经验成分的理论模式,来对人类总体的历史进程提供一个完整的解说的话,分析的(或者批判的)史学理论的路数所关注的,不是历史过程本身,而更其是历史认识的特性,历史研究中所呈现出来的历史解释的模式等问题成为其考察的焦点。叙事主义的思路,用怀特的话来说,则是从这样一个事实出发的:历史学文本最彰明较著的外在特征就是,它乃是一种"言辞结构"(verbal structure)、一种"文学作品"或"文字制成品"(literary artifact)。对历史文本所具有的诸多特性的深入考察,既令叙事主义史学理论颇多创获,又让其陷入了一系列难以克服的理论困境。

在我看来,叙事主义史学理论最显著的理论取向,就是以历史文本作为对历史学家全部工作进行理论反思的重心;而其最突出的理论特征,就在于它将历史学彻底地文本化了。也许可以从如下两个层面来阐述这一"文本化"的理路。

一方面,历史学区别于其他各门学科的一个特点,就在于历史学研究的对象在研究活动中的缺席(absence)。"在谈到'历史'(作为历史研究的对象)的时候,我们指的只可能是'过去'发生过的全部事件(包括它们之间的相互联系)的总和"。① 历史学要研究的是过去,但这一"过去"已经一去不复返而不可能直接呈现在我们的面前了。历史学之所以成其为必要,历史学之所以成其为可能,都在于"过去"的缺席。我们试图要对"过去"有所了解、有所言说,靠的是对于这一"过去"遗存于今天的若干遗迹(traces, relics)的研究。这些遗迹中,文字史料、账簿名册等固然是文本(text);宫室器皿、考古遗址等等物质性的遗存,也可以视为广义上有待于人们去解读的文本,而且它们也只有被转化为文本的形式才能进入历史研究和历史写作的流程。历史学家的工作开始于文本,他的最后产品——史学著作和论文(当然也包括如今兴盛起来的影视史学的音像产品)——也是文本。"文本性"就成了历史学家的全部工作所无法逾越的藩篱。就像人永远无法走出自己的皮肤,历史学家的工作永远无法超出文本的限囿。

另一方面,"历史学家用于编码、交流和沟通的基本工具,乃是日常有教养的语言(ordinary educated speech)。这意味着,他用来给自己的素材赋予意义,使陌生之物变得熟悉,令神秘的过去变得可以理解的唯一工具,就是隐喻性语言的种种技巧。"② 历史

---

① Hayden White, "Response to Arthur Marwick", *Journal of Contemporary History*, Vol. 30, No. 2(April, 1995), p.238.

② Hayden White, "The Historical Text as Literary Artifact", in his *Tropics of Discourse, Essays in Cultural Criticism*, p.94.

学家没有比如说物理学家那样的一套专业语言,他使用的是日常的自然语言,而日常自然语言总有言不尽意、言外有意、言在此而意在彼等等不透明的特性,不可能毫无扭曲、不加损益地将过去传达给他人。历史学家在使用此种语言形成自己的历史文本时,在传达过去发生的事件的信息的同时,也要提供自己对于这些事件及其相互之间的关联的解释。无论在主观用心和外在的文字表达中,他们如何力求客观中立,都不可避免地会明确地或暗中地将自己的价值判断、伦理立场、政治倾向和审美偏好渗透在其中。历史学所无法离弃的文本性,就使得它在传递有关过去的信息时,必然包含了选择、建构、想象、创造的因素,从而具有了与文学作品等文本相类似的一些特征。用怀特的话来说,历史文本的特征在于,"其内容在同等程度上既是被发现的,又是被发明的,并且其形式与其在文学中的对应物比之与其在科学中的对应物,有着更多的共同之处。"①

然而,过去这一"历史实在"的缺席,是否就意味着,在历史研究中,就如同安克斯密特所说的,"我们拥有的只是文本,我们也只能在文本之间进行比较。如果我们试图寻找关于过往的最佳描述,我们只能询问我们自己,在这些文本当中,哪种文本使现有的历史证据得到了最为合理的使用。但我们根本无从通过比较所选的文本与'过往'本身来检验我们的结论"②?

---

① Hayden White, "The Historical Text as Literary Artifact", in his *Tropics of Discourse*, *Essays in Cultural Criticism*, p. 82.
② Frank Ankersmit, "Reply to Professor Zagorin", in Brian Fay, Philip Pomper, Richard T. Vann eds., *History and Theory*, *Contemporary Readings*, p. 212.

国内外有不少论者,从叙事主义者对历史学文本性的强调,得出他们否认了过往历史的真实存在的结论。但是,否认我们能够直接接触到过往的历史实在,与否认存在着过往的历史实在,毕竟不是一回事。海登·怀特受到这样的指责,很大程度上是因为他经常引用罗兰·巴特的名言:"事实不过是语言学上的存在"。但他就此区分了"事件"和"事实":"事件"是真实发生在过去的,是"给定的",不是历史学家所能建构出来的;然而它一旦进入历史学家的工作程序,成为"被描述的事件",就成了在很大程度上被历史学家的语言加工和建构了的"事实"。① 即便是服膺怀特的理论而立场更趋极端的詹金斯,也曾明确说过:"……据我所知,没有任何后现代主义者——本内特、安克斯密特、怀特、罗蒂、德里达、甚至鲍德里亚都没有——在他们的论点中否认过去或现在的实际存在。他们无时无刻不把这一点当作是'给定'了的东西:的的确确有一个实际的世界'在那儿',而且已经在那儿很长时间了,它有一个过去。……换言之,后现代主义者并非观念论者。……后现代主义并没有假设不存在一个实实在在的过去,然而,却坚定地认为……我们只能通过文本才能抵达实实在在的过去,因而它就是一种'解读'。"② 换言之,后现代史学并不否定过去的真实不妄的存在,而只是强调,由于文本性的限制,我们无法直接触知过去;

---

① Hayden White, "Response to Arthur Marwick", *Journal of Contemporary History*, Vol. 30, No. 2 (April, 1995), p. 238.

② Keith Jenkins, *On "What is History": From Carr and Elton to Rorty and White*, p. 20.

而任何通过文本来对过去企图有所把握和领会的努力,就都已经注定了要包含主观的、解释的因素在内。

可是,一旦将历史学文本化,就难免会将历史实在放入括号中,存而不论。典型的情形就是,安克斯密特虽然没有否认"过去"的存在,却认为其"在认识论上而言是一个无用的概念"①。倘若在理论上放弃了历史实在对历史文本的约束作用,历史研究的客观性就丧失了根基,相对主义就成了必然的宿命。后现代主义在历史学家群体中最受诟病之处,莫过于此。一方面,如同经受了纳粹大屠杀的惨痛经历的犹太人历史学家维达尔-纳奎(Vidal-Naquet)所说,"……每一事物都必定会几经曲折而成为某一种话语;然而在这之外,或者说在这之前,存在着某些不可化约为话语的东西,不论好坏,我将会继续把它称之为真实"。② 就如同我们不能因为无法走出自己的皮肤,就认定超出自身身体发肤所能够感受的一切的外在世界,纵使存在也不具备对于我们自身的意义。另一方面,如同我们下一节还要谈到的,历史证据固然要经由文本化的程序,才能进入历史学家的工作流程,但只要不走到否认历史证据对于建构历史图景的制约作用那样一种反常识的地步——就我所见,还很难说有哪位后现代主义史学理论家走到这一步——历史实在就不可能像安克斯密特所说的那样,丧失了真实的效用。彼得·伯克说得好:

---

① Frank Ankersmit, "Reply to Professor Zagorin", in Brian Fay, Philip Pomper, Richard T. Vann eds., *History and Theory*, *Contemporary Readings*, p. 212.

② 转引自卡洛·金兹堡:《只有一个证人》(Carlo Ginzburg, "Just One Witness", in Saul Friedlander ed., *Probing the Limits of Representation*, *Nazism and the "Final Solution"*, 1992, p. 86)。

"尽管'实在'概念在哲学上引发了一些问题,但它对于历史学家的工作和我们所有人的日常生活来说都是不可或缺的。……即便未曾被中介过的实在对我们而言是无法达到的,但至少还有可能表明,某些表现比之其它的距离实在要更远。"①

二

分析路数的史学理论,在以历史解释的模式为核心论题的讨论中,形成了两个不同的理论传统。波普尔—亨佩尔的覆盖律模型(covering law model)认为,倘若将某一具体的历史事件之间的关联,纳入到某一普遍的规律之下作为其个案显现,就达成了成功的历史解释。而德雷(William Dray)等人的逻辑关联论证(Logical Connection Argument),则沿袭了柯林武德的传统,将对行为人动机和选择的合乎逻辑的关联,作为历史解释的关键。② 在叙事主义史学理论看来,这二者都没有能够深入了解历史学家史学实践中最紧要的因素。前者将历史解释视作与自然科学和社会科学中的解释并无根本差异,后者则把柯林武德《历史的观念》中那位致力于探察"谁谋杀了约翰·道伊"的侦探,视作历史学家工作的典范。两者的共同特点是,都只注重考察历史学文本中的个别陈述或者简单的陈述系列的特性。发现

---

① Peter Burke, "Two Crises of Historical Consciousness", *Storia della storiagrafia*, 33 (1998), p. 15.

② 参见弗兰克·安克斯密特在《当代英语历史哲学的困境》("The Dilemma of Contemporary Anglo-Saxon Philosophy of History")第一节中的论述。

和确定事实以及事实之间的关联,固然是历史学家工作的题中应有之义。然而,"……历史写作(在理论与实践中皆然)中最本质的和最有兴味的东西,并不发生在单个陈述的层面,而是发生在历史学家采用何种策略(politics)来选择陈述,以描画他们心中'关于过往的图景'这一层面。我们发现,正是在这里,引发了最多的历史争论,并且在最大程度上决定着我们对过去的观感。"①

历史学是以求真为自身使命和学术戒律的,然而,历史学家的工作比之提供有关过去发生的种种事情的真实陈述,要复杂得多。海登·怀特曾经引用过列维·施特劳斯的说法:一个来自外星球的到访者,在看到就法国革命而写作的上千部历史时,该是如何地惊诧莫名!"作者们并不总是用上同样的事件;当他们用上同样一些事件时,那些事件也被呈现出不同的面貌。然而,这还是与同一国家、同一时期、同一事件相关的各种变奏而已,那些事件的实在散布在一个多层结构的每一层面之上。"②更早得多的时候,17世纪的法国思想家培尔(Pierre Bayle)就曾观察到:同样的事实可以写一部赞美诗,也可以写出一部讽刺作品;可以写成一篇颂辞,也可以写成一篇讽辞。③ 史学史上,历史学家就同一论题所展开的争议,当然会涉及对史实的

---

① Frank Ankersmit, "Reply to Professor Zagorin", in Brian Fay, Philip Pomper, Richard T. Vann eds., *History and Theory*, *Contemporary Readings*, p.208.

② Hayden White, "The Historical Text as Literary Artifact", in *Tropics of Discourse*, p.90.

③ Peter Burke, "Two Crises of Historical Consciousness", *Storia della Storiagrafia*, 33 (1998), p.5.

认定,但也许在更多也更要紧的情形中,他们的争议关涉到的是,哪些史实应该被纳入历史图景之中,哪些史实应该居于更关键的(或者更次要的)位置,某一特定史实所呈现出来的意义应该是什么,应该以何种方式才能将某些史实合理地组合和关联起来,等等这一类的问题。

用安克斯密特的术语来说,历史文本中包含着两个截然不同的层面。一个是陈述(statement),一个是文本整体(text as a whole)。① 传统的看法总认为,历史学家的职责就是发现过去的事实,把它们如实客观地表达出来,对客观历史事实的忠实记录,自然会呈现出它们相互之间的关联。与此相对应,分析的史学理论关注的,就是历史学家用来表达关于过去发生的事情的一个个句子——亦即历史陈述——的特性。如此一来,这样的理论视野所萦心的,就是陈述是否指涉(refer to)某一个过往所发生的事态、是否与过去的某个事件相吻合(correspond to)的认识论问题了。然而,实际上历史学家所提供给我们的,是由若干陈述所组成的历史文本。而要构成一个历史文本,首先就存在着这样一个问题:与论题相关的对事实的可能陈述,哪些应该进入历史文本,哪些应该被放弃或排斥在外。在历史学实践中,通常的情形是,历史学家最后能够纳入自己的历史文本中的有关事实的陈述,只可能是和论题相关的他所能掌握的全部可能的事实陈述中的一部分,甚而是其中非常微小的一个部分。"我们对于历史结构和过程的说明,因而就更多地取决于我们在我

---

① 安克斯密特在不同时期和不同情形下将其称为"叙事实体""历史叙事""历史表现"等。参见第二章。

们的表述中剔除的而非纳入的是什么。因为,为着以这样一种方式构成一个事件序列的结构,历史学家要有将某些事实断然排除在外的能力,正是依靠此种能力,历史学家赋予了那些事件作为一个完备融通的情节结构所具有的象征上的重要性。"[1]针对同样论题的历史文本,采纳的完全可能是非常不同的事实陈述的组合。

其次,同样的事实陈述,出现在有关同一历史论题的不同历史文本中,完全可能具有不同的重要性和不同的蕴含。环境史名家克罗农,比照分析了有关20世纪30年代美国南部大平原所发生的"尘暴"(Dust Bowl)的两部论著。其中的一部,将尘暴的发生和危机的平息,描述为生活在那里的美国人坚韧不拔、成功地应对大自然的挑战的一阕颂歌;另一部则将危机的发生叙述成无度地索取和掠夺大自然的资本主义生活方式的必然结果。于是,在两部书名几乎雷同、论题完全一致、所用史料高度重合的论著中,出现了有趣的现象:在两位历史学家的笔下,外在特征并无不同的南部大平原,在一个故事的开头,乃是一片荒凉贫瘠而危机四伏的荒野,历经人们千辛万苦的不懈奋斗之后,最终被改造成了宜居的家园;在另一个故事的开头,南部大平原虽则看似贫瘠而脆弱,却是经历了大自然上百万年的演化而形成的精巧复杂的生态系统,由于人类贪欲的破坏,形成了严重的生态危机,而只要这样的生活方式不改变,危机就不会真正消

---

[1] Hayden White, "The Historical Text as Literary Artifact", in *Tropics of Discourse*, pp. 90-91.

除。此种同样的证据"完全可以用截然不同的方式来叙述"①的现象,在史学实践中并不是什么新鲜事情。

再就是,历史学家所做的工作,不仅是发现和确立事实,而且——也许还是历史学家工作中最重要的和最具创造性的部分——还要将它们编排为有机的整体。单纯的互不关联的史料堆积在一起,不过是克罗齐所贬抑的"编年"或者王安石所嘲讽的"断烂朝报"。互不关联的孤立的事实陈述放在一起,并不会自动呈现出意义来。一系列相关的陈述构成一个可理解、有意义的历史图景,才成其为真正意义上的历史学。在历史学文本中,即便表面上完全是由对事实的单个陈述所构成的历史文本,文本整体中所蕴含的意义、价值倾向、作者立场等因素,似乎并没有出现在构成文本的任何单个陈述中,却又清晰可辨。文本的意义并非从其组成成分就能分析出来的,用大家烂熟于耳的话来说,就历史文本的特性而论,确实是整体大于部分之和。②

史学理论关注的是历史陈述或文本的构成部分,还是文本整体,其间的视野大不一样。由前者向后者转移,转而考察作为整体的历史文本所具有的特性,正是叙事主义史学理论最核心

---

① 威廉·克罗农:《故事的所在:自然、历史与叙事》(William Cronon, "A Place for Stories: Nature, History and Narrative", in Geoffrey Roberts ed., *The History and Narrative Reader*, p. 427)。

② 有关历史文本整体的意义,超出单个叙事所具备的意义的总和,参见本书第五章第四节中的例证。怀特在其《历史主义、历史与转义的想象》一文中,也分析了德国史名家 A. J. P. 泰勒的一段史学文本,来证明历史文本的一些特性。Hayden White, "Historicism, History, and the Figurative Imagination", in his *Tropics of Discourse, Essays in Cultural Criticism*.

的问题意识之所在。由这样的视角出发,怀特在《元史学》中通过对19世纪若干历史学和历史哲学文本的分析,解析了历史文本所具有的三个不同的概念化层面(情节化模式、论证模式、意识形态蕴涵模式);并且进一步表明,历史学家构思历史对象的语言和思维的转义模式的不同,才是决定了历史文本不同层次内涵的深层结构。安克斯密特则通过对历史学家语言的分析得出了这样的结论:"当就其整体而论的历史叙事的(隐喻性)意义,超出了其单个陈述的总和的(字面的)意义之时,历史叙事才成其为历史叙事",而"历史叙事就像脚手架:在攀登上了其单个陈述的台阶之后,人们的视野之所及,远远超出台阶建基于其上的那片地域。"①叙事主义的理论创获,就在于为解决"历史学家的工作为何会比只是写下真实的陈述要复杂得多"②这样的问题,提供了崭新的理论平台。

通过考察作为整体的历史文本,怀特看到的是:"没有任何特定系列的偶然记录下来的历史事件本身就构成为一个故事;它所能给历史学家提供的至多只是故事的元素。事件被炮制到一个故事之中,是通过压制或者贬抑其中的某些东西,而突出另一些东西,通过描画、主题重复、语调和视角的变化、交替的描述策略等——简而言之,就是我们通常会指望在一部小说或者一

---

① Frank Ankersmit, "Six Theses on Narrativist Philosophy of History", in his *History and Tropology*, *The Rise and Fall of Metaphor*, p. 41.

② Frank Ankersmit, "Reply to Professor Zagorin", in Brian Fay, Philip Pomper, Richard T. Vann eds. , *History and Theory*, *Contemporary Readings*, p. 90.

部戏剧的情节化中找到的所有技巧。"①换言之,历史学家所讲述的故事之中,固然有着历史学家从史料中所"发现"的成分,却也不可避免地有着历史学家所"发明"的成分。所谓"发明",怀特在更多的时候径直称之为"虚构",指的就是历史学家在凭藉史料来形成历史文本、构筑历史图景时,不可避免地会将创造、想象、建构等因素以及各种与写作文学文本时相通的手法,渗透于自己的研究和写作之中。怀特说:"叙事性描述不是仅仅包含事实陈述(单称存在命题[singular existential proposition])和论证;还同样包含了诗性的和修辞性的元素,正是这些元素将舍此便不过是一张事实清单的东西变成了故事。"②他所谓的"发明"或"虚构",就是这些"诗性的和修辞性的元素"。这也是怀特理论中最遭人诟病之处。③

一方面,"虚构"一词在英文中所对应的"fiction",源于拉丁文的"fictio"。除了中文中的"无中生有""向壁虚构"和"小说"等含义外,它还有着"想象""创造""建构"等含义。比如,法学术语中的"拟制"一词,就是"fiction"。怀特和别的史学理论家(包括对叙事主义有所保留甚至持反对立场的如德国学者吕森

---

① Hayden White, "The Historical Text as Literary Artifact", in *Tropics of Discourse*, p. 84.

② Hayden White, "Historical Emplotment and the Problem of Truth in Historical Representation", in his *Figural Realism*, p. 28.

③ 怀特自己也说:"事实与虚构的对立是历史学理论的一个基本要素,并且是传统的历史学家们对我、或者任何斗胆认为,无论多么努力地尝试去避免,历史学家的文本中仍然可能存在'虚构'因素的人感到愤怒的一大原因。"Hayden White, "Response to Arthur Marwick", p. 239.

和美国学者梅吉尔等人),主要是在后一重意义上来使用"虚构"一词的①(所以,也有学者径直主张在这种场合下将此词译为"拟构")。一些论者由"虚构"一词在中文中的通常蕴涵出发,指斥怀特等人将事实与虚构混同起来,完全否定了历史学所

---

① 怀特在《元史学》一书的中文本序言中,就对他所使用的"fiction"一词的内涵有明确表述(海登·怀特:《元史学:19世纪欧洲的历史想象》,"中文版序言",第7—8页)。尽管怀特本人的思想立场和理论表述,在不同阶段有所变化,侧重点有所转移,但至少他在《元史学》时期的立场并不与他后来的这一表述相矛盾。吕森说:"既然解释将事实之间的历史关系带入了某种叙事形式,解释程式就与讲述一个故事的程式有了非常密切的关联。这同样由'虚构性'(fictionality)一词来表达。历史解释意义生成的过程,是在与文学和艺术的意义生成同类的'本质上乃是诗性行为'的这一范畴的支配下出现的。……虚构性就这样给历史知识和历史编纂中那些不具备源自史料的信息的那种纯粹事实性的成分,标示了本体论和认识论的地位。"(耶尔恩·吕森:《历史研究中的叙事性与客观性》[Jörn Rüsen, "Narrativity and Objectivity in Historical Studies", in his *History: Narration, Interpretation, Orientation*, New York: Berghahn Books, 2005, p. 67])。梅吉尔说:"所有历史学都拥有某种虚构性的或思辨性的维度。……这些具有文学性的试验[指史景迁、娜塔莉·戴维斯等人的作品]暗示了一种深层的、本体论上的要点:历史客体本身就是一个'虚构性'的创造物,是历史学家和她的读者们的心灵建构的客体。这并不是宣称'不存在那个过去';而是,历史学家在她的作品中呈现的某个特定的历史客体是由历史学家(并不是无中生有地)建造出来的。"(阿兰·梅吉尔:《宏大叙事与历史学学科》[Allan Megill, "'Grand Narrative' and the Discipline of History", in Frank Ankersmit, Hans Kellner eds., *A New Philosophy of History*, Chicago: The University of Chicago Press, 1995, pp. 171-172])。由此可以看出,在并不属于叙事主义阵营的史学理论家中,吕森和梅吉尔也主要是在"创造""想象""建构"的意义上来使用"虚构"一词的。在历史学家中,娜塔莉·戴维斯的著作《档案中的虚构:16世纪法国的赦罪故事及故事的讲述者》(Natalie Zemon Davis, *Fiction in the Archives: Pardon Tales and Their Tellers in Sixteenth-Century France*, Stanford: Stanford University Press, 1987)一书,依据16世纪法国的司法档案,考察当时的囚犯如何按照类似于"虽然罪责难逃,毕竟情有可原"的路数来陈述自己的罪行,以求得到赦免或宽待。这里的"虚构",也绝非无中生有之意,而只是将犯罪情节按照某些社会文化习俗中的套路来编排的情形。

受到的外在历史实在和历史证据的束缚,就很难说是对怀特等人的公平对待。①

另一方面,怀特和安克斯密特都意识到了同样的问题:历史文本中必定包含了诸多对于历史事实的陈述,这些陈述必定受到了历史证据的束缚,从而可以用"真""假"这样的标准来对其做出评判;然而,由这样的陈述构成的作为整体的历史文本,面临的却是不同的情形。怀特提出过这样的问题:"讲述某组事件的某个故事与事件本身之间的关系,是否与一个事实陈述与它的所指之间的关系相同?"②其言下之意,显然和安克斯密特所明确论证的一样:有关事实的陈述因为要"指涉"和"对应于"过去,所以有"真假""对错"之分;就由诸多对于事实的陈述所构建而成的"叙事实体"或"故事"而论,却并非如此。怀特虽然并不否定"事件"的真实不妄,却认定了在"事件"组合成为"故事"时,由于诗性的因素的介入和渗透,后者就并非对于历史实在的呈现。换言之,过往的历史实在中有"事件"而无"故事"或"叙事",后者是历史学家创造性劳动的产物,虽则它不能脱离前者而自行成立。怀特常爱引用明克(Louis Mink)的一句话:"故事不是人们经历过来的,而是被讲述出来的"(Story is not lived, but told)。在他看来,同样的一些事实,人们完全可以将

---

① 在欧美学者中,因为有人更多地从第一重意义上来理解"fiction"一词,这样的情形也不乏其例。

② Hayden White, "Historical Emplotment and the Problem of Truth in Historical Representation", in *Figural Realism*, p.29. 怀特的理论创造更多地倚重于文学理论,相比而言,更多地汲取当代西方语言哲学成就的安克斯密特,对这一类问题做出了更系统、更深入的探索。

其编排为不同的故事样式,呈现出不同的意义。"人们必须面对这样的事实:当事关对历史记录的理解时,在历史记录本身之中找不出理由来选择某一种而非另外一种赋予其意义的方式。"①安克斯密特则认定,由怀特所开启而为他所推进的这样"一场从认识论的历史哲学到叙事主义的历史哲学的革命"②,让人们认识到,历史叙事从根本上乃是一个语言制品(linguistic object),它不像陈述一样与过去相对应,其功用在于给人们提供了各种"提议"(proposal),使得人们能够从特定的视角来看待过去。而对于历史叙事或历史表现而言,我们无法用真假对错这样的标准来对其做出简单的评判。因为,"说出过往的某些真(true)事易如反掌,任何人都能做到,然而,说出过往中那些恰当的(right)事情就很困难了"。③ 于是,历史学一贯的求真的价值诉求、追求"客观性"的"高贵的梦想",就此被怀特或者安克斯密特这样的叙事唯心论(narrative idealism)④消解了,或者

---

① 海登·怀特:《历史解释的政治》(Hayden White, "The Politics of Interpretation: Discipline and De-Sublimation", in *The Content of the Form*, p. 75)。

② Frank Ankersmit, "The Dilemma of Contemporary Anglo-Saxon Philosophy of History", in *History and Tropology: The Rise and Fall of Metaphor*, p. 67.

③ Frank Ankersmit, "Reply to Professor Zagorin", in Brian Fay, Philip Pomper, Richard T. Vann eds., *History and Theory, Contemporary Readings*, p. 209.

④ 相对于怀特和安克斯密特等人的"叙事唯心论",利科(Paul Ricoeur)和卡尔(David Carr)等人的"叙事的实在论"(narrative realism)则认为,历史叙事或者历史学家所讲述的故事,在历史实在中有其对应的基础。参见利科《时间与叙事》和卡尔的论文《叙事与实在世界:对连续性的论证》(Paul Ricoeur, *Time and Narrative*, vol. 1 & vol. 3, tran. Kathleen Blamey and David Pellauer, Chicago: The University of Chicago Press, 1988. David Carr, "Narrative and the Real World: An Argument for Continuity", in *History and Theory: Contemporary Readings*)。

至少是被贬抑到了无足轻重的地步。

的确,叙事主义让我们意识到,在历史图景的建构过程中,在历史文本的形成过程中,历史学家的认知模式、价值立场和审美偏好,以及他们所可以现成利用的文化形式(如历史写作所可以采取的体裁和模式)等,发挥了何等巨大的影响。如同克罗农在考察环境史文本时所指出的:"它们的情节是一些深深根植于我们语言中的文化建构……历史学家没有创造它们,而且我们对它们的熟稔促使我们把讲故事的模式塑造成符合它们的样子。……它们都有隐秘的议程,影响着叙事包含什么和排除什么。这些议程的力量是如此强大,即使是身为作者的历史学家也不能完全控制它们。"[1]然而,即便如此,我们也会发出和克罗农一样的疑问:"自然和过去在我们讲述关于它们故事的能力面前,是否可以无休无止地听凭我们的摆布?"并且,我们大致也会得出跟克罗农一样的结论:我们要"一边承认叙事的巨大力量,一边仍然坚持过去(以及大自然)是我们所讲述的故事必须多少与之相吻合的实在之物,不然它就完全不是历史了"。[2]

叙事主义从考察历史文本的特性出发,深化了我们对于历史学家工作性质的认识。怀特说过:"历史学更像是一门技艺性(craft-like)的学科,这就意味着,它倾向于受惯例和常规(而非方法论和理论)控制,倾向于利用日常的或者自然的语言来描述它的研究对象,并且用这样的语言来表现历史学家对这些

---

[1] William Cronon, "A Place for Stories: Nature, History and Narrative", *The Journal of American History*, 1992, Vol. 78, Iss. 4, p. 413.

[2] Ibid., pp. 427-428。

对象的思想,这样的思想是基于对'第一手资料'的'研究'和将其与'第二手资料'协调起来的努力。"①历史实在虽然无从直接碰触,却无处不在地通过历史证据,制约着历史学家对过去的理解和建构。只要还认可历史学通过长期的发展过程而积累起来的学术规则和研究程式,还承认历史学有其特殊的"技艺",只要"真实不伪依然被历史学家普遍视作一项基本的约束法则"②,求真和客观,就依然是历史学所无法放弃的工作准则和价值追求。毕竟,历史学家的工作,从始至终都要受到通过历史证据而呈现出来的历史实在的束缚;历史学家针对特定的论题,在史实的选择上虽有着自由空间却也有着不能逾越的限制③;历史学家针对同一论题虽能够提供诸多不同的历史图景,但历史学家的学术共同体对于其间的高下优劣却也往往能够达成共识。就此而论,虽然在经历叙事主义的冲击之后,"真理(相)"和"客观性"等概念,在史学理论中所可能具备的内涵要比之过去更为复杂,但却不是轻易就能被取消或排斥到边缘的。

---

① Hayden White, "Response to Arthur Marwick", *Journal of Contemporary History*, Vol. 30, No. 2 (April, 1995), p. 243.

② 佩雷斯·扎格林,《再论历史学与后现代主义》(Perez Zagorin, "Historiography and Postmodernism: Reconsiderations", in *History and Theory: Contemporary Readings*, p. 201)。

③ 比如,"一部关于大平原的历史,如果一直讲述持续进步而从未提及尘暴的话,立刻就会遭到质疑,就和一部关于纳粹如何对待犹太人的历史中没有提及集中营一样。历史叙事在任何一点上都要受制于它们可以用来或者无法用来支持自己的证据。……自然和我们一同书写了故事,[不同的人]可能会从尘暴得到截然不同的教训,但没有人能否认尘暴本身。"(William Cronon, "A Place for Stories: Nature, History and Narrative", *The Journal of American History*, 1992, Vol. 78, Iss. 4, p. 429.)

三

历史学和史学理论从来都不乏伦理和政治上的关怀和蕴涵。中西史学传统中,一方面,都要求历史学要讲述关于过去的真相,无征不信;另一方面,历史学又要有让人们鉴往知来的政治和道德功用。在西方史学传统中,这两个层面是相互联系的。吕森说:"由秉持真实而得到的历史学的'有用性',乃是道德意义上的;historia vitae magistra[历史是人生的指南]。通过积累超越单个人生界域的经验,历史就教给人们生活的准则。历史表现要带来审慎(prudential),也即,依据从累积而来的经验得出的普遍规则来安顿实际生活的能力(也就是运用规则的能力)。历史学要能够并且致力于产生这种实用的和道德的能力,这种能力的出现,要靠人们以叙事的形式来编排有关过去的经验,而启示就包含在那种人们所总结出来的有关人类行动的规则和原理的形式中。要实现与经验的这一关联,对真实的诉求就是必不可少的。"[1]不真实的历史,不能给人们提供有关过往的人类经验的真实信息,从而也就无法达成提供人生指南的道德功用。

现代史学是以利奥塔所说的宏大叙事为基础的,宏大叙事的概念蕴含了对于某种单一而融贯的历史(a single, coherent history)的信念。历史学家工作的价值和意义,有赖于相信这一

---

[1] Jörn Rüsen, "Narrativity and Objectivity in Historical Studies", in his *History: Narration, Interpretation, Orientation*, p. 61.

大写的历史的存在。① 克罗农发现,对于讲述 20 世纪 30 年代美国南部大平原上所发生的尘暴的那些故事来说,"我们在这些故事里发现的上升的线索,实际上是和一个有着同样上升特点的更长的情节线索联系在一起的。不论那个更长的情节被表述为美利坚民族的缔造、西方文明的兴起,还是人类的进步,它依然把它的宏大气象引入了外部形式看起来更为有限的大平原历史中。这或许能够说明,为什么我们能被一部整整五百页都是关于风车或带刺铁丝网的发明这类主题的书所深深吸引。"② 人类有一个统一的历史,历史学家的研究在于累积个别的和局部的真相,从而有利于最终揭示出这一单一历史进程的意义。这样的信念,保证了人们对于历史学的客观性的信心,也让历史研究的现实价值和功用得到了最为充分的保障。

如果说,19 世纪以来历史学的专业化,已经在很大程度上使得历史学家们对越来越小的事情知道得越来越多的话;他们在很长时期内还能确信,虽然历史学内部变得隔行如隔山,相去甚远的研究领域之间几乎难以展开任何实质性的学术交流,但自己和同行在自己的一亩三分地里所做的一切,最终将会构成为对于全部人类历史的整体认识的一个微小的部分。总有一天,百川归海,各种细部的研究汇集起来,人们终将能够获得阿克顿心目中的那种"终极的历史"(the ultimate history)。③ 可

---

① Allan Megill, "'Grand Narrative' and the Discipline of History", in Frank Ankersmit, Hans Kellner eds., *A New Philosophy of History*, p.159.

② William Cronon, "A Place for Stories: Nature, History and Narrative", *The Journal of American History*, 1992, Vol.78, Iss.4, p.417.

③ 参见刘北成、陈新编:《史学理论读本》,第 36 页。

是,后现代条件下所出现的历史学的碎片化,在很多人眼里,似乎完全丧失了最终得以综合、从而形成人类历史更加广阔的图景的可能性。碎片化所带来的,不仅是客观性的危机,也使得历史学在实际生活中所扮演的角色遭到了质疑。在"语言的指涉性、文本意义的确定性以及意义和知识与之相关联的一个有意义的世界的存在"①都受到动摇之后,历史学还能做些什么?

在其进入史学理论领域的第一篇论文《历史学的重负》中,怀特所着重发挥的,可以说就是对于当今时代史学何为这一问题的思考。在他的行文中不难分辨出尼采和存在主义的浓厚气息。在他看来,"我们这个时代,历史学家的重负就是要在某个基础之上重新确立历史研究的尊严……也就是说,改造历史研究,使历史学家积极加入到把现在从历史学的重负下解放出来的运动中。"②怀特像尼采一样认定,"不加限定并被推向极端的历史感会根除未来",倘若历史被认为是给定的、一成不变的,它就成了人们在当下做出行动和选择时的沉重的负担。就仿佛莎士比亚笔下的哈姆雷特,因为过多地沉溺于思考而丧失了决断和行动能力,怀特笔下承载了历史重负的人,也会由此而无力做出改变现状的选择。好在,丧失了作为单一进程的历史的确定性和统一性,反而给人们摆脱历史的重负赢来了契机。人们面对的过往和历史不过是一片混沌,意义和模式只能是人们施

---

① 在扎格林看来,这就是后现代主义所要攻击的逻各斯中心主义的要义。Perez Zagorin, "Historiography and Postmodernism: Reconsiderations", in *History and Theory: Contemporary Readings*, p. 194.

② Hayden White, "The Burden of History", in *Tropics of Discourse, Essays in Cultural Criticism*, p. 41.

加在这一片混沌之上的。从这个视角来看,怀特自《元史学》以来的思路,不过是要表明,人们完全可以用不同的方式来编排和把握同一个历史片段。通常的看法是,现在和未来是开放的,我们可以做出自由的选择,而过去已然是无可改变的了。怀特所论证的则是,我们不仅拥有面对现在和未来时的自由,而且在面对过去时,我们也有着同样的自由,可以选择了解和把握过去的方式。凯尔纳发挥怀特的话说,人们是通过选择过去来选择他们的现在的(Men choose who they are by choosing who they were)。① 可以说,历史学和历史学家的重负(在此词作为"使命"的意义上),就是使得历史不再成为人们的重负(在此词作为"负担""压力"的意义上)。

对于后现代主义思潮来说,确定性的丧失,带来的是自由和解放的契机,用德里达的话来说,那就是,"超验的能指的缺失将意义的赋予扩展到了无限"②。叙事主义所释放出来的历史解释的不确定性,在这一点上与宽泛的后现代主义思潮息息相通。然而,在怀特这里,人们面对过去的束缚时所拥有的自由,似乎还不是漫无限制的。一方面,他不断地下类似的断言:"没有什么历史事件本然地就是悲剧性的;……在历史中,从某一个视角看来是悲剧的东西,从别的视角来看则是喜剧性的,就正如从一个阶级的立场看来或许是悲剧性的东西(就像马克思所力

---

① Hans Kellner, "A Bedrock of Order, Hayden White's Linguistic Humanism", in his *Language and Historical Representation: Getting the Story Crooked*, p.197.

② 转引自凯斯·詹金斯:《"从前":论历史》(Keith Jenkins, "'Once upon a time':On History", in his *At the Limits of History, Essays on Theory and Practice*, London:Routledge, 2009, p.216)。

图揭示的路易·波拿巴的雾月十八日一样),在另一个阶级看来不过是闹剧。……同一个故事序列完全可以作为一个喜剧或悲剧故事的成分,这取决于历史学家对于情节结构的选择,那在他看来能够最恰当地将那类事件纳入序列以将其构成为一个融通的故事。"①另一方面,在面对纳粹对犹太人的大屠杀这样的历史对象时,怀特又不得不表示,"就以喜剧的或者田园牧歌的模式来将第三帝国的事件情节化的情形而论,我们会有充分的理由去诉诸史实,以把它从对第三帝国的相互矛盾的叙事的清单上划去"。② 在怀特的理论框架中,历史学家受到深层次的语言和思维模式的四种转义模式的驱使,可以经由不同的情节化模式、论证模式和意识形态蕴涵(这三者又各自都有四种主要形态)的组合,来把握过去历史的某一片段。但是,一则,可供历史学家使用的现有文化习俗所能提供的各种概念化模式及其组合,毕竟是有限而非无穷的③;再就是,既然说"大多数历史序列都可以用许多不同的方式加以情节化"④,实际上就等于说,

---

① Hayden White, "The Historical Text as Literary Artifact", in *Tropics of Discourse*, p. 84.

② Hayden White, "Historical Emplotment and the Problem of Truth in Historical Representation", in *Figural Realism*, p. 30.

③ 怀特在《元史学》中提供的可供历史学家概念化的模式不过数种,就被一些人指责为语言学决定论,他对此的回答是:马克思说过,人们创造他们自身的历史,但并不是随心所欲地来创造,他们不是在自己选择的环境中、而是在某种被给定的条件下开始他们的创造活动的。历史话语的创造也是如此(参见 Hayden White, "A Response to Professor Chartier's Questions", *Storia della storiagrafia*, 27(1995))。从这样的思路出发,给定的条件并不意味着自由的缺失。

④ Hayden White, "The Historical Text as Literary Artifact", in his *Figural Realism*, pp. 84-85.

并非所有历史序列都是同质的,都能够被纳入所有可能的情节化方式中。这样的情形,在我看来,就再清楚不过地表明,即便如怀特这样把对历史学家的全部工作的考察,都纳入文本和语言的藩篱之内,也无法摆脱历史实在对于历史学家构想过去的方式的束缚能力和强制作用。倘若说历史学的价值,在于揭示历史意义的丰富性和多样性,从而表明自由选择的存在和作用;那么,怀特所应允给我们的面对历史的自由,还是一种受到历史实在束缚的自由,是戴着镣铐跳舞的自由。

然而,在立场更加极端的后现代主义史学理论家,比如詹金斯那里,历史学家面对过去,却似乎只有自由而没有了束缚。詹金斯由怀特式的立场——"历史作品使用的是形式与体裁被严格规定的语言,并且永远是由一连串修辞工具与文体象征所构成的"——出发,得出的却是比之怀特走得更远的结论:"它们确保历史作品永远是被剪裁、被形塑、被整理、被定制好的类型,并成功地适合所有的形状、所有的尺码与所有的需求;历史学家们近似于神秘地永远能从他们对'过去'的造访中带回他们想要的历史"[1];于是,"过去可被认为是处于一片混沌之中,谁都能将它带走——马克思主义者、托利党人、经验主义者、种族主义者、女权主义者、现象主义者——谁都能拥有它。"[2]詹金斯本人虽然明确地为诸多后现代主义代表人物并未否定历史实在的存在而辩白过,然而,历史实在的概念对于他来说,却似乎完

---

[1] Keith Jenkins, "'Once upon a time': On History", in his *At the Limits of History, Essays on Theory and Practice*, p.209.

[2] Ibid., p.216.

全成了多余的累赘。扎格林评论说,"后现代主义及解构理论的一个标志性特征是,试图通过将各色思想化约为写作的共同状态,以取消文学与其他学科的界限"。① 倘若说,扎格林的指责对怀特和安克斯密特而言,还有失公平和准确的话,放在詹金斯的身上倒是恰如其分。

后现代主义思潮体现在历史学领域,如同在任何其他领域一样,也会出现相对温和与更加激进的不同版本。如彼得·伯克所言,"[后现代主义的]大部分挑战存在着若干温和的与极端的不同版本(从"历史学家比过去所常常认为的要更接近于小说家"到"历史就是虚构"等),温和的版本显然要有说服力得多。认为历史学家不能讲述全部的真相是一回事,贬斥他们只讲述真相的理想又是另外一回事;将实在放入括弧是一回事,否认实在又是另外一回事。宣称历史学家创造了封建制度是一回事,说他们编造出了征服者威廉又是另外一回事"。② 詹金斯那样的论点,近乎于"关于过去,关于历史,说什么都行,怎么说都行"。那经常被人指责是后现代主义史学的基本立场。其实,这不过是后现代史学中偏向极端的一脉。这种失却了任何根基、空空荡荡无所依归的状态是不是真正的"自由",这样的"自由"是否存在和值得追求,又如何还能被严肃地视作詹金斯所极力倡言的"解放事业"的鹄的,都难免让人心生疑窦。

---

① Perez Zagorin, "Historiography and Postmodernism: Reconsiderations", in *History and Theory: Contemporary Readings*, p. 200.

② Peter Burke, "Two Crises of Historical Consciousness", *Storia della storiografia*, 33 (1998), p. 14.

对自身理论与现实关怀之间的关联,怀特有过这样的夫子自道:"在我看来,相对主义是认识论上的怀疑主义在道德上的对应物;而且,我将相对主义理解为社会宽容的基础,而不是一张'想怎么样就怎么样'的许可证。"①怀特给自己的理论倾向贴上的"相对主义"和"怀疑主义"的标签,从一个侧面印证了林·亨特的判断:"对历史学家而言,后现代主义一般来说意味着这样一种观点:历史学家不能洞穿语言给历史事实蒙上的面纱,换言之,历史学家仅能书写文学文本,而非真相。"②然而,这样的相对主义和怀疑主义,就真的能够给社会宽容、给怀特所企望的将人们从诸多束缚中"解放"出来的理想,奠定一个稳固的基础吗?金兹堡就提出了这样的质疑:"从逻辑上说,因为绝对的怀疑论将会与它自身相矛盾,如果它没有扩展到同样将宽容作为一条范导性原则包括进来。另外,当道德上和理论上的差异不是最终与'真'联系在一起的时候,便不会有任何可被施以宽容之物存在了。"③在将怀特的理论取向或明或暗地与法西斯主义联系起来时,金兹堡也许过于深文周纳。但是,他所提出的疑

---

① Hayden White, "The Politics of Interpretation: Discipline and De-Sublimation", in *The Content of the Form*, p. 225, note 12. 海登·怀特在入道之初曾极力将自身与相对主义划清界线(如在《历史学的重负》一文中),但大概是因为其理论立场的相对主义色彩实在无法消除,后来他就转而划定自己的相对主义在伦理和认知上的边界。

② 转引自理查德·艾文斯:《捍卫历史》,第 276 页。按,在我看来,此种语境下的"文学文本"中的"文学的"(literary)这一形容词,如同怀特所谓的历史文本之作为"文学文本"一样,还需要从"文字性的"这一层面来理解。

③ Carlo Ginzburg, "Just One Witness", in Saul Friedlander ed., *Probing the Limits of Representation, Nazism and the "Final Solution"*, 1992, pp. 93-94.

问——丧失了"求真"的诉求的后现代主义史学理论,是否真的可以给自由和宽容带来它所允诺的广阔空间——却是后者所无法回避而又难以在自身的理论框架中解决的问题。

第七章　对叙事主义史学理论的几点辨析

顾炎武论历代文体嬗变时说过这样一番话："三百篇之不能不降而楚辞,楚辞之不能不降而汉魏,汉魏之不能不降而六朝,六朝之不能不降而唐也,势也。用一代之体,则必似一代之文,而后为合格。诗文之所以代变,有不得不变者。一代之文沿袭已久,不容人人皆道此语。"[①]究其实而论,各个学科领域内特定的理论范式也往往呈现出相似的情形,某种范式在一定阶段内提供给人们进行发挥和探索的可能性,常常是有限度的。一种理论范式发展到了一定的阶段,各种可能性被大量消耗之后,同一方向的探索就往往遭遇"回报递减"的窘境。第二次世界大战之后,分析的历史哲学经过近三十年的发展,到 20 世纪 70

---

① 顾炎武:《日知录校注》(中),陈垣校注,合肥:安徽大学出版社,2007 年,卷 21,"诗体代降"条,第 1163 页。

年代就表现出明显的颓势,在历史哲学和史学理论(在当代西方的学术语境下,这两者基本上成了同义词)领域内的主导地位,开始被叙事主义的历史哲学所取代。而以1973年海登·怀特《元史学:19世纪欧洲的历史想象》一书问世为标志,叙事主义史学理论至今也有了三十余年的发展史。要说这一理论范式已走到尽头,未免言之过早。但要说其高峰期已过,想必是很多人所能赞同的。在20世纪最后20年,沿着海登·怀特的思路而大大推进了叙事主义理论的安克斯密特,近年来致力于以对"历史经验"范畴的开掘,力图开拓出史学理论超出叙事主义阶段的新境界①;而新近如鲁尼亚(Eelco Runia)等人,则着意发挥"在场"概念在史学理论中的核心地位。虽然这样一些新动向甫一萌芽就引起诸多争议,但其中透露出来的理论范式转移的信息,却不容忽视。大潮初退,盘点一下沙滩上留下的贝壳和水草,追索一番弄潮人留下的足迹,正当其时。本章的主旨,就是以中文学界相关的一些讨论为背景,对叙事主义史学理论的基本立场,做一番辨析。

一

后现代主义思潮极为庞杂,在历史学领域所产生的效应也头绪繁多,交相缠绕。在我看来,后现代思潮冲击下史学理论和史学观念所发生的变化,可以分为广义和狭义两种。广义上的后现代主义史学理论,指的是宽泛意义上的后现代思潮在史学

---

① 参见本书第一章。

理论领域中所造成的冲击和效应。举其要者,如法国思想家利奥塔所标举的后现代境况中"宏大叙事"的终结,动摇了传统上以"进步""自由""阶级冲突"为主线的历史学叙述和解释模式;福柯的知识考古学和微观权力分析,突出了历史的非连续性,揭示了权力关系在历史建构中的作用;后殖民主义和女性主义,则把所谓以"白人的、男性的、死去的"为中心的现代西方学术传统作为攻击的靶子。这样一些观点和立场都可以目之为广义上的后现代主义史学理论。狭义上的后现代主义史学理论与此不同,它指的是植根于历史学学科内部来进行理论阐发、而带有明显后现代主义色彩的史学理论范式。较之前者,它更其是发生在史学理论内部的理论变革。可以明确地说,叙事主义史学理论就是后现代主义思潮体现于史学理论专门学科领域内的主要范式。

分析学派的史学理论虽然探讨的是历史认识和历史解释问题,却极少受到职业史学家们的关注,他们觉得那是和自己的研究实践渺不相关的玄想。与此形成截然对比的是,对于怀特和安克斯密特等人的理论观点,虽则很多(或许是绝大多数)历史学家颇不以为然甚而极为反感,但似乎很难有人完全忽视它的存在,更无法像当初有人对待分析的史学理论那样,将对其漠然无知引以为傲的资本。[①] 仅此而论,比之思辨的和分析的历史哲学,叙事主义史学理论与历史学实践有着更为密切的关联,从而更加受到实践的历史学家的关注,使得史学理论与实践之

[①] 例如玛丽亚·露西娅·帕拉蕾丝-伯克在其《新史学:自白与对话》一书中所访谈的当代重要史家中,大部分人对于叙事主义的史学理论无论持何种态度,大都有所了解。

间的互动达到了前所未有的活跃程度。而这一现象的产生，是与它始终将自身的关注点投射于历史学家工作的最终产品——历史文本——之上分不开的。叙事主义史学理论所开辟的所谓史学理论领域中的"叙事的转向"（又有"语言学转向""修辞的转向"等不同说法，但各种表述内涵相近），确乎提供了一个崭新的理论平台，为将史学实践的诸多现象纳入理论反思提供了新的视角和契机。譬如，古今中外诸多史学名著在其若干史料已被订正、解释框架已被大幅度修正甚至更新——布克哈特对文艺复兴的研究就是彰明较著的一个例证——的情形下，为何似乎依然葆有永久的魅力和价值？又比如，研究同一历史现象、同样建基于精密严格的史料考订之上、同样由可靠无疑的对于"事实"的陈述构成的历史图景之间，为何会出现互不相容的冲突？对于这样一些不在思辨和分析路数视野之内的问题，叙事主义者如怀特和安克斯密特的讨论虽然未必就让人完全满意，却无疑提供了新的视角和思路。

二

在我看来，叙事主义史学理论最显著的特征就是将历史学文本化了。新文化史的领军人物林·亨特说："对历史学家而言，后现代主义一般来说意味着这样一种观点：历史学家不能洞穿语言给历史事实蒙上的面纱，换言之，历史学家仅能书写文学文本，而非真相。"[①]这一番话，正是对于叙事主义史学理论这一

---

① 转引自理查德·艾文斯：《捍卫历史》，第284页。

基本特征的精要概括。

然而,叙事主义将历史学文本化,并非就如同有的论者所认为的那样,要取消历史学与文学的差别、写历史与写小说的差别,从而走到了完全否认史学家法和史家技艺的地步。过去的真实不妄的存在(即便历史学家只能通过各种文本才能对其有所言说)、历史学在其长期发展过程中所积累下来的搜集、考订和使用史料的种种传统学术方法和学术规范、"才、学、识、德"这样的史家技艺和职业伦理,并非叙事主义理论家们所能回避和否认的。尽管也许他们中的一些人对此甚少措意,但就我所见,还不曾有人对此公然提出过疑问或否定。有人说,"后现代主义者"否认了史学实践中第一手史料和第二手史料(或者"原始史料"和"间接史料")之间的分别,由此,后现代将史学规范完全置之不理的断论仿佛就铁证如山了。实则,后者的意思不过是说,第一手史料和第二手史料就其都是文本性的这一点来说,并无差别;由这一论题并不能推演出,两种史料在史学实践中的不同地位就遭到了后现代主义者的否认。就像怀特的一篇名文题为《作为文学制品的历史文本》,其中标示出史学文本与文学文本的若干相通特性,但这并不意味着在他看来,历史文本就可以像文学文本(如小说)一样,不受史料和史学家法的约束。常言道,真理往前走一步就是谬误。叙事主义史学理论的诸多论题未必就是真理,但至少大多都有其言之成理的学理包涵在其中。那往前走出来的一望而知的谬误,常常是有些论者望文生义、私心臆断的结果。

怀特明确说过,他的《元史学》一书的宗旨"就是要解构所谓历史科学的神话"①。但怀特对历史学客观性的动摇、其思想中明显的相对主义意涵等等,并不意味着职业史家出身的他会走到否定史学家法和史家技艺的地步。事实上,怀特反复强调历史学是一门"技艺性"(craft-like)的学科。研究美国史的权威史学家贝林谈到历史学的特性时,说历史学"有时是一种艺术,从来不是一门科学,永远是一门技艺"②。对这样的论断,怀特想必会有"深得我心"之感。而这样的立场,在叙事主义史学理论的阵营内,乃是一种常态。

三

怀特和琳达·鸥尔(Linda Orr)等人在发挥他们的叙事主义史学理论时,常常是以19世纪史学家、历史哲学家和史学名著作为其解析对象的,而那些著作大都出之以传统叙事的方式。当代史学著作中被普遍认为带有明显后现代倾向而可以作为叙事主义理论佐证者,如勒华拉杜里的《蒙塔尤》、娜塔莉·戴维斯的《马丁·盖尔归来》和卡洛·金兹堡的《奶酪与虫子》,都是以优美文笔将一波三折的故事娓娓道来(虽然,这三位史学家并不认可被加之于自身的后现代标签,对怀特等人的理论也或者径直反对、或者有所保留)。这样的情形,使得叙事(narra-

---

① 埃娃·多曼斯卡编:《邂逅:后现代主义之后的历史哲学》,第18页。
② A. R. Ekirch, "Sometimes an Art, Never a Science, Always a Craft: A Conversation with Bernard Bailyn", *The William and Mary Quarterly*, Vol. 51, No. 4 (1994).

tive)与"讲故事"(story-telling)常常被等同起来。而"叙事的转向"之后的史学理论范式,仿佛就没有能力对史学界的众生说法,而只能将自己的论说对象限制在传统的和新兴的叙事类型的历史体裁上。

这样一种认识,当然部分出自叙事主义理论发展过程中的一些内在因素。比如被视为叙事主义前驱之一的伽利,针对当时所向披靡的社会科学化的史学提出,传统的历史叙事以讲述让读者可以追根溯源(followable)的故事,本身就提供了有效的历史解释。[1] 后来的利科和明克,虽然或者认定历史叙事所讲述的故事来自于历史实在,或者认为故事形式是史家施加于历史实在之上的,却都在很大程度上将叙事限定在"讲故事"的传统意义上。早期的怀特本人也未能完全脱离此种倾向。

安克斯密特在推进叙事主义理论发展方面一个最重要的贡献,在我看来,就在于他前后所变换使用的"叙事实体"(narrative substance)"历史解释""历史表现"(historical representation)等概念,使得叙事主义所着重考察的文本较为彻底地摆脱了"讲故事"类型的历史叙事,而将目光扩充到了所有的历史文本。一方面,表面上并非传统叙事的历史文本,也未必就不可以从叙事的角度来对其文本进行分析。比如,布罗代尔最明确地反对叙事史,但却有人提出,他的《菲利普二世时代的地中海和地中海世界》,在结构上却仿佛以地中海作为拟人主角的一个

---

[1] W. B. Gallie, *Philosophy and the Historical Understanding*, New York: Schocken Books, 1968.

故事,并由此出发对年鉴学派的这一巨著进行了文本分析。①另一方面,历史学家的工作成果最后要以文本的形式呈现出来,无论历史文本是出之于"讲故事"的形式,还是类似于社会科学研究报告的形式,历史学家必定是在与研究对象相关的史料中选取其中某些成分,并以语言结构的形式将其勾连成为一幅历史图景;完全由"真实"陈述组合起来的针对同一现象的历史图景,却可能互不相容甚而构成直接的冲突;历史学家所使用来传达他所领会的历史图景的语言,无论表面上看起来多么中立客观,都不可避免地蕴含了各种超出常识所要求的"如实直书"……只要这样一些因素是所有历史文本无法回避、概莫能外的,叙事主义的史学理论的价值和意义,就绝非像有人所设想的那样,只限制在传统的和新兴的叙事史的范围之内。

四

讨论一种具有重大效应的理论,常常会看到两种截然相反的姿态:一种是将新的理论分解为前人早已有所阐发的各种成分,从而将新的理论看作不过是做了一番重新组装的工作而已;另一种则是将其视作横空出世、前无古人的创作。怀特本人、尤其是他体现于《元史学》一书中的理论框架,在形式上就完全是

---

① Cf. Hans Kellner, "Disorderly Conduct: Braudel's Mediterranean Satire", in his *Language and Historical Representation*, *Getting the Story Crooked*, Madison: The University of Wisconsin Press, 1989; Philippe Carrard, *Poetics of the New History*, *French Historical Discourse from Braudel to Chartier*, Baltimore: The Johns Hopkins University Press, 1992.

不同学科领域各种概念范畴的拼合,而这一点他自己也毫不讳言。然而,虽则怀特的理论立场常常受人诟病,似乎倒也没有人由此而否认其原创性。

广义上的后现代主义史学理论和狭义上的后现代主义史学理论(即叙事主义史学理论),并不像有的论者所以为的那样脱离常识,走到了对史学家法和史家技艺罔然不顾的地步。事实上,后现代主义史学理论的诸多论点,对那些对于自己的学科前提和预设有着足够自觉和警醒的传统史家而言,并不陌生。例如,福柯一系的思路启发史家在接触史料和过往的历史著作时,要仔细辨析其中所折射出来的是"何种视角?谁的声音?"与此相类的是,社会史名家劳伦斯·斯通说过,早在他年轻的时候,历史学家就被教导"文献——我们当时还不叫它文本——都是由那些易犯错误的人写出来的,他们会犯错,会提出谬误的观点,会以他们自己的意识形态主张引导他们的写作,所以我们就需要慎重地考察他们,仔细考虑诸如写作的意图、文献的特性、写作所处的语境等问题"。① 更早的时候,卡尔在其《什么是历史?》中就指出过:"我们所知道的关于公元前5世纪希腊的情景是有缺点的,这主要不是因为许多部分已偶尔丧失,而是因为大体说来这种叙述是由雅典一小部分人作出的。5世纪时的希腊在雅典公民看来是怎样的,我们知道得很多,可是从斯巴达人、哥林多人、须卜兹人看来它是怎样的,我们几乎一无所知,更别提对于波斯人,对于奴隶,或者居住在雅典的非公民它是怎样的了。我们看到的这幅图景是为我们预先选择好、决定好了的,

---

① 转引自理查德·艾文斯:《捍卫历史》,第80页。

而且与其说是偶尔选择决定的,倒不如说是由一些人选择决定的。"①

再看一个这样的例证。怀特提出,历史事实是"被建构出来的",他明确赞同阿瑟·丹图的说法:事实乃是置于某种描述之下的事件。② 而吕思勉在其问世于1945年的《史学方法论》中则说:"真正客观的事实,是世界上所没有的……其能成为事实,总是我们用主观的意见,把它联属起来的。"③不同时空之下的两个论断,其间相似相通之处,自不待言。

我想要借此说明的是:一方面,后现代主义史学理论(叙事主义史学理论当然包含在内)与传统史家对学科前提预设的反省和方法论自觉相通相连,对史学实践的高度关注,就是其不同于传统的思辨和分析路数的优长之处。它的诸多理论观点其来有自,其中最为主要的来源,就是史学实践所提出的问题和史学家自觉的理论反思。后现代史学理论并不排斥常识,它所排斥的是往往不加反思就引以为当然的成见。在我看来,安克斯密特在回应扎格林的辩驳时,实际上写作的就是一篇《从常识角度来理解的后现代主义史学理论》。④ 另一方面,思想资源的"其来有自",并不意味着新理论的创新意义就被打了折扣。叙

---

① 爱德华·卡尔:《历史学家和历史学家的事实》,载刘北成、陈新编:《史学理论读本》。

② Hayden White, "Response to Arthur Marwick", *Journal of Contemporary History*, Vol. 30, No. 2 (April, 1995), p. 238.

③ 转引自张耕华:《历史哲学引论》,上海:复旦大学出版社,2004年,第74页。

④ Frank Ankersmit, "Reply to Professor Zagorin", in Brian Fay, Philip Pomper, Richard T. Vann eds, *History and Theory, Contemporary Readings*.

事主义史学理论所构筑的理论平台"别开生面",为我们从不同于传统思辨的和分析的路数来考察历史学家的工作和历史学的学科特性,委实提供了新的可能性。换言之,"别开生面"并不排斥"其来有自",而"其来有自"也并不就降低了它"别开生面"的理论贡献。

五

据说,后现代史学的一大特点(或者不如径直说是一大缺陷),就是有破坏而无建设。宏大叙事的瓦解、历史学统一性的丧失、过去的碎片化、历史的连续性被淡化而非连续性和断裂被强调、历史知识客观性根基的动摇……这一切都的确可以归因于后现代史学理论包括叙事主义史学理论对于传统史学的冲击。然而,对这种种"破"的工作,我们在看到其严重地冲击了历史学的传统根基的同时,也不妨多看看其具有积极性的、"立"的层面。对此,艾文斯有极为精到的总结:

> 在其更具有建设性的方面,后现代主义鼓励历史学家更贴近地阅读文献,更严肃地对待文献之表面呈现,在新的方面来思考文本和叙述;它还有助于我们开辟新的研究课题与研究领域,同时将以前看来许多已难做出新意的旧课题重新提上研究日程;它也迫使历史学家前所未有地质疑他们自己的研究方法和研究程序,在质疑中,让他们更具有自我批判精神,这皆是非常有好处的;它还会促使读者更加强调对历史学家主观性的公开认可,有助于读者更严格地

评价历史学家的工作;后现代主义还改变了历史书写的侧重点——虽然并非是改变了整个历史学科的——从侧重社会科学模式的历史书写转向了侧重文学模式的历史书写,此种改变可以让历史作品更易为学院外的大众接受(实际上也包括学院中的大学生);它还使具有独特个性的作为个体存在的人重新恢复了在历史中的位置,而社会科学取径的历史研究则或多或少地把他们排除在外。进而,后现代主义还促使了,或至少刺激了过去十年乃至更长时间内许多杰出的历史作品之产生:这些作品在很多方面是完全符合为激进的后现代主义所强烈鄙视的诸多传统学术规范的。①

仅就中国史学界近年来新的学术领域的开辟、新的研究方法的使用、新的问题意识的萌生而论,我们就不难辨识出后现代主义史学包括叙事主义史学理论所直接或间接带来的影响。在人们谈论后现代给历史学带来的危机之时和之后,我们看到的,却是史学研究实践在诸多方面所焕发出来的前所未见的勃勃生机,而这其中至少部分来自于后现代深化史学实践的理论自觉、开拓史学研究新视野之功。而在专门的史学理论领域中,后现代主义史学理论及其主要代表人物如怀特和安克斯密特的学术贡献,似乎尚没有得到应有的、足够的研究。即便是严肃的批判,也应建立在深入的研究和对于批判对象智力和学术成就高度尊重的态度之上。高潮过后的盘点,理当成为深入细致的研究的开端。

---

① 理查德·艾文斯:《捍卫历史》,第248页。

第八章 历史理性与历史感

一

在中文和西方主要语言中,"历史"一词都有双重的内涵。它既指客观的历史过程,也即常识所谓的"过去",又指人们对这过往所发生的一切的记载、整理、编排和解说。与此相应,"历史理性"也有双重的内涵。对应于"历史"的第一重内涵,"历史理性"指的是人类历史过程中所固有而可以为人们在一定程度上所领会和揭示的规律、目标、动力机制等;对应于"历史"的第二重内涵,"历史理性"则指的是人们在面对过往历史时所凭藉和展示出来的认识、领会和把握过去的精神结构和智力装备。刘家和先生由考释"理"字的古义而提出:"历史理性(historical reason)实际也就包括历史(作为客观过程)的理性(the reason of history)和史学(作为研究过程)的理性(the reason of historiography),简易言之,就是探究历史过程的所以然或道理和探究历史研究过程的所以然或道理"[①],所说的意思与此相类。

---

① 见刘家和:《历史理性在古代中国的发生》,载其《史学、经学与思想》,北京:北京师范大学出版社,2005年,第50页。

自古希腊以来，西方思想的传统就是要从流变不居的现象背后找出不变的东西，从千姿百态的差异中找出统一性。这也就是后来德里达所说的那种西方传统中根深蒂固的逻各斯中心主义。现代哲学的鼻祖笛卡儿将历史学排除在知识的范围之外，就是因为在他眼里，历史不过是各种杂乱无章的事件的堆积，看不出有什么希望能够从中得到数学那样的确定性。然而，从历史中发现线索、模式和意义的努力，却从来就和历史意识的萌生相伴相随、不绝如缕。如果说，奥古斯丁的《上帝之城》是要以神意来贯穿人类的历史过程，从维科的"天意"到康德的大自然那幕"隐蔽的计划"，则是要将神学视野下的人类历史观世俗化，将历史的线索和模式重新置入人类历史本身。黑格尔明确地宣称，"理性统治着人类历史"，但这理性不是外在的神意，而是内在于现象世界。不同历史场景中的人们在表演各种活剧时，表面上似乎只是在追逐着自己的目的，但更为广大的东西却蕴含在其中，个体乃至群体的行动总是导致超出本身意图之外的结果，历史过程在不同阶段的目标就借此得以实现。黑格尔这一"理性的狡计"的概念，在唯物史观的创始人那里，被进一步表述为，"正是人的恶劣的情欲——贪欲和权势欲成了历史发展的杠杆"①。自从黑格尔以来，"历史理性"常常被理解为这样一种观念：人类历史乃是一个同时具备了合规律性与合目的性的客观进程，历史规律是同自然规律一样不容违背的铁的法则，人在历史过程中的创造性和主动性在于，在认识到此种规律

---

① 恩格斯：《路德维希·费尔巴哈和德国古典哲学的终结》，见《马克思恩格斯选集》第四卷，北京：人民出版社，2001年，第237页。

之后自觉地顺应和推进它的实现。尤其在第二次世界大战以后,历史哲学这一学术领域因为"冷战"的世界格局而格外地具有意识形态色彩,在波普尔和哈耶克等人的巨大影响下,"历史理性"在很长一段时期内变成了几乎与"历史决定论"同义的贬义词。在中文语境中,我们也可以见到同样的情形。①

历史研究的一个前提在于,历史学家相信,过去是有意义而可以理解的。离开了这样的前提,历史学就没有了立足点。19世纪历史学职业化以来,在很长一段时期当中,历史学家们认为,整体的历史有着统一的模式,即便自己无法将它辨识出来,但每个历史学家在自己的一亩三分地中辛勤耕耘的结果,就是将这一模式中某个哪怕再微小不过的部分呈现出来,最终,百川归海,无数个微小的部分终将汇集为一个统一的整体。当今的许多历史学家已不再持有这样的信念了,但是即便如此,即使放弃了对于整体意义和模式的信念和探求,他们也不会认为,自己手头正在从事的研究所要处理的过去的某个侧面和片段,其实是没有意义和无法了解的。历史整体之为无意义与历史片段之为有意义,这两者之间其实并无冲突。就此而论,相信历史过程(或者至少是其中的某些侧面或片段)有其"所以然"和"道理",是历史学家将自己的精神结构和智力装备施展在它上面的前提条件。而历史过程本身的"所以然"和"道理",则有赖于

---

① 如刘小枫在其《拯救与逍遥》(修订本,上海:华东师范大学出版社,2011年)中就多处在这样的意义上来使用"历史理性"或"历史理性主义",如:"历史说明一切,证明一切。历史哪怕制造了最野蛮、最荒唐的德行,都可以从历史自身得到合理说明。人们不敢质问历史理性的野蛮,因为历史理性是客观的,有自己的自然律,不以人们的意志为转移。"(第60页)

历史学家的工作将其(虽则未必完备地)揭示出来。倘若历史理性指的是人们尤其是历史学家探究过去的活动中的"所以然"和"道理"的话,它就不是单纯的逻辑推论意义上的科学理性,而是包含了更为复杂的移情、想象等复杂的精神活动和能力在其中。在这个意义上,我们可以说,两重意义上的历史理性其实是互为前提、互相依赖而又彼此不可须臾离弃的。①

二

20世纪前期之后,以揭示历史过程的线索、意义和模式为特征的思辨的历史哲学日渐衰颓,其后虽间或有复兴的努力,但至今未有公认成功的例证。历史哲学的主流成了对于历史学家认识历史的活动的哲学反思。直到现在,在西方的学术语境下,历史哲学与史学理论在很大程度上成了同义词。如果说历史学家关注于对历史的认识,那么,史学理论家关注的则是对于此种认识的认识。换言之,对前述第二种意义上的历史理性的考察,正是史学理论这一学科的使命。正如文学家往往未必关心文学理论,而文学理论未必直接有助于文学家的创作一样,史学家未必就关心史学理论(甚至在史学家群体当中,由于历史学终究是一门经验性的学科,还存在着对于理论的轻视和防范),史学

---

① 需要说明的是,这一概括并不适用于当前西方后现代语境下所有的史学家和史学理论家。比如,在持叙事唯心论立场的理论家如明克、怀特和安克斯密特等人看来,过去本是混沌一片,融贯性、统一性和形式是史家外在地加之于过去之上的。如果说,康德认识论的立场可以概括为理性为自然立法的话,这样一种史学理论的立场也可以概括为,历史理性就是史家为历史立法。

理论也未必直接有助于历史研究。然而,如同文学理论能够更好地帮助文学家达到对自身活动性质的自觉,史学理论也同样有助于历史学家对于自身活动的性质获得更清晰的自我意识。

在历史学家的精神结构和智力装备中,"历史感"是其中不可或缺的要素,是历史理性的题中应有之义。恩格斯曾经赞扬过黑格尔思维方式中的"巨大的历史感",但他所说的历史感,更多地指的是后者对于历史发展过程中的模式、机制和意义的寻求。① 如果说历史学关注的终究是时间中的人事,对于人事变易的敏感就是历史感的首要内涵。"子在川上曰:逝者如斯夫",时间流逝,人事不再,而认识到这些人类过往的经历并不因其流变不居而丧失了让人们记忆和探究的价值,乃是历史意识萌生和历史学出现的前提。古希腊"历史学之父"希罗多德在他的史著的开篇就提到,他的写作"为了希腊人和异邦人所创造的令人惊异的各个成就,不致因年代久远而湮没无闻"②。今天我们通常所说的历史感,则更多地指的是对于历史场景中人们的活动、情感和生活方式有符合其历史处境的了解,而不至于犯历史学家们往往指责别人、也经常受人指控的错置时代(anachronism)的错误。这种意义上的历史感,在思想史和史学史上,是与19世纪德国历史主义的兴起分不开的。梅尼克认为,在现代思想史上,人们在面对历史的思维方式上的这场革

---

① 恩格斯:《卡尔·马克思的〈政治经济学批判·第一分册〉》,见《马克思恩格斯选集》(第二卷),北京:人民出版社,2001年,第42页。恩格斯在同一段话中是这样来评价黑格尔的:"他是第一个想证明历史中有一种发展、有一种内在联系的人。"

② 转引自于沛、郭晓凌、徐浩:《西方史学史》,北京:高等教育出版社,2011年,第10页。

命,唯有人们在面对自然世界的思维方式上所发生的那场机械论的革命,能够与之媲美。① 历史主义的要义,一是把历史考察的对象放置于一个发展流变的过程中来加以考察,二是强调个体性,突出历史个体(无论这一个体是个人、民族、文明还是某一时代)的独一无二的个性。今日中文世界中常见的"要历史主义地看问题"这样的说法,大抵不出此意。

我们之所以能够对不同时代、不同文化的人们有所理解,是因为他们与我们有着相同相通之处。人与人之间如果没有"东海西海,心理攸同"的方面,我们就无从理解他人,尤其是处于其他时代和文化中的他人。而我们之所以需要理解不同历史处境下的他人,一个重要的缘由,就是他们与我们的差异可以帮助我们意识到人们生活方式和价值预设的多样性。对于历史学家而言,过去与当下相通,因而理解历史成为可能;过去与当下相异,因而理解历史成为必要。过去与现在的差别,不光是较易察觉到的物质条件方面的,还有不那么显眼然而完全可能相去更远的精神世界方面的。比如,如约翰·托什所说,现代人理所当然地将自然视为审美对象,"但中世纪的男人和女人们却对森林和高山感到恐惧,并尽可能地远离它们"。18世纪晚期,"在伦敦公开执行的绞刑经常会吸引三万或更多的人观看,观看者既有富人、也有穷人,但通常女性多于男性。他们的动机是各种各样的……但所有人都会全神贯注地看完残酷的行刑过程,而今天的大多数人却会由于恐惧而回避。更近的一些时期也许不

---

① F. Meinecke, *Historism*, *The Rise of a New Historical Outlook*, London: Routledge & Kegan Paul, 1972, p. lv.

是如此陌生,但我们仍然必须对许多确实存在差别的证据保持警醒"。① 历史感在诸多杰出史家那里,常常体现为对于时代差别的清晰敏锐而又细腻准确的感受。无怪乎英国史家屈维廉会认为,历史学的主要任务就是"与别的时代相比较、相对照来观看自己的时代,从而使人觉察到自己时代的特性"②。

西谚云:太阳之下无新事。然而,与此同样真确的还有另一条谚语:历史绝不重复。过去与现在、各种相似甚而看似无关或相反的历史现象之间,既有相通相同之处,又复有其相异相分的地方。历史感的一个表征,就是对于这些异同的高度敏感和恰切把握。从这个意义上说,一切历史研究就都是一定程度上的比较研究,而对异同的敏感和辨析则是历史理性的重要功能。而异同之辨也即如何看待和判定两个以上对象之间的同与异,往往是一个依视角而异的问题。正如钱钟书先生所言:"在某一意义上,一切事物都是可以引合而相与比较的;在另一意义上,每一事物都是个别而无可比拟的。……按照前者,希腊的马其顿(Macedon)可比英国的蒙墨斯(Monmouth),因为两地都有一条河流。但是,按照后者,同一河流里的每一个水波都自别于其他水波。"③焦点放在同的层面与放在异的层面,扩而充之,就会产生"自其异者而视之,肝胆楚越也;自其同者而视之,万物

---

① 约翰·托什:《史学导论》,吴英译,北京:北京大学出版社,2007年,第8页。
② W. H. 沃尔什:《历史哲学导论》,何兆武、张文杰译,北京:北京大学出版社,2008年,第189页。
③ 钱钟书:《年鉴寄语》,见《钱钟书集·人生边上的边上》,北京:三联书店,2007年,第134页。

皆一也"①这样的判然有别的视角效应。过往的历史常被人比喻为"异国他乡"(foreign country),要避免在对某个时代人们的理解中带入其他时代尤其是理解者自身时代的先入之见,"误认他乡为故乡",历史学家需要时刻警醒到,每一个时代、每一个历史场景与其他时代和历史场景的差异。然而,如果异国他乡的人情世故与故乡的完全没有相通相类之处,我们又如何能够对其达到甚至是体贴入微的了解呢?过去与现在之间有同,过去才可能为我们所理解。历史理解常常是通过对"异国他乡"的探究,变未知为已知,变陌生为熟悉。就像人类学家吉尔兹将巴厘岛上土著的斗鸡游戏条分缕析,让西方读者感受到其中的文化政治内涵那样,历史学家也让14世纪法国一个小乡村的社会生活(勒华拉杜里的《蒙塔尤》)和16世纪意大利一个乡村磨坊主的宇宙观(金兹堡的《奶酪与虫子》)为当今繁华都市的读者所理解。当代微观史的这样一些成功的典范,之所以吸引了大量历史学界之外的公众,一个重要的原因就是它们让读者觉得,它们所关注的过去的人们与"我们"并无不同,他们的希望、恐惧、爱与恨,离我们并不遥远,而完全可以让我们感同身受。然而,这些与"我们"在某些层面并无不同的历史对象,之所以吸引了普通读者和历史学家,又是他们毕竟过着与我们不一样的生活,有着不同的世界图景、交往模式和价值预设。并且对于历史理解而论,对差异的关注也许更为紧要。也许正是因为这一点,荷兰史学理论家安克斯密特才强调,历史学要"力图消解那些看似已知的和不成问题的东西。它的目标不是将未知

---

① 《庄子·德充符》。

之物还原为已知之物,而是将看似熟悉的东西陌生化"①。换言之,变已知为未知,变熟悉为陌生,也同样是历史理性在过去的疆域之上腾挪闪跃的一种方式。历史感在一个重要层面上,就表现为对于过去与现在的同与异的敏锐意识。

三

评判某一个特定的历史理解是否成功,当然有着多种因素和标准。在必须满足历史学在长期发展过程中所积累起来的对于史料运用的史家技艺的要求之外,有时候,我们甚至会仅仅因为某种历史理解所采用的史料或者其建构的历史世界违反了我们的经验常识而拒斥它。正如伯克霍甫所说,"一种历史的真实性,也可以根据它是否能够很好地与读者关于世界是如何运转的理解和经验相符合来加以判断"。② 根据天意或神意(或者至少是直接介入人事的天意或神意)来解释过去事件的历史理解,在古代和中世纪史学中曾经颇为盛行,如今在学界中却很少有人能够接受,因为它与我们如今关于人类世界如何运转的理解无法相容。依据正统观念来评说王朝兴替的做法,也早就落伍,因为人们不再持有类似的政治理念。把政治人物和事件当作唯一的历史重心的史观已不再盛行,因为人们对于影响历史演变的更为多样而复杂的因素有了更加深入的领会。科学史

---

① Frank Ankersmit, "Six Theses on Narrativist Philosophy of History", in *History and Tropology*.
② 罗伯特·伯克霍甫:《超越伟大故事:作为话语和文本的历史》,第 116 页。

(比如数学史)上不乏不谙世事的天才,史学史上的史学大师却不能缺少"世事洞明,人情练达"的健全理智。我们难以想象,毕生静坐书斋的历史学家,如果对于追逐权力的欲望完全陌生,却能够勾勒出具有说服力的政治史的图景;对于资本逐利的疯狂热情没有体会,却能够对现代经济史的某些片段给出有效的解释。这样的健全理智,在包含了对于世界如何运转的深入了解、更加开放和包容的价值观之外,还需要历史学家具备开放而自我克制的想象力。在这里,"开放"指的是,这种想象力包罗甚广:在习见的史料中间发现隐微而重要的联系,于他人看来题无剩义之处探幽发微,别有胜解;提出能够给旧有的领域带来崭新视角的新问题的能力;对于人性在各种条件下的可能性有所洞悉等等。"自我克制"则指的是,历史的想象应该自觉地受到史料和现实世界可能性的约束。离开了历史想象力,历史感就无从谈起。德国历史主义传统从一开始就强调,历史理解端赖于历史学家将自己"同化"于研究对象;后来这一传统所着意阐扬的"移情"(也即史家设身处地了解历史当事人所思所为,以达到与研究对象的"心通意会"),以及与这一传统渊源颇深的克罗齐所强调的对历史对象的"复活"(re-live),柯林武德所强调的对于历史当事人思想的"重演"(re-enact),都意在借此达到对于特定历史处境下当事人行动和思想的切身了解。

历史想象力之外,持平的历史观也是历史感的要素。历史学并不是或不止于是史料学,史料本身并不会自动地构成一幅幅历史图景,而历史学家在选择将何种史料所表征的历史事实纳入自身的历史图景并将其置于何种具体位置时,总是或明或暗地要依赖于自身或隐或显的历史观。这里的"历史观",指的是对于哪些因素在历史过程中扮演了重要角色以及如何考虑它们的相对优先性的总体看法。即便不是特定意识形态或哲学的皈依者,历史学家也无法不具有这样那样的史观或者摆脱自身的史观来从事历史理解。虽然不同的史观纳入考虑的可能是不同的因素的组合,不同的史观置于优先地位的因素也各有不同,而难以达成一致;但其间并非就全然没有高下优劣的分别。一方面,它们都不应该违背我们对于世界如何运转的常识经验,另一方面,它们虽然将光亮投射到过去的不同侧面,但其各自解释能力的大小并非就没有分别,而这反过来又是评判它们的高下优劣的一个指标。

从一个侧面来说,历史感也体现为均衡感和分寸感。列宁说过,"社会生活现象极其复杂,随时都可以找到任何数量的例子或个别的材料来证实任何一个论点"①,这在史学研究中是最常见不过的现象。在特定的研究领域,经常存在着相互矛盾或相互差异、但都满足可作为史料利用的历史学规则而无法依据史学"家法"将其简单排除的史料。要在这样的史料中作出选择和鉴别,在多大程度上将某一史料所涉及的具体情形视为更为普遍的现象的反映抑或只是少数特例,如何在众多史料中利用其中一部分勾勒出一幅历史图景,这既是历史学家施展其才、学、识的场所,也是引发史学争议的聚讼之地。② 史学史上有关

---

① 转引自李伯重:《理论、方法、发展趋势:中国经济史研究新探》,北京:清华大学出版社,2002年,第124页。

② 李伯重在《"选精"、"集粹"与"宋代江南农业革命"——对传统经济史研究方法的检讨》一文中,对经济史研究中与此相关的学术现象进行了有趣而深入的分析。同上书。

特定历史解说的争议,当然可能涉及具体史料的真伪和可信度,在更多时候、同时也使得争议难以达成一致的,却往往是这样的问题:何种史料才更具超出其特定语境下的更为普遍的"意义"?此种"普遍"性的边界和限制何在?哪些史料才更有资格进入史家关于这一论题的历史图景,哪些史料是绝对不可以排除在这样的图景之外的?历史学固然要求真,"无征不信"的原则是历史学作为一门经验科学所永远不能舍弃的立身之本,然而,完全由符合史学家法的史料建构成的历史图景,却完全可能被绝大多数人认为是不能接受的扭曲的历史画面。换言之,在历史研究中,给出一幅让人认为可接受的(acceptable)、说得通的(plausible)或者"对"(right)的图景,远非只是该图景中所包含的史料都无可挑剔地为"真"(true)就能做到的。只因为这一点,历史学就无法被简单地归之于史料学。社会科学理论与历史学的融合,当然可以帮助历史学家更好地把握特定史料的意义,并将其放置到历史图景中的某一具体位置。但即便是在高度社会科学化的史学样式中,更毋庸说在传统的和后现代语境下的叙事史学中,史家在选取和利用史料构筑历史图景时的均衡感和分寸感,对于具体史料能够表征的"意义"的高度敏感,这样一些难以归入寻常"逻辑理性"而常被人们称为"匠心"或"史才"和"史识"的因素,也是史家所要施展于自己的研究工作中的。这些因素,也正是古今中外的史学大师身上最为人称道和折服之处。

历史学的碎片化,在当下经常是最为人诟病的后现代条件下的史学病灶。一方面,史学研究更加关注日常生活、边缘群体、文化表征等,史学领域的进展似乎在很大程度上变成了史学家"对于越来越小的事情知道得越来越多";但另一方面,近年来全球史等领域的勃兴和长足发展,也表明历史学对于宏观视野和综合的需要和努力并未歇止。曾经有人感慨,马丁·盖尔(娜塔莉·戴维斯的微观史名作《马丁·盖尔归来》的主人公)变得比马丁·路德更加知名,当下的历史研究必定是出了问题。① 其实,当下史学发展所遇到的困境,更其在于"自下而上的历史不会补充自上而下的历史,而是会使任何综合的努力破碎"②,两个层面的史学进展趋势似乎还不能呈现出有效整合的前景。但是,具体的历史学研究的意义和价值,并不完全取决于其研究对象的大小和重要与否(且不论大小和重要性总是相对于人们所要观照的特定的历史脉络而言的,就仿佛对于特定个体的生活而言,平常至极的家人比之叱咤风云的大人物远为重要)。籍籍无名的小人物、过往不为人知的发生在僻远之地的小事件,也可能折射出特定时代人们的生活方式和观念世界,让我们从"一滴水中看出整个世界"。伊格尔斯曾评论道:"……微观历史学家们尽管是专注于地区史,却从未丧失过更广阔的历史与政治语境的眼光"③,可算是持平之论。实际上,在传统

---

① 玛丽亚·露西娅·帕拉蕾丝-伯克编:《新史学:自白与对话》,第17页。
② 这是托马斯·本达(Thomas Bender)的观察,见伯克霍甫:《超越伟大故事》,第281页。
③ 格奥尔格·伊格尔斯:《二十世纪的历史学:从科学的客观性到后现代的挑战》,第144页。戴维斯也曾就《蒙塔尤》《奶酪与虫子》和她自己的《马丁·盖尔归来》说过:"这三本书全都认真地对待地方性文化。然而,它们也关注经验和长时段的传统以及思想结构。……这三本书全都希望对于超出它们所研究的个案之外的过程能够得出某些洞识。"(见《新史学:自白与对话》,第74页)

史学研究中,从来不乏于微观研究中展现宏观视野,由小问题着手,而得出更具宏观和普遍意义的史学研究的案例。不管史学样式如何变化,见"微"而能知"著",由"小"而能见"大",当是史家历史感中始终不可或缺的成分。

四

如果说,史学理论的任务是阐明体现在历史学家历史认识中的历史理性的话,从理论上来深化对于历史感的认识,就是史学理论的题中应有之义。在 20 世纪 70 年代之前作为史学理论主要范式的分析学派,是以探讨历史解释的特性为其核心论题的。安克斯密特照常规的看法,将分析学派的基本理论倾向区分为主要的两个路数。概括律的模式肇始于亨佩尔的名文《普遍规律在历史中的作用》[①],这一路数认为,任何成功的历史解释,都是将特定的历史现象纳入某种一般性规律中才得以实现。安克斯密特所说的另一路数即逻辑关联论证(logical connection argument)模式,则源于柯林武德所强调的,只有对历史当事人的内在思想有了充分的把握,才能对历史现象达到深入的理解,而此种把握端赖于历史学家对研究对象内在精神世界的成功"重演"。在安克斯密特看来,无论是前一种路数所表现出来的对于普遍规律的倚重,还是后一种路数所假定的历史学家对于历史对象精神世界的复原能力,都"表现出了历史感的缺失",它们"似乎公然或暗中接受了休谟的名言'在所有民族和时代,

---

① 见何兆武主编:《历史理论与史学理论:近现代西方史学著作选》。

人们的行动中有着巨大的一致性,人性在其原则和运作中保持不变';此种对于历史变迁的迟钝,在概括律模型中表现为它所应用的概括律的宽泛性,而在分析的解释学中,则是必须预设历史学家的思想与历史学家所研究的历史行动者的思想和行动之间的相似性"。①

用我们前面的说法,安克斯密特对分析学派史学理论的批评,似可概括为对其"有见于同,无见于异"的指责。在20世纪70年代之后,取代了分析学派而成为史学理论主要范式的叙事主义史学理论,不再聚焦于历史解释的模式这样的认识论问题②,而是以作为历史学家工作起点和最终产品的历史文本为关注对象,开启了历史哲学或史学理论领域的"语言学转向"。这一转向汲取了来自语言哲学、文学理论等其他领域的学术资源,以历史文本整体作为自身考察的对象,在引发各种争议、反感和批评的同时,也因其开辟了崭新的理论视角而取得了实质性的学术成就,改变了人们对于历史学家工作性质和历史学学科特性的若干传统认识。譬如在这一理论范式之下,人们认识到,历史学因其承载工具是"日常有教养的语言",从而具有不透明的特性,无法毫无扭曲和不加损益地将"过去的真实面目"传达给读者,而总是渗透了史料制作者和史料阐释者的价值倾向、审美偏好、政治立场等各种"主观"因素;历史文本的整体的

---

① Frank Ankersmit, "The Dilemma of Contemporary Anglo-Saxon Philosophy of History", in *History and Tropology: The Rise and Fall of Metaphor*.
② 安克斯密特在同一论文中就径直将分析学派的两种路数都归结为"认识论传统"的历史哲学或史学理论。

特性,不是构成它的对于历史事实的单个陈述的简单总和,所有陈述都为真的某个历史文本,完全可能被人们普遍视为无法接受的扭曲了的历史图景;如此等等。然而,在对其理论创获给予充分的肯定的同时,我们也得看到,对历史文本的关注或者将历史学文本化的这样一种思路,不可能将历史理性和历史感放在理论反思的显著位置,而只会将其排除在自身的议程之外,从而,其"历史感的缺失",比之分析学派只会是有过之而无不及。

叙事主义的史学理论强调的是,历史文本给我们提供了观察过去的某种视角,历史学家的语言成为我们与历史实在之间的中介。将历史学文本化,成为这一理论范式最根本的特征。① 德里达的"文本之外,别无它物"的命题,在叙事主义史学理论这里,虽则不能像它常常遭人误解的那样,被归结为否认过往历史过程的实在性,但历史学家无从突破语言的藩篱而直接触及过去本身,却是其确切无疑的内涵。史学理论的这一"语言学转向",也因为语言本身的局限,而带来这一史学理论范式自身所无法克服的欠缺。语言帮助我们把握世界,然而,一方面,"常恨言语浅,不如人意深",语言总是难以完满传达意义;另一方面,历史文本因其作为"文字制品"而具有的特点,使得它必定是海登·怀特所常说的"对于过去的驯化"(domestication of the past),正如任何即便是现实主义的艺术形式,都必定在凸显了实在的某些面相的同时又遮盖了另一些一样。正是因为意识到了这一点,曾经继海登·怀特之后引领了叙事主义史学理论发展新阶段的安克斯密特本人,又率先提出了"历史经验"(his-

---

① 参见本书附录三。

torical experience)的范畴,企图以此超越叙事主义的理论视野而开辟史学理论的新路向。无论是安克斯密特等人的"经验",还是史学理论领域的新锐人物鲁尼亚的"在场"(presence),其理论旨趣都在于,试图从理论上把握历史学家所可能达到的对于本真的过去的切身体验。历史学家是如何通过长期浸淫于史料之中,而以自己的灵心善感聆听到如赫伊津哈所说的"过去的呼唤"(the past's call),感受到"如其所是"的过去,成了这种史学理论新趋向的核心问题。如果说,历史感的一个重要内涵,就在于史家能够在意识到自身时代与另一时代的差异的同时,真切地体验和感知到过去,仿佛置身于过去之中,"设身于古之时势,为己之所躬逢"①,那么,此种理论转向就可以说是将历史感置于了史学理论的中心位置。

史学理论应当关注史学实践,以反思史学实践作为自身的主要任务。它既应该关注比如历史解释的模式、历史文本的特性等相对比较容易在概念化层次上加以理论阐明的问题,也应该关注更具有个体体验层面的内涵因而相对难以概念化、理论化的论题。正如美学理论要从理论上解释审美经验和审美感受的多样性,宗教学和心理学要从理论上解释不乏神秘意味的宗教经验一样,史学理论也需要在研究历史学家职业活动中更多逻辑理性意味的成分之外,致力于阐明历史理性中那些更为复杂、仿佛奥妙无穷而又独具个性色彩的要素。安克斯密特等人的努力至今并未得到太多认可,因为在不少人看来,他笔下那过于私密而仿佛带有神秘意味的"历史经验",难以在理论交流的

---

① 王夫之:《读通鉴论》,《卷末·序论四》,北京:中华书局,1996年,第956页。

层面上得以向前拓展。然而,理论思考总是要致力于将从来认为难以概念化的东西以别出心裁的方式加以概念化,尽管这样的概念化永远无法穷尽它所要探讨的对象的奥妙之处。就此而论,更密切地考察史学实践中历史学家历史理性和历史感的丰富而多样的体现,就是史学理论对其达到更为深入的理论认识的前提。

附录一　后现代视野之下的沃尔什
——重读《历史哲学导论》

一

中文里面常有"先见之明"的说法,模仿这样的语式,英文中的"hindsight"一词大概就应该对译为"后见之明"了。美国哲学家阿瑟·丹图分析历史学研究的特点,就专门拈出这一点来大加发挥。① 其意若谓:我们在理解和表呈历史时,常常会用这样的表述方式:卢沟桥枪响,揭开了八年抗战的序幕;然而,对于具体历史事件的当事人来说,尽管人们对于实际发生的事件并非一定就完全缺乏先见之明(比方说,就这样一个具体的事例来说,1935年起,清华大学就将许多最为珍贵的图书材料和仪器设备运往南方,从而为后来西南联大的辉煌打下了一个方面的根基。那时候,许多人就已清楚地意识到,中日之间在数年之内必有一战),可是,"八年抗战"这样的说法,却是只有结合了

---

① 阿瑟·丹图在《叙述与认识》(周建漳译,上海:上海译文出版社,2007年)第八章集中讨论了这一问题。

对于事件过程和结局的了解,才能够说得出来的。

后见之明是历史学的一个优势。我们常说,事情总要过一段时间之后,才能看得更加清楚。其中至少有一个缘由是,只有经过了一定的时间之后,各个方面的、不同角度的材料呈现出来,我们才可能避免只从当下的、单一的角度来理解事件时所受到的限制。然而,"后见之明"也未尝就没有带给我们盲点和欠缺。因为了解了事件的进程和结果,我们往往自觉不自觉地就会带有一种目的论的眼光,把和事件相关的过往所发生的一切,都看作一连串导向最终结局的链条。认为只有将它们视作链条中相互关联的各个环节,事件过程和环节本身才能够得到真切的理解。这样做的时候,我们常常忘记了,历史过程并非全然注定了在其各个节点上就是非如此不可的,各种可能性总是在任何时刻都向人们敞开着,而且,最终成为现实的虽然绝对不会是不可能性,却也不会是只此一种的可能性。真要是那样的话,那种可能性就成了铁定的必然性,而历史事件的各方当事人就全然没有了选择的余地,所谓"自由",就不过是一种幻象而已。其实,最终成为现实的,只是可能性中的一种,而且,还未必就是其中最大的那种可能性。①

学术史的考察,也会在不同程度上受到"后见之明"的左右。康德自称进行了哲学史上一场哥白尼式的革命,后世大多也是这样来看待他的工作的,因而才将他的思想体系视作是进入哲学之路必经的桥梁。可是在当时乃至后来,也有不少人用别样的眼光,将康德思想分解为各项元素,分别对应休谟、莱布

---

① 参见何兆武《可能性、现实性和历史构图》一文,见其《历史理性批判论集》。

尼茨乃至中世纪神秘主义者,等等,如此一来,康德思想中他自认为且别人也照此看待的原创性,就变成了不过是对前人思想要素的成功组合而已。他所真正具有的,不过是一种"貌似的"原创性。类似的情形并不少见,维特根斯坦后来也享受过同样的"待遇"。问题在于,如果没有康德或者维特根斯坦的工作,前人思想中的那些因素是否会受到人们的重视,或者,更进一步说,即便那样一些因素并没有被忽视,至少后人看待它们的方式也因为康德或者维特根斯坦而大为不同了。这样的变化,至少就从一个角度表明了,他们的工作绝非可以简单还原为之前哲学史的种种成分,而是具有其改变了哲学视野的创造性。另外,这样的情形也提醒我们,在集中了过往众多第一流头脑的智慧的问题领域,思想家的工作大致并非横空出世,而往往是其来有自。在我看来,这样持平的看法大概更加可靠一些。

二

W. H. 沃尔什的《历史哲学导论》问世已经半个多世纪,至今仍是历史哲学和史学理论(在当代西方的学术语境下,这两个词已经成了同义词)领域中人们不可轻易绕过的名著。中文版在问世十余年后,又有了经译者再度校订的新版。此书引人注目的一个缘由,在于它学术史方面的价值。

许多年以来,人们要描述西方历史哲学领域在 20 世纪(准确的说法应该是 20 世纪前四分之三的时段中)所发生的重大变化,大都会说,那就是思辨的历史哲学的衰落,以及分析的历史哲学之由附庸而蔚为大国。对此我们或许可以这样来加以解说：历史一词在中西文字中都有两重含义。前者指的是过去所发生的如此这般的事件、过程,等等,后者指的是对前者的记载、整理、考订、编排,等等。如果说前者大致等同于我们常识意义上所说的客观的历史过程的话,后者就是历史学所要做的工作了。对历史的理论思考,在第一种含义上,指的是对历史过程的理论反思,企图了解历史过程的规律、目的、发展动力、意义；在第二种含义上,则是要对历史认识、历史解释的性质加以反省。沃尔什最早提出以思辨的和分析的(或批判的)历史哲学的二分法,来把握这两种不同层面上的理论反思。这在后来变成了一种通行的说法,仅此一端,就足以表明此书所具有的学术史意义。

与这样一种历史哲学的二分法相对应,《历史哲学导论》可以分为两个部分。在后面不到三分之一的篇幅中,沃尔什处理的是思辨的历史哲学的论题,分别点评了康德、赫尔德、黑格尔、马克思、孔德、汤因比等人的历史哲学。这些地方,着墨虽少,却在在都有可观之处。比如,他在将思辨的历史哲学定谳为是完全错误的思路的同时,又做了这样的断言：只要"恶"被看作是一个形而上学的问题,这种类型的历史哲学就总是会出现的。① 这的确是一个十分精彩而又发人深省的论点。传统思辨的历史哲学中的核心概念,如康德"非社会的社会性"和黑格尔的"理性的狡猾",都是想要说明,每个历史当事人在追逐自己的目的和一己私利(而那在道德上往往是非常可疑的)的时候,同时也

---

① 沃尔什：《历史哲学导论》,何兆武、张文杰译,北京：北京大学出版社,2008年,第152页。

就成了某一个更广大的目的(康德的"大自然"或黑格尔的"理性")赖以实现自身的工具。恩格斯所说的恶劣的情欲乃是推动历史发展的杠杆,表达的就是这样的思路。正是在这样的意义上,黑格尔才会把自己的历史哲学说成是一部真正意义上的神义论。因为,从这样的视野出发,人世间所有的邪恶因其构成了合目的而又合规律的历史进程的必要环节,就得到了合理的解释。值得一提的是,虽然沃尔什不单描述、而且大力肯定了分析的历史哲学之取代思辨的历史哲学,但从他这里,我们也可以得出这样的印象:只要历史解释中还存在着无法被当事人各方的意图所充分解说的事件进程和结果(亦即所谓的 unintentional result),思辨的历史哲学所着意要解决的问题就无法被一笔勾销,它就依然葆有旺盛的生命力。

三

20世纪70年代以后,历史哲学领域又发生了一个大的变化,那就是后现代主义思潮在历史哲学或史学理论领域中产生了巨大的效应,后现代主义取向的历史哲学取代了分析的历史哲学而成为这一领域的主流。我们也可以试着将此种效应分成广义的和狭义的两个方面。广义而言,比如福柯对知识与权力关系的分析、后殖民主义理论等等思想观念,都既对史学理论、又对史学实践产生了巨大的影响,它们当然都可归入后现代主义史学理论之列。而从较为严格和狭义的角度来看,也可以将后现代主义史学理论界定为,在专门的史学理论领域中得到发展而具有明显的后现代主义色彩的理论取向。

从后一种看法出发,就可以说,以1973年海登·怀特《元史学》一书问世为诞生标志的叙事主义历史哲学,乃是后现代主义史学理论的主要形态。一方面,与思辨的历史哲学关注历史过程本身不同,叙事主义和分析的历史哲学一样,都是以历史学的学科特性作为自己的研究对象的。另一方面,如果我们将历史学家的工作分为历史研究和历史写作两个阶段的话,倘若说分析的历史哲学关注的是前一阶段的问题,则叙事主义历史哲学关注的则是历史学家工作的最终产品——历史文本。

以往人们总是认为,历史学家在收集、考订史料,提出历史解释的基本框架之后,最主要的工作就完成了,剩下来的任务无非是将研究的成果写出来而已。仿佛作画,"胸有成竹"是最要紧的,一旦"胸有成竹"之后,泼墨作画倒变成了一件次要的事情。传统所谓的文史不分家,在很多人看来无非是说,史家在写作自己的研究成果时,如果能够有些动人的文采就再好不过,省得落下孔夫子所说的"言而无文,行之不远"的结果。叙事主义的一大洞见,就在于看到历史写作的性质没有这么简单。历史文本因其使用的承载工具是"日常有教养的语言",就具有文学产品的特性。一个彰明较著的例证就是,看似由可靠的史料、客观中立而不带个人色彩的方式写就的历史文本,其文本整体所具有的某些特质,绝非构成它的对史实的单个陈述所能具有。①分析的历史哲学在第二次世界大战之后经历了二三十年的发展,多少有些陷入了回报递减的窘境。叙事主义却因其转移了史学理论的关注焦点,带来了学术视野的重大变化而颇多创获,

---

① 参见本书第五章,第四部分。

至今不衰。

海登·怀特之后,当前叙事主义史学理论的领军人物、荷兰学者安克斯密特,素来就不是一个低调谦逊的人。在对待论战对象时,甚而常常有超出学术范围的严苛之辞。比方说,此公就曾经公开说过,虽然自己很乐于在学术会议这样的场合认识很多同行,却从未通过会议上的报告或讨论学到过任何东西。不过,安克斯密特对沃尔什及他这本薄薄的《历史哲学导论》倒是青眼有加。在成为一等一的学术权威之后,安克斯密特一再声称,自己最好的书,还是当年他刚出道时那本颇遭人诟病的《叙事的逻辑:对历史学家语言的语义学分析》。而在那前后他都明确地说过,其中最重要不过的概念——"叙事实体",来自于沃尔什《历史哲学导论》中提出的概念——"综合"(即 colligation,顺便说一句,我认为此词也不妨译为"总括")。[1]

在沃尔什看来,历史学家的工作,是要"通过追踪一个事件与其他事件的内在关系并给它在历史的脉络中定位的办法来解释那个事件"[2],这就是他所说的"综合"。他又说:"历史学家的目的乃是要从他所研究的事件中构成一个一贯的整体。……他做出这一点的方式是要寻求某些主导的概念或指导的观念,以此来阐明他的事实,追踪这些观念本身之间的联系,然后表明事实细节是怎样由于对所讨论的那个时期的各种事件构造出来一

---

[1] Frank Ankersmit, *Narrative Logic*, p. 99. 又见埃娃·多曼斯卡对安克斯密特的访谈,见埃娃·多曼斯卡编:《邂逅:后现代主义之后的历史哲学》,第 85 页。

[2] 沃尔什:《历史哲学导论》,第 53 页。

种'有意义'的叙述而(就这些观念看来)成为可以理解的。"①

历史学家在讨论和解释过去的某个片段或者某个层面时,总是用"文艺复兴""启蒙运动""17世纪危机"之类的范畴来表呈他的主题,这些就是安克斯密特所说的脱胎于沃尔什"综合"概念的"叙事实体"。比如,就文艺复兴而言,它可以包涵许多单个的现象:绘画、雕塑或者作战的风格、对于人在此世命运的某种哲学、某种特定的对于政治和有教养的人应该知道些什么的看法。"文艺复兴"所力图做出融贯一致而又无所不包的解释的,就是1450年到1600年欧洲社会这样一些诸多不同的方面。可是,构成为叙事实体的历史文本,是由各个对于单个事实的描述构成的,然而,单个事实的准确及其表述方式的客观中立,并不意味着历史文本就能得到人们的普遍接受。比如,选择不同的事实陈述并将其构成为一个整体来解释文艺复兴,同样是关于文艺复兴的历史图景,同样基于真实性无可怀疑的若干单个陈述,其基本蕴涵却可以大为不同。有的图景向我们展示的是古典文化的再生,有的图景铺陈的是中世纪后期文化在文艺复兴中的延续和发展,有的把文艺复兴主要展示为某种文学和艺术的风格,有的则更多从现实人生和政治来凸显某种人生哲学的出现。这样的话,可以用来判断单个陈述的"真""假"这样的范畴,就很难径直用在历史文本整体之上了。安克斯密特从"叙事实体"(后来他更倾向于使用"历史表现"的概念)入手所进行的理论阐发,使得叙事主义史学理论具有更加密实的学术纵深。沃尔什虽则远远未能对"综合"之功用和特性进行深

---

① 沃尔什:《历史哲学导论》,第56—57页。

入的探讨,却无疑指示了这样一个用力的方向。

四

讨论历史哲学,总是无法规避沃尔什所谓"批判的历史哲学中既是最重要的而又是最棘手的"客观性问题。沃尔什对客观性的讨论颇不同于一般分析学派的路数,而是提出了一种配景理论(perspectivism,也可译为视角论)。

历史学家总是受到各种主观因素、具体处境的制约,而不可能成为一面对各种史料虚己以待的镜子,唯一的功用不过是考订其准确性和可靠性而已。这是比尔德等相对主义者早就反复论说过的。沃尔什也强调,史学家必定是从某种视角(他更其愿意强调其中最要紧的乃是对于普遍人性的观点)来研究历史的。他将造成史学家之间意见分歧的因素总结为四类:个人的偏好、集体的偏见、有关历史解说的各种相互冲突的理论以及根本性的哲学冲突。

我们可以说,任何历史解说都必然或隐或显地包含了历史学家对不同因素所赋予的不同等级的重要性。就此而论,沃尔什所说的历史学家无法摆脱这些造成他们彼此之间冲突的因素,就并非不可理解了。只是这样一来,沃尔什所维护的客观性,就变成了"在一种弱化了的意义上来加以使用"的客观性。既然形而上学的和主观的因素无法取消而又无法在合理的基础上加以比较,客观性就只能是就某个视角而论的客观性,唯一硬性的要求就是无论采取何种视角,历史学家都要严守史学家法,做到对史料正确对待。于是,照配景理论的思路,"马克思主义对19世纪政治史的解说,将只对马克思主义者才是有效的;自由主义的解说则只对自由主义者才是有效的……但是这并不妨碍马克思主义者或者自由主义者以一种可以称之为客观的姿态来写历史;那就是说,来试图在他们给定的前提假设之内构造出一种确实是对他们所承认的全部证据都做到了公平对待的叙述。于是就会有马克思主义的相对客观的和相对主观的叙述和以自由主义的观点而写出的相对客观的和相对主观的历史著作。"①这样一种配景理论视野下的客观性,也许在不少人眼里,已经完全无客观可言了,此处不遑多论。

值得注意的是,在叙事主义的开山之作《元史学》的导论中,海登·怀特认为,历史学家的历史文本构想了有关过去某一层面的历史图景和解释策略,其中包含了认知的、意识形态的和审美的三个层面的蕴涵。怀特进一步提出,人们写作什么样的历史,乃至人们接受什么样的历史,取决于他们是什么样的人。人们在相互竞争的历史解释策略中作出选择,其最终的原因是审美的或者道德的。怀特和安克斯密特这样的路数,虽没有否认,却实际上大大淡化了历史学家的"技艺"这一历史学学术传统赖以安身立命的根本。怀特是以一系列的理论范畴和推演步骤达致他的这种结论的,然而,此种结论与沃尔什配景理论之间的近似之处,还是清晰可辨的。

《历史哲学导论》中讨论分析的历史哲学的主要论题(历史学学科特性、历史解释、历史中的真实和事实、历史学的客观

---

① 沃尔什:《历史哲学导论》,第111页。

性)的四章,文字不多,论点的表述也未完全展开(而沃尔什在其他著作和论文中也很少做这方面的工作),确乎只把自身局限在一个导论性的范围内。然而,他对于这些问题的讨论,既延续和发挥了分析学派的基本思路,又确实表现出了不少超出一般分析学派的观照面。安克斯密特后来评论说,沃尔什最早脱离了分析的历史哲学的窠臼。照我们前面的说法,这一方面固然是由于有了怀特、安克斯密特等人的工作,藉着后来者在观察学术史时所具备的"后见之明",我们才可能更多地体察到沃尔什那些理论观点的可能内涵,而他本人在当初展示出这样一些取向时,未必就有要不同于分析路数的自我意识。另一方面,这样一些论点在较早时期的出现,确乎本身就具有指引不同学术取向、转移学术关注焦点的潜在意蕴。

附录二 当代西方史学理论中的安克斯密特

1973年,海登·怀特《元史学:19世纪欧洲的历史想象》一书的问世,标志着西方史学理论领域中叙事主义理论范式的正式登场。1983年,初出茅庐的安克斯密特发表了他的《叙事的逻辑:历史学家语言的语义学分析》①一书,开始进入史学理论领域,并逐步成为叙事主义阵营中继海登·怀特之后,理论创获最多、影响最大的领军人物。此后,他的《历史与转义:隐喻的兴衰》《历史表现》《崇高的历史经验》等著作和一些重头论文每一问世,都会引起史学理论界的关注,并引发诸多争议。可以毫不夸张地说,近30年来安克斯密特的理论探索,在让人惊叹于

---

① 此书甫出之际,并未产生积极反响。安克斯密特后来在将此书许为他自己写过的最好的书的同时,也总结了此书当初遭受厄运的各种原因。见埃娃·多曼斯卡编:《邂逅:后现代主义之后的历史哲学》,第71页。此书的主要论点后来被安克斯密特改写为一篇简短精粹的论纲,见"Six Theses on Narrativist Philosophy of History", *History and Tropology, The Rise and Fall of Metaphor*。就我所见,在后来与扎格林在《历史与理论》上有关后现代主义与历史学的著名论战中,安克斯密特回应的论文最为平实地总结了他本人的观点。见"Reply to Professor Zagorin", *History and Theory* vol. 29, no. 3 (1990)。此文也收入了 Brian Fay, Philip Pomper, Richard T. Vann ed. , *History and Theory, Contemporary Readings*。

其经久不竭的创造力的同时,也从一个侧面清晰地展现了当代西方史学理论前沿的变化和动向。

一

与此前分析的历史哲学的理论取向不同,叙事主义史学理论从一开始,就将其重心放在了历史学家工作的起点和最终产品——历史文本——之上。怀特在《元史学》一书中所做的工作,主要是从情节化模式、论证方式、意识形态蕴涵等概念化层面,分析了19世纪最为重要的几位史学家和历史哲学家的文本,并提出,决定了他们思考历史的深层思维结构的,乃是不同的转义模式。在我看来,倘若说,怀特所着重发挥的是一套关于历史文本的形态学分析的话,安克斯密特理论的要旨,则在于发掘作为整体的历史文本所具备、而为其构成成分所阙如的诸种特性。

现代思想与现代科学一脉相承的一个基本的思维方法,是分解—组合(resolute-compositional)的方法。[①] 典型的例子就是,经典力学处理抛物线运动,要先将其分解为横向和纵向两个方向的运动,再将其组合起来。在这样的思维路数中,事关部分的各种问题的解决,就意味着事关整体的问题的解决。20世纪早期的语言哲学虽然形成了旨趣各异的不同流派,但他们之间却有着一个共同的特征,那就是都将目光投向语句,投向单个的

---

① 参见卡西勒《启蒙哲学》"导论"部分的论述。E. 卡西勒:《启蒙哲学》,顾伟铭译,济南:山东人民出版社,1988年。

陈述,似乎超出单个陈述之外的文本整体,并不会产生根本上有异于陈述层面上的问题。与此相应,分析学派的史学理论在探讨历史解释问题时,也基本上是局限在对于单个历史陈述或其简单组合的分析。针对这样的偏向,怀特主要借助于从文学理论和其他领域借用的若干概念工具,对历史文本的整体构成方式提供了一套分析框架。而安克斯密特则创造了自己的一些概念范畴,来对历史文本的整体特征进行更为深入的探索。

以最简化的方式来说,关于历史文本,安克斯密特主要阐发了这样两个论点:一是历史文本是由诸多单个陈述构成的。这些陈述要对过去实际发生过的事情作出准确的、真的描述。诸如"荆轲图谋刺杀秦王,但未能成功"或"瓦特改良了蒸汽机",就是这样的陈述。这些陈述建基于对史料的收集和考辨之上。常识上,我们认为是真的陈述,就是与过往发生的某一事态相对应的陈述。而历史文本虽则由陈述构成,但一经形成为一个具有融贯一致性的整体,它就具有了为组成它的各个陈述所不具备的种种特性。这样的整体,安克斯密特在《叙事的逻辑》中以及稍后一段时期内称之为"叙事实体"(narrative substance)或"叙事性解释"。它们有时候会获得某一个概念性的名号,如"文艺复兴""工业革命""17 世纪危机"之类,很多时候也并没有专门的名号。对"文艺复兴"的解说,可能包涵了"马基雅维里写作《君主论》"和"达芬奇创作《蒙娜丽莎》"这样的陈述,但与后两者分别有着过往的两种事态与其相对应不同,"文艺复兴"这样的叙事实体并不对应于(correspond to)过去,并不指涉(refer to)某个过往的事态,而只是关于(about)过去。本质上,它是历史学家所提出来的有关如何看待过去的某个片段或侧面的"提议"(proposal)。

在历史研究的实践中,除了极为个别的例外,最常见不过的情形就是,历史学家最后选择用来进入文本写作、并构成为其组成部分的历史陈述,总是大大少于他所掌握的相关陈述。一个建构自己的文艺复兴或17世纪危机的历史图景的历史学家,不可能将自己所掌握的有关这二者的陈述,都囊括无遗地写入自己的历史文本中。哪些陈述得以最终进入,哪些文本被有意无意地忽略或遗漏,就远非无足轻重的问题。这就过渡到了安克斯密特有关历史文本的第二个基本论点,也即,"在历史写作(理论与实践二者皆然)中一切根本性而有意思的东西都不是出现在单个陈述的层面上,而是历史学家在选择各个陈述以将他们'关于过去的图景'个别化的政治之中"。[①] 选择不同的陈述,赋予同样的陈述以不同的重要性,忽视或遗漏某些在别的历史学家看来极其重要的陈述等,就会给表面上针对同一历史对象的"叙事实体"带来不同的内涵。比如,依据进入最终文本的陈述系列,文艺复兴就分别可以被着重地解释为古典文化的再生、新的异质文化的兴起、一种新的人生观的出现、新的政治生活模式的崛起,等等。不同历史构图之间的分野,大抵不会出现在事实的认定也即单个陈述的层面上,而是在如何看待过往某个侧面的视角的选取之上。由此出发,安克斯密特有关叙事实体"关于"而不"对应"或"指涉"过去的论点,就并不像它乍看起来那么违背常识而不可理解了。

[①] "Reply to Professor Zagorin", *History and Theory, Contemporary Readings*, p. 209.

二

叙事主义史学理论在相当长的一段时期内,经常被人与"讲故事"联系起来。出现这样的情形,除了与中国相似的"文史不分家"的西方史学传统的影响之外,还另有缘故。一方面,叙事主义史学理论的兴起,与《蒙塔尤》《马丁·盖尔归来》《奶酪与虫子》等娓娓道来、讲述过往"老百姓自己的故事"的微观史著作的出现,与劳伦斯·斯通所谓"一种新的老历史"的"叙事的复兴"①,大致处于同一时段;另一方面,海登·怀特的理论立场,主要是在对 19 世纪兰克、米什莱等叙事史家文本的分析中得出来的,又大量借用了文学理论的概念范畴。于是,"叙事"往往被与"讲故事"等同起来。

然而,"历史学在很多时候,如果不是在大多数时候的话,并不具备讲故事的特性;叙事主义所可能导致的与讲故事有关的一切联想,因而都应该避免掉。叙事主义更应该与(历史)解释联系在一起"。② 出于这样的考虑,为避免误解,安克斯密特逐渐以"表现"(representation)和"描述"(description)取代了原先的"叙事实体"和"陈述"的概念。这一变化不能仅仅理解为字面上的转换,而更其要从以下这一点加以解读:从一开始,安

---

① Lawrence Stone, "The Revival of Narrative: Reflections on a New Old History", 此文原载 Past and Present, no. 85(1979),也收入了 Geoffrey Roberts ed., The History and Narrative Reader。

② Frank Ankersmit, "The Dilemma of Contemporary Anglo-Saxon Philosophy of History", in History and Tropology, p.45.

克斯密特的理论旨趣,就不是要为叙事史学背书,而是关注广泛意义上的作为整体的历史文本所具备的特性。

从对历史文本整体特性的考察出发,安克斯密特提出了不少颇有见地而值得我们高度重视的论点,尽管这些论点也许往往出之以过于极端的表达方式。比如说,历史表现(或叙事实体)乃是对于历史知识的整理和编排,力图给纷繁多样的历史事实赋予统一性;历史表现或历史叙事的蕴涵,绝非作为其构成成分的单个描述(或陈述)意义的总和所能比拟,它们给我们提供的是看待过去的某种视角。凡此种种,不一而足。这样一些极具启发性的论点,此处不遑多论。在这里,我们选取其中一点试作评析。

传统的语言哲学以命题作为考察对象,集中关注的是指涉、意义和真理的问题。在安克斯密特看来,一旦人们将目光转向历史文本,这些问题也就随之发生了变化。文本不像命题(陈述)一样"指涉"某一个对象(过往的某一事态),与其相对应,而是"关于"过往的某个片段或侧面。意义也被"互文本性"(intertextuality)所取代。因为,文本既然并不指涉过去,我们就无法将文本与过去相对照来确定其真假。而既然不同的文本提出了看待过去的不同视角,那么,"我们所拥有的一切就是文本,我们只能将文本与文本进行比较。倘若我们是要找寻对于过去的最佳表述,我们就得问自己,在这些现有文本的哪一个当中,历史证据得以最完满地加以利用"。[①]

---

① Frank Ankersmit, "Reply to Professor Zagorin", *History and Theory*, *Contemporary Readings*, p.212.

在传统的史学理论中,如同在语言哲学中,"真"是最为核心的问题。然而,历史学中常见的情形是,同样遵守历史学的家法,同样做到了对于证据的尊重和公正对待,不同史家的不同历史构图,仍然常常受到有关其优劣高下、是否公正持平的评价。在安克斯密特看来,既然"真"只适用于命题(描述或陈述)的层面,在文本整体(历史表现或历史叙事)的层面,"真"就不再是一个敷用的标准。"对于历史写作的这一层面感觉迟钝、而认为有关历史写作的所有理论问题最终都可以改写成有关真实性的问题的史学理论,就有如某种美学一样徒劳而又不堪,那种美学认为,要想衡量我们所景仰的博物馆中对于实在的图画表现的好处,画面上的精确性就足够了。"① 既然历史表现或叙事性解释不过是关于如何看待过去的提议,那么,"在历史文本和历史解释的层面上,我们无法恰当地运用真假这样的词。因为我们可以就提议说很多东西,比如说,它们是富有成效的、考虑得当的、睿智的、在点子上(或不在点子上),等等,但却不是说它们是真的或假的"。②

在安克斯密特对以上诸多论点的表述中,并非没有其本身的内在冲突和漏洞可寻。比如,要说历史表现与描述并非在同等意义上指涉过去,大概是很多人都能够接受的,然而,完全取消前者的指涉功能就是另外一回事了。"工业革命"固然是晚至阿诺德·汤因比(后来那位写作《历史研究》的更出名的汤因

---

① Frank Ankersmit, *Historical Representation*, p.44.
② Frank Ankersmit, "Reply to Professor Zagorin", in Brian Fay, Philip Pomper, Richard T. Vann eds., *History and Theory*, *Contemporary Readings*, p.213.

比的叔父)1884年写作《英国的工业革命》时,才提出的一个概念,但要说它"并非历史实在中一个巨大的与人无关的力量……是为着理解过去而提出的一个解释工具"①,似乎并不能完全让人信服。对于"工业革命",固然人们可以有不同视角的理解,然而,在其内涵边界游移不定、模糊难辨的同时,相对固定的核心的存在却又是不可否认的。安克斯密特对此的解决方式是说,当一个叙事实体(或历史表现)被广泛认可和接受时,它就转而变成为一个历史实在了。由没有指涉功能到自身成为历史实在,这样的滑动未免来得过于轻易。

毋庸置疑,历史学具有和艺术品同样的一些品质和美学属性。海登·怀特就自承是"解构了历史学科学的神话"。② 他将历史文本也视作文学作品③,从而开启了新一轮将历史学审美化的趋势。安克斯密特关于肖像画的例子,的确极具启发意义。毕竟,包涵了足够多的真陈述或者剔除了一切可能为假或不确的陈述,并不构成为历史学杰作的充分条件,而只是一个必要条件。"糟粕所存非粹美,丹青难写是精神"。平庸的照片比之任何绘画也许都包涵了更多"真"的细节,却无法像绘画杰作一样

---

① Frank Ankersmit, "Six Theses on Narrativist Philosophy of History", *History and Tropology*.
② 见《邂逅:后现代主义之后的历史哲学》一书中埃娃·多曼斯卡对怀特的访谈,第18页。
③ 怀特《作为文学作品的历史文本》一文,较为通俗地表达了他在《元史学》一书中的基本论点,参见"The Historical Text as Literary Artifact", in *Tropics of Discourse*。应该指出,这里的文学作品不仅有通常意义上的文学的含义,还更其应该将其理解为"文字制品",也即怀特常说的言辞结构(verbal structure)。对此的理解,需要注意到"literary"一词不仅有"文学的"含义,还包涵了"文字的""文献的"等意涵。

展现人物的精神世界。史学杰作的优长之处,也大抵不在于其中包涵了更多"真"的陈述。只是,既然安克斯密特和怀特一样,认为将历史与审美范畴判然分为两橛的错误,在于对文学和艺术的一种错误观念,没有认识到后者也有帮助我们认识世界的功能;那么,将"真"完全从对于历史表现的评判标准中驱逐出去,代之以"相对的合理性"(relative plausibility),而不是给"真"赋予比之在对应或指涉关系那里更为复杂的内涵,似乎就过于勉强了些。

正如以上的例证所表明的,安克斯密特擅长建构自身的概念框架,秉着单刀直入的思路而得出一些让人耳目一新的观点,但他所达到的诸多理论立场,往往因为出之以较为极端的表现方式,而难以完全令人信服,而他在不同场合对于同样问题的表述也常常彼此龃龉。[①] 成就和缺陷同样引人注目,瑕瑜互见,深刻的片面和片面的深刻随处可见,可谓安克斯密特突出的思想特色。

三

史学理论的反思,从来都是以更广泛意义上的哲学观念、政治伦理立场为其背景的。海登·怀特的著作中常常展现出的人道主义情怀,以及他那种带有浓厚存在主义色彩的对于自由和

[①] 比如,他有时候说,历史学一切真正的进步,都是发现了更多真确的历史事实,可以作出更多的可靠陈述,有时候又说,历史学的进步在于对于同一对象的不同历史解释的繁荣滋长。对他来说最重要的思想资源,在不同的场合也经常在莱布尼茨、罗蒂、历史主义传统等之间来回摆动。

选择的强调,足以让认真的读者无法认真看待有人对他提出的虚无主义的指控。但是,怀特本人并没有发展出更为宽泛的哲学和政治立场,他的主要用力方向和影响力还是局限在史学理论和文学理论的领域。安克斯密特则具有更为宏大的理论抱负。一方面,1990年代之后的安克斯密特,试图以表现(representation)作为贯通历史学、美学和政治学的关键概念,发展出一套独具特色的政治理论来。① 另一方面,在史学理论的领域内,他力图超越叙事主义的理论范式,在开启史学理论新阶段的同时,也为当代哲学探索提供更具普遍意义的主题。

　　承担起这一远大抱负的,是安克斯密特所提炼出来的"历史经验"(historical experience)的概念。这一概念的提出,有着诸多方面的背景。一则是当代哲学主题日益呈现出由语言转向意识与经验的趋向,让安克斯密特觉得对于历史经验的发掘,有可能为开辟新的哲学境界做出贡献。二则是微观史引起的效应,被安克斯密特作了这样的解读:"传统历史写作体现了语言对于世界的胜利(既然统一性乃是历史学家语言而非世界的属性),微观史则给我们以对于过去的经验(在其中,语言令其自身服从于世界呈现给我们的方式)。因为微观史所要做的,似乎是暂时地打碎过去和现在之间的樊篱,让我们感受到,生活在13世纪的蒙塔尤或者16世纪末的弗留理必定是个什么样子。

---

① 他先后发表了两部以政治哲学为主题的专著(分别是 *Aesthetic Politics*, *Political Philosophy beyond Fact and Value* [Stanford: Stanford University Press, 1997]和 *Political Representation*)。但就我所见,似乎并没有引起政治哲学界的太大重视,这也令他本人颇为愤懑。见其为《重思历史》杂志所作的思想自传。Frank Ankersmit, "Invitation to Historians", *Rethinking History*, 7:3 (2003), pp. 413-437。

从这个角度来说,微观史可以说是给了我们一种对于过去的'经验'。"①最后,怀特以来包括安克斯密特在叙事主义范围内所做的工作,可说是在史学理论的领域内完成了语言的转向;然而,在安克斯密特看来,此种转向的结果,是史学理论在关注历史学家文本和语言从而颇多创获的同时,也付出了重大的代价,"其结果就是一种'文本之外别无他物'的史学理论。过去极度的'他者性'……就这样被摈弃了"。② 历史表现在"驯化过去"、将过去建构为有意义的图景的同时,却可能往往丧失了那先于语言的对于历史实在的经验。而诸多杰出史家,却仿佛通过浸淫于史料之中,直接经验到了过去,"在历史经验中,人们经验到了过去的极端陌生性;过去在这里不是知性的建构,而是以通常被归之以崇高(the sublime)的那同一种当下性和直接性所经验到的实在"。③ 这也就是说,人们有可能突破语言的屏障而获得最为本真的历史经验。语言的牢笼由此可能被打破,而文本主义的局限也就可以经由历史经验的获取而被克服。

这一"经验"概念在促使人们对叙事主义的理论欠缺进行反思的同时,却也遭到了颇多质疑。④ 我们也可以发出如下一些疑问。比如,语言固然有可能遮蔽经验,但没有语言的媒介,

---

① Frank Ankersmit,"Invitation to Historians", *Rethinking History*, 7:3(2003),p.428。但他同时又说,"我对于微观史的解释可能太慷慨了些,微观史的思想意义是可以忽略不计的,并且那种时尚不过是一时的怪事而已"。

② Frank Ankersmit, *Sublime Historical Experience*, p.10.

③ 埃娃·多曼斯卡编:《邂逅:后现代主义之后的历史哲学》,第93页。

④ 例如,《邂逅:后现代主义之后的历史哲学》一书中,吕森、戈斯曼等人在被要求对于"历史经验"概念进行评论时,都表达了不同程度的疑虑。

史家就无从接近过去。得意忘言,"意"来得比"言"更丰满、更本真,却不是脱离"言"的中介就能直接获取的。对于历史学家语言和历史经验的复杂关系,安克斯密特未能给我们以满意的解说。又比如,历史经验在安克斯密特的描述中那种虽然为他所否认、却明显带有的神秘性和私人性,难免让人疑惑,这样的概念,能够成为一种以可交流传达为基本要求的理论创造的核心范畴吗?再就是,原本让安克斯密特体察到历史经验的微观史,其研究对象大都出自相对静态而较少变化的中世纪后期,而他后来所特别阐发的,却是法国革命、工业革命等文明断裂的"创伤"所引发的"崇高"的历史经验,这二者之间是一种什么样的关联,安克斯密特也始终语焉不详。

安克斯密特所着意发挥的"经验"概念,以及他后来在与史学理论新锐鲁尼亚等人讨论时,对于历史哲学中"在场"概念的阐发,虽则未必能够承担起他所赋予的重任,但却清晰地表现出他突破叙事主义范式的理论努力。而近年来,"记忆""创伤""纪念"等问题,在别的理论家那里也受到了广泛关注,这似乎表明,叙事主义史学理论可能已经走到理论创造可能性被消耗殆尽的境地,新的理论取向正在逐步崭露头角。无论安克斯密特式的"经验"概念是否足以支撑起新的理论范型,其与时俱进、不断创新的理论品格,都足以让人肃然起敬。

附录三 被漫画化的后现代史学

一

英国哲学家巴克莱有个著名的(在中国,更准确地说,是臭名昭著的)命题,"存在就是被感知"。当年接受严格的应试教育时,围绕这句话,不知道做了多少遍练习,选择、论述、辨别正误,各种题型全都有,以至于今天一看到这位主教大人的名字,脑子里还会条件反射,弹出"主观唯心主义"的标签来。记得我少年时代的一位老师是这样来解说的:存在就是被感知,就是说,不被感知的就不存在,那我现在闭上眼睛,你们满教室的人就都不在了吗?

面对这样的解说,在深刻领悟到资产阶级唯心主义的反动和荒诞时,也不免心生疑窦,难道这样一个人类思维史上能够占据一席之地的人物,果真如此荒谬不堪吗?列宁不是说,唯心主义是不结果实的智慧之花吗?照这样的理解,巴克莱这个"集唯心主义之大成"的命题,哪儿还有点智慧之花的气息?

回首再看,心中当然明白,这是被"漫画化"了的巴克莱。巴克莱命题的核心无非是说:一个东西,如果人们无法以直接或者间接的任何手段来感知它,你说它存在还有什么意义呢?其实王阳明那段诗情盎然的"山中花树"的语录——"你未看此花时,此花与汝同归于寂;你既来看此花,则此花颜色一时明白起来,便知此花不在你心外",说的大致也是同样的意思。这倒真是,东海西海,情理攸同了。

平心而论,虽然近些年学术泡沫、学术腐败、剽窃抄袭等学界丑闻不绝于耳,但如今国内学术研究的整体水准,与二三十年前不可同日而语,对西学的了解和研究更是有了长足进步。就仿佛尽管有了花样不断翻新的吊白块、苏丹红和三聚氰胺,国人的健康水平和平均寿命毕竟还是有了明显提升一样。只是表面上的学术繁荣之中,对某些西学新潮的介绍品评,却常常又有像我当年听到的对巴克莱命题的解释那样,动辄将其漫画化、反常识化的现象。对所谓"后现代史学"的引介,就是这样一个例子。

如果说,上个世纪的最后十年,后现代主义的思潮还只是一个徘徊于中国史学界门外的幽灵的话;而今,这个幽灵已经登堂入室了,对国内史学界的理论与实践都产生了不容忽视的冲击。与后现代史学已然形成的声势不太相称的是,中文学界中,不少对于"后现代史学"的理论取径的理解和描述,却在很大程度上将其漫画化和反常识化了。

二

如同以往思想文化和学术潮流的其他大变革一样,后现代思潮也极为庞杂,在历史学领域所产生的效应,让人难以用几句话就做出简单的概括。在我看来,在后现代思潮影响下的史学观念的新变化,可以分为广义与狭义两种。

广义的"后现代史学",指的是宽泛意义上的后现代思潮在史学界造成的冲击和效应,或者换句话说,就是身处后现代主义的时代氛围之中,历史学"与时俱进",观念与方法发生变化。举其要者,如法国思想家利奥塔所总结的后现代境况中"宏大叙事"的终结,动摇了传统以"进步""自由""阶级冲突"为主线的历史学叙述模式;福柯的知识考古学(他后来更愿意用谱系学一词)和微观权力分析,突出了历史的非连续性,揭示了权力关系在历史建构中的作用(比如像赵世瑜教授所说,历来对宦官的历史书写,都出自对于宦官有着文化偏见的文人之手);后殖民主义和女性主义,则把现代学术传统所谓以"白人的、男性的、死去的"为中心的特征作为攻击的靶子。这样一些理论倾向对于史学研究的实践所产生的影响,人们已经不陌生了。

狭义的"后现代史学",则是指植根于史学内部来进行理论阐发、带有明显的后现代主义立场的史学理论范式。较之前者,它更多地是在历史学内部发生的理论变革。

20世纪西方的史学理论,在第二次世界大战之后,由"思辨的历史哲学"转向"分析的历史哲学"。前者的意图在于,要对全盘的世界历史进程(所谓的"普遍史")做出一番描述和把握,而后者则将研究焦点转移到了历史认识和历史解释问题。如同黑格尔乃至职业史家出身的汤因比的普遍史模式遭到职业史家的普遍拒斥,分析的历史哲学虽然探讨的是历史认识和历史解释问题,却也极少受到史学家们的关注,他们觉得那是和自己的研究实践渺不相关的玄想。那个时期,在史学理论领域权威的英文学术杂志《历史与理论》上,曾经有人做过调查,该杂志九成以上的读者是哲学家而非历史学家。不过,专业的哲学家对于分析的历史哲学这一时期的成就,似乎也不大看得上眼。成就斐然的历史哲学家阿瑟·丹图就曾感慨说,专业的哲学家们对待历史哲学的态度,就仿佛专业音乐家们对待军乐的态度一样,觉得那是天赋平庸的同行们才会去干的事情。

1973年,美国学者海登·怀特的《元史学:19世纪欧洲的历史想象》一书问世,标志着后现代史学理论的诞生。此后,叙事问题开始取代历史认识和历史解释问题,成为西方史学理论的焦点。叙事主义的历史哲学就是后现代思潮在史学理论领域的主要表现形态。与分析的历史哲学不同的是,叙事主义对于史学实践产生了直接而巨大的影响,即便诸多史家对其后现代倾向或激烈反对,或有所保留,但似乎很难有人完全忽视它的存在。

叙事主义的要害,在于将研究重心转移到了历史学家工作的对象和最终产品——历史文本——之上。在我看来,或许可以说,"历史学的文本化"就是后现代史学理论最显著的特征。简单说,它至少有三层含义值得留意。

第一,历史学家的工作对象是各种各样的史料,这些史料主要是各种文字性的文献,也包括考古发现、宫室器皿等物质性的遗存,它们都可以归为广义上的文本,而且,最终它们都要以语言形式进入史家的研究。而史家最终的工作产品如专著或论文,也都是以语言制品的形式出现的。就此而论,历史学家永远无法真正直接接触到过去本身,而只能借助于各种历史文本而对过去有所言说,因而,文本性就是历史学家的全部工作所无法脱离的樊篱。

　　第二，历史学家不同于自然科学家，没有一套自己的专业语言，他们使用的是"日常有教养的语言"。由于日常语言或自然语言所具有的不透明的特性，历史文本并不能真实地再现过去，它不可能毫无扭曲和不加损益地将历史的本来面目传递给读者。一方面，就像语言哲学所揭示的那样，同样的语词在不同时代、不同语境、不同的接受者那里，不会具有完全等同的内涵，想一想"红""革命""同志"这样一些语词在中国近年来语境下语义的变化，在不同人那里可能会引起的不同联想，我们当不难体会到这一点。另一方面，貌似客观描述某一历史事实的陈述，其实绝不像它表面上看起来那么纯洁和清白。比如说，"1492 年哥伦布发现了新大陆"，这一陈述貌似在表述一个单纯的历史事实，然而细加分析，情形并非如此简单。至少，这样的表述完全是对美洲大陆的原住民印第安人视若无睹。又比如，"2008 年 11 月，巴拉克·奥巴马当选为美国历史上首位非裔美国人总统"，这也并非一个纯粹自然的对于某一事实的表述。至少，没有多年来民权运动和反种族歧视运动的努力，"非裔美国人"这样"政治正确"而带有特定意识形态内涵的词语就不会出现。在这样一些表面上纯然以中立客观的姿态来表述的历史事实中，解释的因素已然潜藏其中。

　　第三，历史学家在将自己的研究写成历史文本时，必然将自身的思维模式、意识形态立场、审美倾向等因素或明或暗地注入其中。历史文本在陈述事实的表象之下，蕴含了虚构、想象、创造的因素。就此而论，它们具有和文学作品同样的一些品质。在叙事主义的史学理论看来，历史文本的文学特性应该受到充分重视,而文学理论对于理解历史文本大有助益。

三

当今论者谈到后现代史学,常见的一种说法是,后现代史学否认了过去的真实存在,因而也就否认了历史学能够探知过去历史的真相。

人们通常认为,历史学所要研究的就是过去所发生的事情。可是,过去的事情本身已经消失、往而不返了,人们之所以还能够对过去有所了解,是因为过往的人和事中,有相当一部分留下了能为我们所发现和解读的痕迹。过去遗存到现今的文字记载、宫室器皿、考古发现,在在都向我们表明着,过去真实不妄地存在过。过去留之于现在的这一切痕迹,在现代史学日益扩展的视野之中,都是历史学赖以解读过去时所依凭的史料。

秉持传统立场而对后现代史学大加挞伐的英国史学家埃尔顿认为:"历史研究不是研究过去,而是研究过去所存留至今的痕迹。如若人们的所说、所思、所为或所经受的任何东西没有留下痕迹的话,就等于这些事实没有发生过。"从这个意义上说,过去所发生的一切事物,在原则上,只有留下了痕迹的那些部分才是我们有可能了解的。太多的"事如春梦了无痕"的情形,便是我们所永远无法以任何方式触知的了。从常识可以推论出的这一思路,正有似于我们开篇所提到的,"存在就是被感知"的那种内涵。

后现代史学理论在这一点上往前所走的一步,不过是认为,既然语言属性或文本性是历史学所无法离弃的,是各种史料所无法超出的樊篱,历史文本就并非如同透明的玻璃窗一般,可以让我们看到哪怕是片断零碎的历史真相,而只不过是对过去遗留下来的碎片的人为加工和处理而已。新文化史领军人物之一林·亨特说过:"对历史学家而言,后现代主义一般来说意味着这样一种观点:历史学家不能洞穿语言给历史事实蒙上的面纱,换言之,历史学家仅能书写文学文本,而非真相。"正是因为这一点,叙事主义在史学理论中引发的变革,才常常被称为"语言的转向"。

可是,否认真相能够探知,与否认存在着一个过去、存在着真相,并非同一码事。就我所见,再极端的后现代主义者,即便是以断言"文本之外别无他物"而著称的德里达,也并没有否认过去的实在性。对怀特和当前史学理论界的风云人物、荷兰学者安克斯密特深心服膺而立场更为极端的詹金斯,就这样明确表示过:"……据我所知,没有任何后现代主义者——本内特、安克斯密特、怀特、罗蒂、德里达、甚至鲍德里亚都没有——在他们的论点中否认过去或现在的实际存在。他们无时无刻不把这一点当作是'给定'了的东西:的的确确有一个实际的世界'在那儿'、而且已经在那儿很长时间了,它有一个过去。……换言之,后现代主义者并非观念论者。……后现代主义并没有假设不存在一个实实在在的过去,然而,却坚定地认为……我们只能通过文本才能抵达实实在在的过去,因而它就是一种'解读'。"可见,后现代史学并不否定过去的真实存在,而只是强调,由于文本性的限制,我们无法直接触知过去;而任何通过文本来对过去有所感知的努力,就都已经注定了要包含主观的、解释的因素在内。

经常又有人说,后现代史学抹杀了历史与文学的分别,将历史等同于文学。

强调历史文本具有和文学作品相通的诸多特征,并且引入文学理论来分析历史文本,诚然是可以见诸怀特与安克斯密特等人论著的一大特色。而《蒙塔尤》《马丁·盖尔归来》和《奶酪与虫子》等被认为颇具后现代特征的当代史学名著(尽管这几位作者都不大乐意将自己的著作贴上后现代的标签),又的确颇具文学叙事手法,一波三折的故事情节,辅以娓娓道来的优美文笔,在史学专业之外的公众中极具影响力。于是,在不少人眼里,后现代史学的这一特征,不过是文史不分家的中国传统的现代西洋版本。更有人举例说,在被赞誉为"无韵之《离骚》"的《史记》中,太史公描写项羽见了秦始皇车队的辉煌阵势,顿生"彼可取而代之"的雄心,这可是没有证人和证据的事情,这样的描述是文学还是历史?可见中国传统早就注意到了文学与历史二者的亲缘关系。于是,后现代史学所揭示的历史与文学的相通,就变成了不过是对中西史学"讲故事"的叙事传统的又一次印证。实则此种"吾国早已有之"的论点,距离叙事主义理论的内涵相去甚远。

怀特的一篇名文,标题就是《作为文学作品的历史文本》。可是他(以及安克斯密特等人)所要强调的文学与历史二者之间的相通点是:一方面,除却审美趣味之外,文学也同样有认识的功能,诗歌以让人陌生的语言组合,小说以对人物、场景、命运的刻画,帮助我们对于现实世界中我们未曾寓目的层面,有更深入的体会和了解。认识的功能是文学和历史所共有的,正如同历史作品常常也有审美的功能一样;另一方面,人们惯常认为,文学依赖于文学家天马行空的想象力，而历史却讲究无征不信，两者之间疆界分明。其实，历史写作在受到史料束缚的同时，史家在安排叙事情节、提供解释模式、赋予自己所关注的历史片断以意义时，想象、创造、建构的因素都发挥了莫大的作用。如若没有这样一些因素，针对同样的论题，面对同样的史料，史家得出的就应该是大致相同的画面了。可实际的情形绝非如此，如怀特在《元史学》中详加分析的例证，同样是描述法国大革命，米什莱和托克维尔却分别提供的是喜剧性和悲剧性的画面。

想象、创造、建构这样一些因素，既出现在文学创作中，也同样出现在历史文本的写作之中。自兰克以来，现代西方历史学科在其专业规范的形成过程中，反复强调的是对于史料的竭泽而渔的收集网罗和严格精详的批判考订，文学与历史的歧异不断被人提起。怀特等人的论点，模糊了文学与历史的界限，针对的就是这样一番语境。然而，倘若把这种论点看作将文学和历史完全等同，也未免走得太远了一点。

与上面的论调有着密切关联的，就是总有人津津乐道：后现代史学将历史视作虚构，认为历史和小说、历史写作和小说写作并无分别。

这样的说法，大概在很大程度上源自对"虚构"一词的误解。而与"虚构"对应的英文词"fiction"，同时又有小说之意，更其加重了这种误解的趋向。其实此词的内涵，并非纯然就是中文中"向壁虚构"、凭空想象的意思，而更多带有人为、创造、想象、建构的蕴涵。法学用语中的"拟制"就是这同一个词的译名，与后现代史学理论中此词的内涵庶几相近。大概后现代史学理论家中，没有人会认为历史与小说全然没有分别，就像没有人会否认存在着一个真实不妄的过去一样。中国学界所熟悉的史景迁的诸多著作,如同《马丁·盖尔归来》等史著一样,从结构到写作手法的确类似于小说。然而,倘若真是摆脱了史料的束缚、脱离了史学家法的限制,而径直发挥天马行空的想象力,倘若真是抱持着《三国志》与《三国演义》同样是虚构的姿态,这位像他所景仰的太史公一样注重自身著作文学品质的史学家,恐怕就无从保住耶鲁的教席,更别说得到担任美国历史学家协会主席一职的荣耀了。

四

任何理论的进步,总是在一定程度上挑战并打破了此前人们习以为常的常识。日心说打破了人们"天似穹庐,笼盖四野"的直观感受,相对论挑战了传统的时空观念。叙事主义史学理论也在很大程度上,改变了人们对于历史学家工作性质的认识,动摇了真实、客观等历史学的传统价值。然而,无论如何,历史学毕竟是一门经验性的学科,离开了它在漫长时期中所积累发展起来的技艺,历史学就没有了存身之地。一种史学理论,只要还言之成理,大概就必须充分地尊重和照顾到历史学家的技艺,不能无视历史学赖以立足的一些基本常识。

社会史名家劳伦斯·斯通就曾提到,后现代史学的诸多因子,如对于史料之暧昧复杂性的认识,其实对于具有自我警醒意识的传统史家而言,并不陌生。研究美国史的权威学者伯纳德·贝林曾经说过,历史学"有时是一门艺术,从来不是一种科学,始终是一门技艺"。我想,海登·怀特大概是很能赞同这样的说法的。他在《元史学》之后，就反复谈到历史学的"技艺性"（craft-like）的那一面，谈到史学家法对于历史学的不可或缺。他和安克斯密特、凯尔纳等人强调，人们不仅面对现在和未来有选择的自由，而且面对过去时也是有着自由的，因为人们可以按照不同的方式和倾向来编排和理解历史。然而，怀特本人也谈到，此种自由绝非漫无限制。他还引用了马克思的名言说，人们自由地创造历史，但不是随心所欲、而是在给定的条件下来创造的。

真实不妄的过去的存在（即便我们只能通过文本而对它有所领会和把握）、史料的束缚、史家技艺（如史料的考订、解释方法的恰当性）等，就是史家所受到的限制。或许可以打个比方，在叙事主义史学理论这里，史家所拥有的自由，是戴着镣铐跳舞而非凌空蹈虚的自由。把后现代史学视作无视这样一些束缚，视作对历史学家技艺的反动，这样一种漫画化和反常识化的理解，难免有厚诬今人之嫌。

对后现代史学和史学理论，要下诸如"片面的深刻""破坏甚于建设"一类似是而非的断论，再容易不过了。这样的论调貌似一针见血，实则隔靴搔痒，看似高屋建瓴，其实不得要领。一种学理，只要不是胡言乱语，即便我们不能同意它的立场，也只有在试图理解其"持论所以不得不如是之苦心孤诣"的基础上，才有了可靠的立足点，来对其加以评判。纯正的唯物主义者不需要动摇自己的信仰，也照样可以认可，"存在就是被感知"在学理上有其能够自圆其说的理路。在根本立场上反对和批判后现代史学理论取向的历史学家，也同样可以对怀特、安克斯密特等人的工作保持充分的尊重，在对其学理进行批判之前，先行具备"同情的理解"。就我所见,在这个方面,以研究德国史而知名的英国史家艾文斯的《捍卫历史》一书,就提供了一个很好的范例。

引用文献

一 中文部分

(一)中文论文

陈新:《历史·转义·想象——海登·怀特历史哲学述评》,《史学理论研究》,2005年第2期。

李学勤:《初识清华简》,《光明日报》2008年12月1日。

彭刚:《激进与保守——柏克的法国革命观》,《清华大学学报》(社科版)1994年第2、3期。

桑兵:《傅斯年"史学只是史料学"再析》,《近代史研究》2007年第5期。

王汎森:《什么可以成为历史证据:近代中国新旧史料观点的冲突》,载其《中国近代思想与学术的系谱》,石家庄:河北教育出版社,2001年。

吴宗国:《材料、问题、假设与历史研究》,《史学月刊》2009年第1期。

徐坚:《告别纯真:向戴维·克拉克致敬》,《文景》2008年第5期。

以赛亚·伯林:《民族主义:往昔的被忽视和今日的威力》,载其《反潮流:观念史论文集》,冯克利译,南京:译林出版社,2002年。

宇文所安:《史中有史——从编辑〈剑桥中国文学史〉谈起》,《读书》2008年第5、6期。

张广达:《内藤湖南的唐宋变革说及其影响》,载其《史家、史学与现代学术》,桂林:广西师范大学出版社,2008年。

赵世瑜:《历史学即史料学:关于后现代史学的反思》,《学术研究》2004年第4期。

郑天挺:《深切怀念陈援庵先生》,载陈智超编:《励耘书屋问学记:史学家陈垣的治学》,北京:三联书店,2006年。

(二) 中文图书

阿兰·布鲁姆:《巨人与侏儒——布鲁姆文集》,张辉选编,秦露等译,北京:华夏出版社,2003年。

阿瑟·丹图:《叙述与认识》,周建漳译,上海:上海译文出版社,2007年。

埃娃·多曼斯卡编:《邂逅:后现代主义之后的历史哲学》,彭刚译,北京:北京大学出版社,2007年。

陈嘉映:《语言哲学》,北京:北京大学出版社,2003年。

陈建守主编:《史家的诞生:探访西方史学殿堂的十扇窗》,台北:时英出版社,2008年。

陈新主编:《当代西方历史哲学读本(1967—2002)》,上海:复旦大学出版社,2004年。

陈寅恪:《金明馆丛稿二编》,上海:上海古籍出版社,1982年。

格奥尔格·伊格尔斯:《二十世纪的历史学:从科学的客观性到后现代的挑战》,何兆武译,济南:山东大学出版社,2006年。

海登·怀特:《元史学:19世纪欧洲的历史想象》,陈新译,彭刚校,南京:译林出版社,2004年。

何兆武:《历史理性批判论集》,北京:清华大学出版社,2001年。

何兆武主编:《历史理论与史学理论:西方近现代历史学文选》,北京:商务印书馆,1993年。

柯林武德:《柯林武德自传》,陈静译,北京:北京大学出版社,2005年。

柯林武德:《历史的观念》,何兆武、张文杰译,北京:商务印书馆,1997 年。

勒华拉杜里:《蒙塔尤:1294—1324 年奥克西坦尼的一个小山村》,许明龙、马胜利译,北京:商务印书馆,2003 年。

李剑鸣:《历史学家的修养和技艺》,上海:上海三联书店,2007 年。

理查德·艾文斯:《捍卫历史》,张仲民、潘玮琳、章可译,桂林:广西师范大学出版社,2009 年。

列奥·施特劳斯:《关于马基雅维里的思考》,申彤译,南京:译林出版社,2002 年。

列奥·施特劳斯:《霍布斯的政治哲学》,申彤译,南京:译林出版社,2001 年。

列奥·施特劳斯:《自然权利与历史》,彭刚译,北京:三联书店,2003 年。

刘北成、陈新编:《史学理论读本》,北京:北京大学出版社,2006 年。

罗伯特·伯克霍福:《超越伟大故事:作为文本和话语的历史》,邢立军译,北京:北京师范大学出版社,2008 年。

玛丽亚·露西娅·帕拉蕾丝—伯克编:《新史学:自白与对话》,彭刚译,北京:北京大学出版社,2006 年。

欧内斯特·内格尔:《科学的结构:科学说明的逻辑问题》,徐向东译,上海:上海译文出版社,2002 年。

彭刚:《精神、自由与历史:克罗齐历史哲学研究》,北京:清华大学出版社,1999 年。

乔治·皮博迪·古奇:《十九世纪历史学与历史学家》(上册),耿淡如译,北京:商务印书馆,1989 年。

史景迁:《中国皇帝:康熙自画像》,吴根友译,上海:远东出版社,2005 年。

斯金纳:《近代政治思想的基础》,奚瑞森、亚方译,北京:商务印书馆,2002 年。

斯金纳:《马基雅维里》,王锐生、张阳译,北京:工人出版社,1993 年。

王学典主编:《史学引论》,北京:北京大学出版社,2009 年。

沃尔什:《历史哲学导论》,何兆武、张文杰译,北京:北京大学出版社,2008年。

张耕华:《历史哲学引论》,上海:复旦大学出版社,2004年。

张文杰编:《历史的话语:现代西方历史哲学译文集》,桂林:广西师范大学出版社,2002年。

二 英文部分

(一)英文论文

Ankersmit, Frank. "Invitation to Historians", *Rethinking History*, 7:3(2003).

Ankersmit, Frank. "On Historiographical Progress", *Storia della Storiografia*, 22(1992).

Beard, Charles A. "That Noble Dream", in Fritz Stern ed., *The Varieties of History*, New York: Meridian Books, 1957.

Bevir, Mark. "Objectivity in History", *History and Theory*, 1994, Vol.33, No.3.

Burke, Peter. "Two Crises of Historical Consciousness", *Storia della Storiografia*, 33 (1998).

Cronon, William. "A Place for Stories: Nature, History, and Narrative", *The Journal of American History*, 1992, Vol. 78, Iss. 4.

Ekirch, A. R. "Sometimes an Art, Never a Science, Always a Craft: A Conversation with Bernard Bailyn", *The William and Marry Quarterly*, 3rd. Ser., Vol.51, No.4 (1994).

Hans Kellner, "Twenty Years After: A Note on Metahistories and Their Horizons", *Storia della Storiografia*, 24(1993).

Kansteiner, Wulf. "Hayden White's Critique of the Writing of History", *Histo-*

ry and Theory, 32, 3(1993).

Marwick, Arthur. "Two Approaches to Historical Study: The Metaphysical (Including 'Postmodernism') and the Historical", *Journal of Contemporary History*, Vol. 30, No. 1, 1995.

Megill, Allan. "Four Senses of Objectivity", in Allan Megill ed., *Rethinking Objectivity*, Durham and London: Duke University Press, 1994.

Parekh, Bhikhu & R. N. Berki, "The History of Political Ideas: A Critique of Q. Skinner's Methodology", *Journal of the History of Ideas*, Vol. 34, No. 2, 1973.

Richter, Melvin. "Reconstructing the Language of Politics: Pocock, Skinner and the Geschichtliche Grundbegriffe", *History and Theory*, Vol. 29, No. 1 (1990).

Roth, Michael S. "Book Review: Sublime Historical Experience", *History and Theory*, 46(2007).

Strauss, Leo. "On Collingwood's Philosophy of History", in Preston King ed., *The History of Ideas, An Introduction to Method*, London: Croom Helm, 1983.

Tully, James. "The Pen is a Mighty Sword: Quentin Skinner's Analysis of Politics", in James Tully ed., *Meaning and Context: Quentin Skinner and His Critics*, London: Polity Press, 1988.

White, Hayden. "A Response to Professor Chartier's Four Questions", *Storia della Storiografia*, 27(1995).

White, Hayden. "Response to Arthur Marwick", *Journal of Contemporary History*, Vol. 30, No. 2 (April, 1995).

Zammito, John. "Ankersmit and Historical Representation", *History and Theory* 44 (2005).

Zammito, John. "Ankersmit's Postmodern Historiography: The Hyperbole of 'Opacity'", *History and Theory*, 37 (1998).

(二)英文图书

Ankersmit, F. R. *Narrative Logic: A Semantic Analysis of the Historian's Language*, The Hague: Martinus Nijhoff Publishers, 1983.

Ankersmit, Frank. *Aesthetic Politics*, Stanford: Stanford University Press, 1996.

Ankersmit, Frank. *Historical Representation*, Stanford: Stanford University Press, 2002.

Ankersmit, Frank. *History and Tropology: The Rise and Fall of Metaphor*, Berkeley: University of California Press, 1994.

Ankersmit, Frank. *Political Representation*, Stanford: Stanford University Press, 2002.

Ankersmit, Frank. *Sublime Historical Experience*, Stanford: Stanford University Press, 2005.

Berkhofer, Robert F. Jr., *Beyond the Great Story, History as Text and Discourse*, Cambridge: The Belknap Press of Harvard University Press, 1995.

Braudel, Fernand. *On History*, Sarah Matthews trans., Chicago: The University of Chicago Press, 1980.

Bury, J. B. *The Idea of Progress: An Inquiry into Its Origin and Growth*, New York: Dover Publications, 1987.

Carr, David. *Time, Narrative, and History*, Bloomington: Indiana University Press, 1986.

Carrard, Philiphe. *Poetics of the New History: French Historical Discourse from Braudel to Chartier*, Baltimore: The Johns Hopkins University Press, 1992.

Collingwood, R. G. *The Principles of History*, W. H. Dray & W. J. van der Dussen eds., Oxford: Oxford University Press, 2002.

Danto, Arthur C. *Narration and Knowledge*, New York: Columbia University

Press, 1985.

Domanska, Ewa. *Encounters: Philosophy of History after Postmodernism*, Charlottesville: University Press of Virginia, 1998.

Dussen, W. J. Van Der & Lionel Rubinoff eds. , *Objectivity, Method and Point of View*, Leiden: E. J. Brill, 1991.

Elton, G. R. *The Practice of History*, Malden: Blackwell Publishing, 2002.

Fay, Brian, Philip Pomper, Richard T. Vann eds. , *History and Theory: Contemporary Readings*, Malden: Blackwell Publishers, 1998.

Friedlander, Saul ed. , *Probing the Limits of Representation: Nazism and the "Final Solution"*, Cambridge, MA: Harvard University Press, 1992.

Gay, Peter. *Style in History*, New York: Basic Books, 1974.

Gay, Peter. *The Enlightenment: An Interpretation, The Rise of Modern Paganism*, New York: Alfred. A. Knopf, 1966.

Ginzburg, Carlo. *The Cheese and the Worms: The Cosmos of a Sixteenth-Century Miller*, tred. by John and Anne Tedeschi, New York: Dorset Press, 1989.

Jenkins, Keith & Alun Munslow ed. , *The Nature of History Reader*, London: Routledge, 2004.

Jenkins, Keith. *On 'What is History': From Carr and Elton to Rorty and White*, London: Routledge, 1995.

Kellner, Hans. *Language and Historical Representation: Getting the Story Crooked*, Madison: The University of Wisconsin Press, 1989.

Kluback, William. *Wilhelm Dilthey's Philosophy of History*, New York: Columbia University Press, 1956.

LaCapra, Dominick. *History and Criticism*, Ithaca: Cornell University Press, 1985.

LaCapra, Dominick. *History and Memory after Auschwitz*, Ithaca: Cornell University Press, 1998.

LaCapra, Dominick. *Representing the Holocaust: History, Theory, Trauma*, Ithaca: Cornell University Press, 1994.

LaCapra, Dominick. *Writing History, Writing Trauma*, Baltimore: The Johns Hopkins University Press, 2001.

Laslett, Peter ed. , John Locke, *Two Treatises of Government*, Cambridge: Cambridge University Press, 2003.

Lovejoy, Arthur O. *The Great Chain of Being*, Cambridge, MA: Harvard University Press, 2001.

Megill, Allan. *Historical Knowledge, Historical Error: A Contemporary Guide to Practice*, Chicago: The University of Chicago Press, 2007.

Meinecke, Friedrich. *Historism: The Rise of a New Historical Outlook*, J. E. Anderson, tred. , London: Routledge & Kegan Paul, 1972.

Meinecke, Friedrich. *Machiavellism: The Doctrine of Raison D' etat and Its Place in Modern History*, Douglas Scott tran. , London: Routledge and Kegan Paul, 1957.

Munslow, Alun& Robert A. Rosenstone ed. , *Experiments in Rethinking History*, New York: Routledge, 2004.

Novick, Peter. *That Noble Dream: The "Objectivity Question" and the American Historical Profession*, Cambridge: Cambridge University Press, 1993.

Pallares-Burke, Maria Lúcia. *The New History: Confessions and Conversations*, Cambridge: Polity Press, 2002.

Palonen, Kari. *Quentin Skinner: History, Politics, Rhetoric*, Cambridge: Polity Press, 2003.

Ricoeur, Paul. *Time and Narrative*, tran. Kathleen Blamey and David Pellauer, Chicago: The University of Chicago Press, Vol. 1, 1984.

Ricoeur, Paul. *Time and Narrative*, tran. Kathleen Blamey and David Pellauer, Chicago: The University of Chicago Press, Vol. 3, 1988.

Rigney, Ann. *The Rhetoric of Historical Representation: Three Narrative Histories of the French Revolution, Cambridge: Cambridge University Press, 1990.

Roberts, Geoffrey ed., *The History and Narrative Reader*, London: Routledge, 2001.

Schama, Simon. *Dead Certainties: Unwarranted Speculations*, New York: Knopf, 1991.

Skinner, Quentin. *Reason and Rhetoric in the Philosophy of Hobbes*, Cambridge: Cambridge University Press, 1996.

Skinner, Quentin. *The Foundations of Modern Political Thought*, Vol. 1, *The Renaissance*, Cambridge: Cambridge University Press, 1978.

Skinner, Quentin. *Visions of Politics*, Vol. 1, Cambridge: Cambridge University Press, 2002.

Skinner, Quentin. *Visions of Politics*, Vol. 2, Cambridge: Cambridge University Press, 2002.

Strauss, Leo & Joseph Cropsey ed., *History of Political Philosophy*, 3rd edition, Chicago: The University of Chicago Press, 1987.

Strauss, Leo. *Persecution and the Art of Writing*, Chicago: Chicago University Press, 2002.

White, Hayden. *Figural Realism: Studies in the Mimesis Effect*, Baltimore: The Johns Hopkins University Press, 1999.

White, Hayden. *Metahistory: The Historical Imagination in Nineteenth-Century Europe*, Baltimore: The Johns Hopkins University Press, 1973.

White, Hayden. *The Content of the Form: Narrative Discourse and Historical Representation*, Baltimore: The Johns Hopkins University Press, 1987.

White, Hayden. *Tropics of Discourse: Essays in Cultural Criticism*, Baltimore: The Johns Hopkins University Press, 1978.

Wolin, Sheldon S. *Politics and Vision: Continuity and Innovation in Western Political Thought*, expanded edition, Princeton: Princeton University Press, 2004.

索 引

阿克顿爵士 Lord Acton 139
阿里耶斯 Philippe Aries 148
埃尔顿,约翰 John Elton 15,42,
　51,137,141
艾文斯 Richard Evans 144,149,
　156,157,166,167,179,183,318
安克斯密特 Frank Ankersmit 33,
　39,47,48,50—69,71—87,89,90,
　92,93,156—159,161,172—178,
　182,183,199,203,209,210,212—
　215,218,287,288,290,291,333
奥古斯丁 St. Augustine 22,
　132,180
奥斯汀 J. L. Austin 119,121
巴特,罗兰 Roland Barthes 157,
　168,169
贝克尔,卡尔 Carl Becker 143,
　144,148,163,164,188
贝克莱 George Berkeley 114,122

贝林 Bernard Bailyn 222
比尔德 Charles A. Beard 148,
　188,191,194,289
编年 chronicle 8,9,21,25,35,
　147,192,208
柏克,埃德蒙 Edmund Burke 83,
　111,112,115,116,134,316
伯克,彼得 Peter Burke 79,101,
　143,219,220,222,318
伯克霍甫 Robert F. Berkhofer, Jr.
　145,180,183,184
波柯克 J. G. A. Pocock 99,100
柏拉图 Plato 23,94,112,128,
　129,132
伯里 J. B. Bury 98
伯林,以赛亚 Isaiah Berlin 136,
　218,316
波普尔 Karl Popper 20,51,71,
　75,112

不可公度性　imcommensurability
　180
布克哈特　Jacob Burckhardt　13,
　14,27,42,53,63,70,218
布罗代尔　Fernand Braudel　3,46,
　53,63,65
陈述　statement　20—22,24,39,
　47,54,56—58,60—62,66—68,
　70,72—74,82,114,120,168,170,
　173,175,184,195,203,208—210,
　212—214,286,288
陈寅恪　192,317
崇高　sublime　29,76,82—88,90,
　93,138
重构论　reconstructionism　151—
　154,164,172,184
重演　re-enact　5,10,29,51,75,
　152,192
创伤　trauma　83—86,88
达恩顿　Robert Darnton　143,
　150,169
戴维斯　Natalie Zemon Davis
　78,79
丹图　Arthur C. Danto　20,35,47,
　53,56,66,75,114,168,281,317
单元观念　unit-idea　97,98,132
德雷　William Dray　5,20,51,172

狄尔泰　Wilhelm Dilthey　191,193
多曼斯卡,埃娃　Ewa Domańska
　29,30,35,42,48,51,54,75,77,
　80,82,86—88,91,92,159,199,
　222,287,317
反讽　irony　16,18,19,23,122
分析的历史哲学　analytical philosophy of history　1,2,5,6,20,38,
　47,49,51,52,74,87,114,153,
　171,172,209,215,283,285,
　286,291
覆盖律　covering law　5,51—
　54,75
福柯　Michel Foucault　145,
　161,285
弗莱　Northrop Frye　11,84
孚雷　Francois Furet　4
傅斯年　149,205,316
概念化　conceptualization　13—17,
　19,25,26,30,39,69,199,211
盖伊　Peter Gay　5,162,164,170,
　179,180
戈尔曼　J. L. Gorman　205,210,
　212,214
戈斯曼　Lionel Gossman　87
个体性　individuality　13
工业革命　the Industrial Revolution

58,60,61,73,114,151,174,178,211

古朗治 Foustel de Coulange 186,187

观念史(思想史) history of ideas 97,98,104,119,121,218,316

规则—演绎性 nomological-deductive 12

赫克斯特 J. H. Hexter 25,182

赫尔德 J. G. Herder 13

合理行动 rational action 5

何兆武 1,40,51,52,79,118,180,188,189,192,212,214,216,282,285,317—319

赫伊津哈 J. Huizinga 53,63,81,82,90,218

黑格尔 G. W. F. Hegel 13,14,22,27,55,98,200,218,284,285

亨佩尔 Carl Hempel 5,20,51,75,172

亨特,林 Lynn Hunt 183

洪堡 Wilhelm von Humboldt 191

后见之明 hindsight 114,115,281,282,291

后现代主义 postmodernism 29,30,32,35,42,48,50,51,54,59,64,75,77,80,82,85—88,91,92,145,146,153,157—161,164,169,171,177,183,185,189,196,198,199,201,211,217,219,220,222,285—287,317

胡克尔 Richard Hooker 103,105

霍布斯 Thomas Hobbes 101,102,106,107,116,117,122,125—129,132,134—136,218,318

霍布斯鲍姆 Eric Hobsbawm 4

怀特,海登 Hayden White 2,6,8,17,20,31,32,42,50,53,54,65,75,81,84,90,154,159,161,168,196,199,203,209,211,213,219,286,287,316,317,333

怀特,莫顿 Morton White 20,53

伽利 W. B. Gallie 20

建构论 constructionism 151—154,164,172,179,184

解构论 deconstructionism 151,153,154,159,161,164,168,179,184,185

解释学 hermeneutics 41,51—53,75,115,119

金兹堡 Carlo Ginzburg 78,79,83,141,142,160,161

卡尔,戴维 David Carr 41,172

卡尔,爱德华 Edward Car

138,147

凯尔纳 Hans Kellner 43,159, 176,177

康德 Immanuel Kant 5,43,75, 83,282—285

客观性 objectivity 1,38,41,50,57, 79,139,180,181,183,187—190, 192—196,198,199,201,204,205, 210—212,214—217,219—223, 289,290,317

柯林武德 Robin G. Collingwood 5,10,11,20,27—29,51,52,106, 120,121,123,127—129,152,167, 172,180,192,200,317,318

克罗齐 Benedetto Croce 3,27— 29,99,148,152,163,164,192, 193,200,208,318

拉夫乔伊 Arthur O. Lovejoy 97, 98,103,119,132,133

拉卡普拉 Dominick LaCapra 84, 88,144

拉斯莱特 Peter Laslett 100— 102,117,134

兰克 Leopold von Ranke 13,27, 53,63,66,138,141,144,151,186, 191,204

勒华拉杜里 Le Roy Ladurie 4, 78,83,318

李剑鸣 167,168,222,318

利科 Paul Ricoeur 115,156,172

历史表现 historical representation 36—38,46,64,66—68,70— 74,76,77,84,93,160,173,176, 212,214,218,288

历史经验 historical experience 76—78,80—91,93

历史解释 historical interpretation 1,5—7,12,14,31,38,39,41,43, 47,51,52,54,59,69,74,84,153, 161,164,165,167,168,171,172, 174—178,180,185,212,214, 284—286,290

历史事实 historical facts 8,20, 24,26,27,32,33,52,54,62,70, 71,74,137,138,140,141,144, 148,161,163—172,174,176,177, 179,183,186,187,195,204—206, 208,210,211,221

历史实在 historical reality 32, 33,35—37,41—44,47,49,56,58, 60,68,150,151,154—157,161, 164,173,178,183,184,196, 220—222

历史文本 historical text 8,17,25,

29,46,49,50,53,54,56,57,64—66,70,77,153,154,156—158,170,172,176,185,190,199,205,206,208—212,214,220,223,286,288,290

历史主义 historism 46,85,86,95,96,99,121,191

理想类型 ideal type 98,104,160

连续性 continuity 41,50,111,112,117,129,131—133

刘家和 221

卢梭 Jean-Jacques Rousseau 90,110,112,174,190

罗蒂 Richard Rorty 15,42,51,56,158

逻辑关联论证 logical connection argument 51,52,54,75,172

洛克 John Locke 101—103,105,108,114,116,117,134,136,218

洛伦兹 Chris Lorenz 69

吕森 Jörn Rüsen 88,91,211,222

吕思勉 171

马基雅维里 Niccolo Machiavelli 57,85,105-107,110,111,113,116,123,126,136,175,218,318

马克思 Karl Marx 4,19,27,44,63,69,132,216,284,289,290

曼德尔鲍姆 Maurice Mandelbaum 46

曼海姆 Karl Manheim 11,14

梅吉尔 Allan Megill 189,193,214,222

梅尼克 Friedrich Meinecke 53,63,81,98,99

蒙森 Theodor Mommsen 13,140,180

孟子 133

米什莱 Jules Michelet 14,24,27,81,173,201

描述 description 9,12,15,21,25,30,35,50,53,54,67,68,70—74,80,81,83,103,104,115,117,140,144,150,151,157,160,163,168,187,283,285,288

明克 Louis O. Mink 24,33,173

莫米里亚诺 Arnaldo Momigliano 23

内格尔 Ernest Nagel 195,196,208,318

内藤湖南 178,316

尼采 Friedrich Nietzsche 27,42,165

年鉴学派 the annals school 3,4,65

诺维克 Peter Novick 139,140,164,187,189

培尔 Pierre Bayle 125

佩珀 Stephen Pepper 11

普遍史 universal history 3

启蒙运动 the Enlightenment 19,55,60,61,68,143,145,151,180,198,288

乔伊斯,威廉 William Joyce 205—209,211

情节化 emplotment 8,10—16,19,25—27,33—39,46,63,65,199,200,217,218,221

认识论的历史哲学 epistemological philosophy of history 52,54,74

融贯性的神话 mythology of coherence 102,107,110,112

思辨的历史哲学 speculative philosophy of history 1,6,26,27,38,49,75,283—286

审美的 aesthetic 14,25,26,31,39,67,182,201,211,215,217,218,220,290

神义论 theodicy 22,285

事件 event 2,5,8—13,18,19,21—25,33,35—39,46,53,57,84,95,112,114,134,142,144,149,163,165,166,168,169,175,180,190,191,198,203,208,209,213,217,221,281,282,284,285,287

视角论(配景理论) perspectivism 215—217,289

史景迁 Jonathan Spence 89,318

史料 33,39,40,60,64,70,90,92,118,137—157,159—166,169,171,173,176,177,179,181,183,185—190,192—194,202,204—206,208,209,212,217—222,286,289,316,317

施特劳斯,列奥 Leo Strauss 96,98,103,105—107,109,110,129—131,133,318

史学话语(历史话语) historical discourse 3,65

实在论 realism 19,23,37,56,164,217

实在性效果 reality effect 156,157

斯金纳,昆廷 Quentin Skinner 97,99—105,107—115,117—121,123,125—131,133—136,318

斯特劳森 Galen Strawson 80

斯通,劳伦斯 Lawrence Stone 4

碎片化 fragmentation 78,85,

183,184

泰勒 A. J. P. Taylor 46,181

汤因比 Arnold Toynbee 58,81,178,192,284

提喻 synecdoche 16,18,19,23

托克维尔 Alexis de Tocqueville 25,27,53,63,173,201

微观史 micro-history 78—80,83,85,89,90

维柯 Giambattista Vico 18,30,32,42,99

维特根斯坦 Ludwig Wittgenstein 59,84,119,121,129,283

文本性 textuality 153—155,161,164,221

文学性 literariness 64

文学制品 literary artifact 6,17,21,29,153,154

文艺复兴 the Renaissance 55,57,58,60,68—70,72,85,86,110,112,127,136,174,175,218,288

问答逻辑 the logic of question and answer 10,120,121,123

沃尔什 William H. Walsh 1,55,56,215—217,219,283—285,287—291,319

夏蒂埃 Roger Chartier 32,44,46,65

相对主义 relativism 40,95,164,180,188,198,219,289

新历史主义 new historicism 32

修辞的转向 rhetoric turn 2,49,153

虚构 fiction 24,32,34—36,41,50,64,154,157,173,187

叙事 narrative 2—11,13,14,17,19—25,28,33,35—41,45—51,53—67,73—77,81,84,87,89—93,145,157,159,172—175,178,196,199,201,202,207,209,210,222

叙事的转向 narrative turn 2,47,49,153

叙事观念论 narrative idealism 173

叙事实体 narrative substance 55,56,58—60,62,65,67,73,76,93,173—176,184,287,288

叙事实在论 narrative realism 172

叙事主义 narrativism 2,6,46,47,50,51,53,54,64,66,73—75,87,93,157,161,172,199,200,203,205,209,212,213,215,220,222,223,286—288,290,333

学说的神话 mythology of doctrines 102—105, 107

亚里士多德 Aristotle 30, 34, 130, 134

伊格尔斯 Georg Iggers 79, 189, 317

隐喻 metaphor 16, 18, 19, 30, 35, 45, 51, 54, 57, 63, 65, 87, 156, 209

预见的神话 mythology of prolepsis 103, 112, 113, 115

语境 context 18, 50, 79, 82, 83, 95, 100—102, 119, 120, 122—124, 126, 127, 129, 133—135, 189, 214, 283

语(情)境论 contextualism 118, 126, 127, 133—135

宇文所安 Steven Owen 197, 316

语言学的转向 linguistic turn 2, 49, 53, 75, 153

詹金斯 Keith Jenkins 15, 18, 19, 42, 51, 151, 154, 155, 158, 161

张广达 178, 316

赵世瑜 147, 317

指涉性 referentiality 59, 61, 72, 157

终极历史 the ultimate history 139, 141, 180

重要性的等级制 hierarchy of importance 73, 213

转义 trope 15—19, 25, 27, 28, 30—32, 37, 43, 46, 51, 54, 154, 156, 196, 199, 217, 316

自律 autonomy 35

总括(综合) colligation 55, 56, 287

转喻 metonymy 16, 18, 19

后　记

　　这里呈献给读者诸君的并非一部框架严整的专著。全书的各个部分虽然贯穿了我所关注的主题——当代西方史学理论尤其是后现代史学理论视野下的历史学客观性问题，但各部分又基本保持了专题论文的风格。近日看到意大利史学名家、《奶酪与虫子》的作者金兹堡的一段话，意思是希望在历史写作中将自己研究过程中的不确定性表现出来。这倒多少给了我一点自我安慰的理由，觉得只讨论自己花费了心力而又真正进行了专门研究的论题和对象，而不是为了框架的严整，强行添加一些自己心得甚少的内容，也许对自己和读者都更负责任一些。

　　书中的内容大致可分为理论家的个案研究和问题研究两个部分。本书的焦点集中在对于西方后现代史学理论的考察。如同正文中所提到过的，在我看来，广义上的后现代主义史学理论，当指后现代思潮在史学领域内所产生的效应。如后结构主义、后殖民主义、多元文化论、福柯的知识考古学和微观权力分析等，都在史学理论和史学实践领域中产生了巨大的影响。而我更关注的狭义上的后现代主义史学理论，则是指植根于史学内部来进行理论阐发、带有明显的后现代主义立场的史学理论范式，尽管它也必定受到了前述更宽泛范围内的后现代思潮的影响。从这个角度来说,叙事主义乃是后现代主义思潮在史学理论领域内的主要形态。个案研究的对象,之所以选择海登·怀特和安克斯密特,是由于他们是叙事主义史学理论中最具原创性也最有影响力的人物,对他们进行个案研究,能够在很大程度上展示后现代主义史学理论的思路和基本特征。事实上,几年前我开始进入这一领域时,颇有一段时日苦于不得其门而入。正是反复研读怀特,尔后对他的某些印象和粗略理解,又得到了《邂逅:后现代主义之后的历史哲学》一书中的怀特访谈录的印证,才有了信心将这一研究进行下去。我在初读安克斯密特的文字时,对此公为学风格和学术论辩中对曾经开罪过自己的学者不假辞色,印象颇为不佳,但写完以他为对象的专论,对他的学术贡献的评价却大有改观。对斯金纳的研究兴趣,源于自己数年来所从事的思想史领域的研究和教学工作,但将其纳入这一主题,是希望借由对于这样一位重要史学领域中的领军人物的个案分析,从一个侧面呈现出当代史学的理论自觉。附录中的文字,也都和以上的研究对象有些关联。理论家个案研究之外,讨论事实与解释以及史学客观性问题的两个部分,多少带有总结和概论性质。我希望在这些部分中,体现自己对当代欧美后现代主义史学理论的理解,并力图更多地在问题的讨论中提出一些自己的思路。这样的目标,对我而言,更其是"虽不能至,心向往之"。唯愿以后能够做得更好些。

待到要写这篇后记时,我才清楚地意识到,这些年里对这项工作提供了帮助,而需要我铭感在心的人真是不少。业师何兆武先生引领我(尽管他从来不会诱导,更不会强迫命令)进入了史学理论研究领域,虽然,我只是近来才明确了这将是自己最主要的学术工作方向。学生说自己老师的好话,难免要遭人笑话的。但我得老实说,与先生多年来密切的往还,给我带来的是内心日甚一日的敬重爱戴之情。年齿渐长之后,我越来越意识到,自己遇上这样一位老师是多么的幸运。这几年来,刘家和先生对我鼓励尤多,帮助甚大。本书的内容,大都在写成后逐一经他"审核"过。在刘先生简朴的书房中度过的许多个下午,如沐春风的同时又如琢如磨。与智识上的收获同样宝贵的,是对纯正学者的风范和魅力的领受。请两位先生为此书作序,大概脱不了"拉大旗做虎皮"的嫌疑,却是我无论如何也不愿意错过的机会。与我有幸在域外短暂交往、却同样给了我极大激励的张广达先生一样,他们给了我和一位朋友常常谈起的那样一种感受:在这个世界上,毕竟还有那么一些人、那么一些事,是让你无法不敬重的。

　　于沛教授、王和教授、仲伟民教授和张越教授的热诚帮助,令我难以忘怀。毫不夸张地说,陈新教授是我这几年史学理论方面所做工作的"助产士",本书中的一些篇章完全就是被他"逼"出来的。他和刘北成教授、张勇教授、岳秀坤博士一样,是我这些文字最早的读者和批评者,他们的意见和"挑剔",使得这些文字在无论是立论还是措辞上,都较原来的模样大有改善。友人封为时先生为我在美购置新书,王春华、胡婷婷、张云波诸君为我提供或查找了一些资料,张云波君编辑了引用文献,卜永坚先生提示了相关文献的出处,在此也一并致谢。

　　本书是我所承担的全国社科基金青年项目"20世纪西方史学理论中历史知识的客观性问题研究"(项目批准号为03CSS001)的主要成果,其中的大部分内容先后在《历史研究》、

《清华大学学报》(哲学社会科学版)、《史学史研究》、《读书》、《思想史研究》等刊物上发表。社科基金匿名评审专家和《历史研究》匿名评审专家提出的若干意见和建议,让我受益匪浅。同时,也要感谢各位编辑付出的努力。

还需要提及的是,2003年夏季开始,我在哈佛大学燕京学社做了一年访问学者。彼方优越的学术环境和对于学人的优待,让我有机会购置、复印了大量史学理论领域的文献,给我目前和今后的研究创造了良好的条件。在那一年中,友人林楷先生、刘元珠女士对我的照拂,令我难忘。与他们结下的深情厚谊,是我那段时间最大的收获之一。

此书酝酿、写作和完稿的过程,也是我的孪生子大同和小异在母腹中孕育、呱呱坠地、蹒跚学步、再到如今经常需要我来调解他们之间的纠纷和矛盾的过程。记忆深刻的是,斯金纳一文完稿向陈新兄交账后的第二天,他们就来到了这个世界上,给我带来了巨大的快乐,也让我有机会体会了最充实的成就感。这本书,就算是献给妻子和他们的一个小小的礼物,它代表了我们共同生活历程的一个阶段。

作者

2009 年 5 月 23 日

第二版后记

《叙事的转向：当代西方史学理论的考察》初版于 2009 年印行，此次增订再版，在原书的基础上，收入了近年来围绕同一论题写作的大部分文字。原有的五章正文，扩展为八章。原有的两篇附录，保留了一篇，撤去了一篇，新增加了两篇。原有的内容，仅作了一些文字上的订正和技术改动。新增的文字，因为写作时间和写作意旨的关系，虽经删减，文字上还是有一些重复之处，这是要恳请读者谅解的。新增补的内容，先后在《历史研究》《史学理论研究》《学术研究》《书城》等杂志上刊出，感谢相关人士的帮助。北京大学出版社陈甜和李学宜，让这本高度专业化的论著在不算太长的时间内有了再版的机会，她们的热心相助和精细而专业的编辑工作，让我铭感在心。

作者

2017 年 5 月于清华园